投资者一生的机会

陈嘉禾 著

机械工业出版社
CHINA MACHINE PRESS

图书在版编目（CIP）数据

投资者一生的机会 / 陈嘉禾著 . —北京：机械工业出版社，2022.11
ISBN 978-7-111-71814-7

I. ①投…   II. ①陈…   III. ①投资 - 研究   IV. ① F830.59

中国版本图书馆 CIP 数据核字（2022）第 192208 号

　　本书源于作者陈嘉禾对于投资认知体系中很多关键问题的思考，论述了有关价值投资、市场波动、宏观大局、企业研究、行业分析、其他资产、基金投资等 7 个方面的主题，给读者提供了理性思考、聪明投资的建议。作者提出投资者一生的机会，就是战胜不理性的交易对手，在并不完美的资本市场中，如何成为理性、聪明、勤奋的投资者。本书不仅在投资理念和宏观趋势方面为读者提供了客观分析和解读，而且分享了他的投资交易策略、基本面分析方法、资产配置建议等。

投资者一生的机会

出版发行：机械工业出版社（北京市西城区百万庄大街 22 号　邮政编码：100037）

责任编辑：顾　煦　　　　　　　　　　　　责任校对：张爱妮　　王明欣

印　　刷：保定市中画美凯印刷有限公司　　版　　次：2023 年 2 月第 1 版第 1 次印刷

开　　本：170mm×230mm　1/16　　　　　印　　张：19

书　　号：ISBN 978-7-111-71814-7　　　　定　　价：79.00 元

客服电话：（010）88361066　68326294

赞　誉

嘉禾有十余年的投资研究经验，又在中外历史方面有较深的底蕴。他将两方面的智慧用轻松诙谐的语言凝聚在这一本书中，读来时而发人深省。书中关于价值投资的很多论述颇有一语道破天机的感觉，相信会给读者理解价值投资，运用价值投资理念做投资带来启发。

——董文卓，光大保德信基金副总经理

每次读嘉禾总的文章，我都会被其深厚的知识底蕴和理性的思考所折服。投资是一个显性门槛很低、隐性门槛极高的行业，大多数参与者怀着"一招鲜吃遍天"的心态，期望掌握投资的秘诀，结果往往是一拳打在棉花上。嘉禾总这本著作从七个维度，用几十篇文章，为我们展示了投资所涉及的方方面面。宽阔的视野、细致的剖析让读者能够了解投资的复杂度，产生敬畏之心、学习之心。

——贺建青，上海重阳投资研究总监

嘉禾的文章如同其人，坦诚、不炫技。谈行业，就仔仔细细地分析竞争力；谈公司，就认认真真地解读护城河。没有特别高深的理论，没有晦涩不明的引用，更没有堆砌满篇的公式。那样的文章，我一般望而生畏，敬而远之。事实上，深刻的思考能以通俗的语言进行准确的表述，这是文章的极高境界。就如同"乐天诗极清浅可爱，往往以眼前事为见得语，皆他人所未发"。

但如果因嘉禾的文章看似易懂而认为是口水文，这样理解就不正确了。他的文章，总有天真之气，直白之美，看似没有特别新奇之处，引用的论述多似信手拈来，但真理其实也是常识，尤其是投资，很多时候就是常识在起作用。一些著名的投资大师，其经典投资中不乏从衣食住行的常识中得到启发的。嘉禾能道破常识，条分缕析，娓娓而谈，且逻辑清晰，并不容易。

嘉禾爱投资、喜写文，做的都是自己热爱的事情，所以著述甚丰。生活、投资、写稿，这就是他的"三体"，也是他"一生的机会"。

——何凌枫，《证券市场周刊》资深编辑

我与嘉禾初识是在六年前，时任信达证券首席策略分析师的他来公司给我们做路演。我对他的第一印象是这位精神小伙实在聪明，如此年轻已对价值投资情有独钟。嘉禾写文章经常会引用四书五经等经典，展现其对国学的相当造诣。他不仅懂拳法还会耍刀舞剑。陆宝2019年的年会，我曾邀请嘉禾来上海现场表演，嘉禾准备得极其认真，表演非常成功。仁义礼智信，被文武双全的嘉禾都做到位了，相当了不起！这几年嘉禾出了好几本书，真是勤奋。读完这本书，我想起了苏东坡曾在《楞伽经》跋里所写的那句"遗文以得义，忘义以了心"。我们读书真正要解决的是自己心里的问题，价值投资恰是教化我们的工具。感谢嘉禾用这本《投资者一生的机会》为读者启智导行。仁者爱人，期待更多的朋友与价值投资结缘。

——刘红，上海陆宝投资管理有限公司 CEO

这几年对国内投资者来说，总体上"用户体验"不会太好，毕竟3000 点保卫战已历经多个轮回。对读者来说，能读到陈嘉禾君的文章，不但能缓解投资焦虑，得到极大的心理安慰，还能获得智慧的洗礼，积蓄重新出发的力量。

人们常说，投资是一场修行，在我看来，于陈嘉禾君而言，写作也是一场修行。他经常跟我说："没有时报相伴，真的写不出这么多东西来！"他能这么长时间坚持写专栏，真的要为他深厚的修行点赞。

在《投资者一生的机会》里，收录了很多有思想、有深度、有前瞻性的文章。比如这篇名为《警惕研究分析笔名化》文章里，他指出："在新媒体时代，有一个值得投资者注意的现象，我称之为'研究分析笔名化'……通读全文找不到作者的真名，取而代之的是一个笔名。这些文章涵盖方方面面，经济、金融、投资、商业，等等，应有尽有。但是，读完这些文章，我们却不知道它们是谁写的。"做投资的你，服不服，有没有激起共鸣？嘉禾君早前指出的问题，不正是当下人人喊打的"股市小作文"吗？在我的心里，是一个大写的"服"字！

——汤泳，《证券时报》编委，《券商中国》总编辑我和嘉禾相识于很多年前他还在做卖方策略的时候，当时我印象最深刻的就是，他是一个与众不同的卖方策略分析师。大多数策略解决的是当下市场走势和风格的问题，偏重短期因素较多，而嘉禾更多偏重投资方法和理念，解决的恰是投资中最难的克服人性弱点的问题。

　　我在基金行业从业近 20 年，经历过无数次中国资本市场大大小小的起伏波折，感触最深的是，能够让投资者穿越牛熊的不是有多深的技术背景，也不是多么拼命地工作，而是建立正确的投资观和价值观，深刻理解人性，洞察人性，克服人性的短板。国内外成功的投资大师，无一不是如此。价值投资，知易行难，说者众多，真正践行的人很少。这条道路实在太难坚持，短期经常无效，甚至被人嘲笑，只有极少数坚定信念的人才能够穿越牛熊，这就是进行价值投资长期能够有超额收益的原因。嘉禾现在已经创立了自己的投资公司，在价值投资这条道路上，继续践行着自己的理想。

　　这本书中，他对估值的理解给我留下了深刻的印象。公司的股价等于业绩乘以估值。在我们平时的投资工作中，绝大多数时间研究的其实是公司的基本面，也就是围绕着上市公司的业绩展开，很多投资者对于估值的判断却很主观和随意，所以对于股价的判断也就很难做到准确。对于估值的理解其实是投资中最难的事情，因为没有一个统一的标准，估值既是主观与客观的结合，又是对行业的理解和人性的洞察的结合，因此需要有大量经验和阅历才能够精准把握。在本书中，作者引用了很多中外投资数据，用大量的案例和事实证明了"估值并不重要"的错误，让投资者更加懂得敬畏市场，在投资中更加谨慎和理性。

嘉禾通晓中国历史，又受过良好的西方教育，把中西方的精粹结合到一起，融会贯通。"夫以铜为镜，可以正衣冠；以古为镜，可以知兴替；以人为镜，可以明得失。"这本书中有很多历史典故和经验，又结合当前投资案例，博古论今，引人深思，相信也会给读者带来很多启发和共鸣。

——赵强，新华基金权益投资总监

一直以来，我都是陈嘉禾公众号的读者，有不少文章给我带来启发。在新书《投资者一生的机会》中，他总结了大量非理性投资者的错误，并且用客观的数据分析为我们展现了为什么价值投资长期有效，但又极少人能做到。更难能可贵的是，他用质朴的文字结合中国市场自身的特点，为我们展现了如何把价值投资运用到 A 股投资中，如何利用市场的非理性获得超额收益。相信无论是对于专业投资者，还是个人投资者，这都是一本值得细细品味的好书。

——朱昂，点拾投资创始人

自　序

有人曾经问我，投资者一生的机会是什么？我回答，是不理性的交易对手和理性的自己。

专业做过投资的人也许不太多，但是认认真真打过牌的人可能有很多。打牌的时候，你最希望的是什么？是摸到一手好牌吗？好牌可能也会打烂。是自己发挥超常吗？发挥超常并不容易，这得运气特别好才行，而好运气并不会永远伴随我们。

在打牌的时候，我们最希望的是对手比较笨，不会算牌。遇到这种对手，我们可以做到十局九胜，哪怕摸到一手烂牌也不一定会输。

牌局如此，投资也如此，人生更是如此。对手的错误，就是你的机会。正如《孙子兵法》所云："不可胜在己，可胜在敌。"防守到无懈可击，要靠我们自己的勤勉和细致。但是要想打赢，得靠对手的疏忽和失误。

看看我们的身边有多少不理性的行为？有人一边做着对健康有害

的事，一边祈望自己健康长寿；一边忘记戴上头盔，一边炫耀自己驾驶技术高超。那么，我们怎能指望人们在资本市场里，会突然变得理性呢？

不理性的交易对手，就是聪明的投资者一生的机会。

换句话说，在资本市场中，如果所有投资者都很理性，都努力去发现价值，稳健地进行长期投资，那么专业投资者就不可能获得超额收益。

在这样"完美的资本市场"中，投资者最应该做的就是买一只全市场覆盖型指数基金，然后忘记这个市场，不做任何交易。因为对手太理性了，根本无懈可击。对于这种无懈可击的牌局，趁早放手退出才是上策。

但是，资本市场注定并不完美，无数参与者在其中努力淘金，而他们的投资行为却恰恰与盈利无缘。他们短视又急躁，疏忽大意，不学无术，却自信十足。而这些错误的投资行为，恰恰是理性、聪明、勤奋的投资者一生的机会。

不过，要想成为理性、聪明、勤奋的投资者，并不是一件容易的事情。

"宝剑锋从磨砺出，梅花香自苦寒来"，在资本市场上，每一位投资大师的炼成，无不要经过数十年的磨砺。要知道，没人天生就足够聪明，每一位投资大师都曾经是莽莽撞撞、思想简单的青少年，他们曾经简单地看待这个世界，以为自己所想的就是事实。

结果，他们撞得头破血流。巴菲特曾经在图表分析中浪费了整整八年，就是明证。

没有一位大师是天生的。在挫败之后，大多数投资者关闭了自己的账户，一走了之。但是，那些后来成为真正投资大师的人，却从失败中站了起来。

这些在心智上无比坚强的人，他们思考自己的失败，一点也不避讳谈论曾经的错误；他们研究对手的弱点，再也不轻视市场；他们努力学习知识，积累资本，等待下一次决战的到来。

在这样的千磨万击之中，真正的投资大师站了起来。他们聪明的头脑终于发现了对手的弱点，他们勤勉地学习和工作，终于让他们抓住了属于自己的一生的机会。

由此可见，投资者一生的机会，既是别人给的，也是靠自己去抓住的，这两者缺一不可。

当大师们终于找到了投资的圣杯时，他们低下头来，看着自己曾经付出的汗水，同时真诚地感谢自己的对手。而对于那些真正高尚的人来说，他们更愿意做的事情，是把自己成功的投资经验分享出来。

毕竟，我们这个社会的最终目标，不是个人的盈利，而是所有人的富足与繁荣。巴菲特在成为闻名于世的投资大师以后，孜孜不倦地把自己的投资心法告诉世人，其目的正在于此。

我有幸从巴菲特的投资心法中学到了一些正确的方法。在这本书中，我从价值投资、市场波动、宏观大局、企业研究、行业分析、其他资产、基金投资等7个方面出发，撰写了几十篇文章，希望给你一些有关理性思考、聪明投资的建议。

亲爱的投资者，希望这本书能帮助你领会一些正确的投资理念，发现属于你的一生的机会。

目　录

第 5 章　好行业与坏行业
从中概股危机中学到的 4 个投资教训

第 6 章　其他资产与海外市场
港股的独特机会在哪里

第 7 章 基金投资

现在你还信任你的基金经理吗

第1章 价值投资之路
投资太痛苦，应该怎么办

我一直觉得，价值投资应该是每个踏实工作、生活的人天然选择的投资方法。为什么？看看我们过去所做的事情，上学好好学习，工作以后踏实赚钱，教育孩子成为一个好人，这都是在增加我们自身和这个社会的价值。

那么，既然我们一生所取得的成果，都是建立在价值增长的基础之上，我们又有什么理由，在做投资的时候，不选择价值投资之路？

投资太痛苦？你该这样做

多年以来，我经常发表一些关于投资方法的文章，也因此会收到一些投资者发来的消息。在这些消息之中，我经常看到这一类消息，说自己投资得实在太痛苦了，不想做证券投资了，以后再也不碰这一行了。

有一次，一位投资者给我发送了 400 字的消息，最后问道："作为一个正常工作的普通人，投资给我带来了这么多困扰，我是不是真的有什么问题？"

看了这位投资者恳切的文字，我给他发了这样一段话："我觉得你应该思考一个问题，为什么你觉得投资很痛苦，但是巴菲特觉得很愉快？有可能，是因为你没有跟随他的所有方法。"

我一直以为，做任何事情，我们都需要向最专业的人学习。想学习格斗的人，不会找街头打太极的老大爷学，会去找体育队的散打教练学。真想学好英语的人，一定会通过去英语国家生活来学。想学养生的人，一定会向那些年过九旬还精神健硕的老人取经，而不会听信小卡片上印的所谓养生广告。

既然我们在学习种种技能的时候，都会试图向做得最好的那些人学习，那么为什么在学习投资的时候，常常试图自己发明一些投资方法，或者问一些并不专业的人关于投资的意见，却不肯听从这个星球上最成功的投资者的劝导呢？

作为这个星球上最成功的投资者（也许没有之一），沃伦·巴菲特的投资方法绝对值得所有人借鉴。而且有意思的是，巴菲特是一个特别喜欢分享自己投资方法的人。

通过许多渠道，包括电视采访、大学演讲、一年一度的股东信、伯克希尔·哈撒韦公司的股东大会等，巴菲特不停地告诉人们，应当如何践行价值投资。

而且，比起他同期的价值投资者，比如巴菲特的老师本杰明·格雷厄姆、他当年的同事沃尔特·施洛斯、他一生的搭档查理·芒格，巴菲特都是一个不折不扣的"话痨"。他对投资方法的坦诚远远超过这几个人，以至于施洛斯（同样也是一位成功的价值投资者，当年曾经和年轻的巴菲特共处一个办公室）曾经抱怨："巴菲特太话痨了，他这样会让更多的人学会价值投资，我们就会因此少赚许多钱。"

那么，为什么巴菲特如此乐于分享？曾经有人问过巴菲特："当你死后，最希望人们如何评价你？"巴菲特想了一下说："我希望他们说，这个人是一个好老师。"

对于巴菲特这样一位富甲美国的价值投资者来说，再多的金钱对他已经没有意义。实际上，他把一生中赚到的绝大多数钱都捐给了慈善机构，自己也一直过着和他富豪身份完全不匹配的简朴生活。

成为一个后人敬仰的投资导师，帮助更多的人走上财务健康的道路，是巴菲特此生最大的心愿，哪怕他会因此教会更多的竞争对手、少赚许多钱。

如果有这样一位好老师在一生快乐地做投资（巴菲特描述自己是"跳着踢踏舞去上班"的），赚了那么多钱，又如此慷慨而善意地把自己毕生所学的投资方法分享出来，我们这些从事投资工作的人，为什么不努力学习他的方法，反而要尝试其他方法，最后既赚不到钱，还把自己弄得不愉快呢？

制心一处，无事不办。

遥想当年，战国时代的苏秦游说秦王连横天下不成，只好回家读书。落魄之余，苏秦把太公兵法拿出来苦读，"读书欲睡，引锥自刺其股，血流至足"。一年之后学成，游说六诸侯而合纵天下。于是，秦兵不敢东出函谷关十五年，天下由是安定。

我们今天的投资者们，在投资不利的时候，在对投资工作感到迷茫的时候，是不是也应该像苏秦一样？

我相信，在任何困难的时候，只要我们把巴菲特，或者再加上芒格、霍华德·马克斯、塞斯·卡拉曼、菲利普·费雪，把这些价值投资大师所讲过的所有东西，拿出来一页页慢慢阅读、揣摩，我们就一定会明白，投资应当怎样做。

长期而言，估值并不重要

在价值投资的理论框架中，有一个经典原理："对于长期投资来说，估值变动并不重要。"有意思的是，许多人在听到这个原理时，会拿一句经济学家约翰·梅纳德·凯恩斯的名言来搪塞："长期而言，我们都会死。"于是，打着"我活不到那么长"的旗号，投机者们继续开心地做投机，而对巴菲特谆谆教导的"长期而言，估值并不重要"视而不见。

实际上，拿"长期而言，我们都会死"这句话来搪塞"长期而言，估值并不重要"的投机者们，既不懂凯恩斯的经济学，也不懂巴菲特的价值投资，他们只不过是把两个概念混淆起来而已。

对于凯恩斯来说，"长期而言，我们都会死"，指的是经济学要注意解决短期波动问题，不能把什么都推给长期经济发展。要看长期，那人类社会从工业革命以来取得的经济发展，和经济政策之间几乎没什么大关系，主要是科技进步的结果。凯恩斯在这里说的"长期"，是一种经济政策的立场问题，和投资中所说的"长期"，基本上没有关系。

而对于巴菲特所说的"长期而言，估值并不重要"，这里的长期往往指的是15～30年的周期。2021年，中国人的预期寿命大概是77岁，上海则是84岁。假设一个人大学毕业，22岁开始投资，那他大约有55年的投资生涯（一些价值投资大师会活得更长，沃尔特·施洛斯就活到96岁）。试问，有多少人对于活个二三十年都没有自信呢？

所以说，对于投资来讲，"长期而言，我们都会死"，所以别看长期，所以要开开心心地投机，纯粹是一句投机者的托词。听听玩笑可以，要是当真我们就输了。

那么，对于价值投资的"长期而言，估值并不重要"的理论，我们又应当如何理解？当股票的 PE（市盈率）从 10 倍变成 50 倍，或者从 80 倍变成 20 倍的时候，估值带来的杀伤力不是显而易见的吗？事情的玄妙，就在这"长期"二字上。

下面，让我们以 20 年的长期为例（一个绝大多数投资者都活得到的"长期"），看看究竟是怎么回事。

一般来说，优秀的价值投资者可以取得大概 20% 的年复合增长率（CAGR）。比如说，巴菲特的长期增长速度恰恰是这个数。中国市场有 15 年以上公开业绩的一些优秀投资者，比如曹名长、朱少醒，其投资组合的基本面变动（注意基本面和净值的区别）也差不多是个这个数。

那么，在 20 年的情况下，20% 的 CAGR 会带来多少增长？答案是会把 1 元钱变成 38 元。在 30 年，1 元钱则会被变成 237 元。现在，如果估值变动能够抵消基本面的变动，也就是说"长期而言，估值很重要"，估值的变动要达到多少？

一般来说，价值投资者的持仓不会太贵。让我们假设初始 PE 是 20 倍（是一个偏贵的水平，一般价值投资者偏好的估值中枢在 10～20 倍，甚至更低），那么在上面的例子中，在 20 年的周期里，估值指标 PE 要下降到 0.5 倍，才会完全抵消基本面的上涨。而在 30 年的周期里，PE 要下降到 0.1 倍才行（当然，任何事情都没有绝对。如果一个投资者以 300 倍，甚至 1000 倍 PE 买了股票，那么在长期，估值的下降还是会造成挺大麻烦的）。

显然，对于一个持仓分散，并且仔细筛选过的投资组合来说，

PE 不可能下降到 0.5 倍，更不可能下降到 0.1 倍（意味着买股票 1 个多月就能回本）。

现在，你明白为什么巴菲特所说，"长期而言，估值并不重要"了吗？只要你能取得足够优秀的基本面增长，同时别在一开始的时候买得过于离谱的贵（比如 500 倍 PE），那么长期而言，估值的变动就真的不怎么重要。而且，对于投资的"15～30 年的长期"，绝大多数投资者"在长期都能活着"，而不像那句被乱引用的凯恩斯的话所说，"长期而言，我们都会死"。

以上所说的，是模型计算的例子。下面，就让我们用一些实践数据，来看看为什么"长期而言，估值并不重要"。

以沪深 300 全收益指数为例，在 2005 年 5 月 19 日，这个指数的点位是 884 点，PE（TTM，前溯 12 个月，Wind 资讯提供，下同）为 14.3 倍。到了 2022 年 5 月 19 日，也就是整整 17 年以后，指数的点位为 5311 点，PE 则下跌到了 11.9 倍。

通过计算可以得知，在这 17 年中，沪深 300 全收益指数变成了原来的 6.01 倍，其估值变成了原来的 0.83 倍，基本面（在这里是利润，也就是 PE 中的 E）变成了原来的 7.2 倍。通过计算复利可以知道，这个指数的市值变动、估值变动、基本面变动的年均复合增长率（CAGR）分别为 11.1%、-1.1%、12.3%。

也就是说，在沪深 300 全收益指数长达 17 年的历史中，估值变动带来的总体下降幅度虽然不小（-17%），但是平均每平只下降了 1.1%，而基本面变动带来的年均波动则是 12.3%，是前者的十多倍。孰轻孰重，一目了然。

　　在这里，我只找到了相对较短的 A 股数据。如果大家去翻阅美国股票市场的数据，会发现事情更是如此。在 1900 年到 2022 年之间，道琼斯指数最贵也不过 30 倍左右 PE，最便宜也不过 5 倍 PE。按任何一个 30 年计算，即使道琼斯指数的估值在开头和结尾分别是 30 倍、5 倍，其带来的年度跌幅也不过是 5.8%，只有股票内生增长速度的 10%～12%。而和优秀价值投资者所能达到的 20% 左右的增幅相比，这区区 5.8% 更是不可同日而语。而且，这 5.8% 还是最极端的状态下可能取得的结果。

　　也就是说，在美股长达 120 年的历史上，在任何一个 30 年中，哪怕运气特别差（比如 1929 年～1955 年、1969 年～1989 年），买在了一个高估的位置，卖在了一个低估的位置，但是只要价值投资者能让自己的投资组合所对应的基本面，像巴菲特那样以每年 20% 的速度增长，那么他就可以无视估值的变动。

　　让我们再来看一个例子，富国天惠基金可能是中国市场上最具有代表性的基金之一，因为它的基金经理从 2005 年 11 月 26 日起，就一直由朱少醒先生担任，多年不曾变更。

　　如果我们计算富国天惠在 2006 年 6 月 30 日到 2021 年 12 月 31 日这 15.5 年中的表现，会发现基金的净值累计增加了 1199.7%，CAGR 为 18%。在这之中，投资组合对应的盈利部分（非股票仓位统一按 3% 计算年盈利）增加了 1105.6%，CAGR 为 17.4%。而 PE 只从 28.2 倍变成了 30.4 倍，带来的变动只有 7.8%，CAGR 仅仅为 0.5%。

　　当然，任何道理都不是绝对的。"长期而言，估值并不重要"，并不是说只要我们把投资的基本面增长做好了，估值就可以完全不看。比如，我们如果以 200 倍的超高 PE 价格买入一个投资组合，之后投资组合跌到了 6 倍 PE，那么估值变动带来的杀伤力，仍然是不容小觑的。

"长期而言，估值并不重要"所说的，是当我们以比较合理的价格买入股票组合以后（比如 20 倍、30 倍以下的 PE），即使长期估值有所变动，只要能够让基本面高速增长（比如 20%，甚至 30% 的 CAGR），我们就可以无视长期的估值变动。更何况，长期的估值变动也不总是向下。当我们以一个相对低廉的价格买入股票组合（比如美股在 1922 年的 5 倍左右 PE、1980 年的 8 倍左右 PE），同时还在长期保持了股票组合基本面的高速增长时，长期的估值变动，反而有可能为这样的投资锦上添花。

投资组合价值判断的三种方法

证券市场起起落落，许多投资者的情绪也经常随之波动，牛市的时候激动不已，一旦股价回调则坐立不安。其实，人们之所以会因为市场的变化而兴奋或者不安，无非是对自己的投资组合的真正价值不够了解，因此心情才会被每天的涨跌所干扰。

但是，我们究竟应该如何了解投资组合的价值？下面，就让我们来看看投资组合价值判断的三种方法：市值判断法、买入成本判断法、内在价值测算法。

市值判断法

不少投资者也许会说，投资组合的价值计算还有什么门道？打开账户，显示多少钱就是多少钱呗，这还有什么好计算的？其实，事情还真没这么简单。

当我们打开股票或者基金账户的时候，我们看到账户里显示的金额，并不是真实的商业价值反映，而是"市场认为这些股票和基金值多少钱"的反映。简单来说，当一只股票的每股净资产是 10 元时，市场给出的价格是 10 倍 PB（市净率），我们就会看到账户里显示 100 元。而当市场给出的价格是 1 倍 PB 时，我们就会看到账户里显示 10 元。

也就是说，我们看到的 10 元和 100 元，所对应的真实商业价值，可能没有明显的差距，甚至没有差距，只是市场给出的定价从 1 倍 PB 变到了 10 倍 PB。但是，我敢打赌，99% 的人看到 100 元的时候会更高兴，对不对？

不要以为以上所说的 10 倍 PB 和 1 倍 PB 的估值，只是我给出的一个极端例子。在真实的股票世界中，这样的定价偏差屡屡发生。

以香港市场的招商银行（代码 03968）为例，根据 Wind 资讯的数据，招商银行在 2007 年 10 月 30 日的 PB 估值为 8.9 倍，PE 估值为 55 倍，而在 2014 年 9 月 30 日的两个估值分别为 0.88 倍、4.7 倍。通过简单的计算可以知道，这两个时点对应的企业 ROE（净资产回报率）分别为 16.2%、18.7%，后者甚至更高。但是，市场却在两个时点给出了相差 10 倍的估值。

也就是说，对于投资组合的价值判断来说，我们最常见到的"市值判断法"，是根据市场，或者说别人愿意给出的价格而定的。如果说在股票和基金市场，这样的方法看起来问题还不是那么明显，毕竟股票和基金每天都可以申购和赎回（也就是说每天都会给出一个报价），那么在 PE 市场，我们就会更容易看到这种"根据别人的报价做出判断"的问题所在。

在 PE 投资行业（Private Equity，又称私募股权投资），有一个常见的术语，叫作"投后估值"。什么叫"投后估值"？比如有一家创业企业，总股本有 100 万股，现在新引入了一位投资者，增发了 1 万股，每股增发价格为 100 元，那么这家企业的投后估值就是 100 元 × 101 万股，也就是 1.01 亿元。

聪明的读者一定会发现，以上这个 1.01 亿元，和这家创业企业到底做什么业务，一点关系都没有。同时，这个 1.01 亿元和新引入的投资者买了多少股份，也一点关系都没有。唯一相关的，就是新引入的投资者出了个什么价格。

举个极端的例子，假设这个创业企业只有一个猫咖店，原有 100 万股，现在引入的新投资者只认购了 1 股，但是出了 1 万元，那么这个创业企业的投后估值是多少？是 100 亿元。只要出 1 万元，一家猫咖店的投后估值就是 100 个亿，是不是感觉很魔幻？当然这个例子很极端，但是如果我们只看"投后估值"，那么只要用 1 万元的价格，理论上就可以做出 100 亿元的市值。

只看别人的出价，不看实际的价值，这就是"市值判断法"对投资组合价值判断的局限之处。

今天用钱的投资如此，历史上用兵的征战也一样。在两千两百年前的楚汉战争期间，韩信就曾经说过一段话，显示了对于同一个价值，不同的人给出的报价能有多大区别。而这段话，也成为楚汉战争中最关键的节点之一。

在当时，韩信为齐王，带兵驻守齐地（今山东区域）。刘邦和项羽的军队相持不下，项羽派武涉游说韩信："你反叛刘邦，我们三股势力三分天下，这样不比你当刘邦的臣子好吗？"

韩信回答说："臣事项王，官不过郎中，位不过执戟，言不听，画不用，故倍楚而归汉（倍在古文里通"背"，意思是背叛）。汉王授我上将军印，予我数万众，解衣衣我，推食食我，言听计用，故吾得以至於此。夫人深亲信我，我倍之不祥，虽死不易。幸为信谢项王！"意思是，我韩信当年在项羽那里的估值就是个执戟郎中，后来在刘邦这里是万军上将，这么大的区别，我不忍心背叛刘邦啊！

同样一个韩信，带兵的本事并没有变化，但是刘邦和项羽给出的报价则天差地别。那么在今天的市场里，这种根据别人的报价做判断的"市值判断法"，又能有多可靠？

买入成本判断法

投资组合价值判断的第二种常见方法，是根据买入成本来计算，简单来说就是"多少钱买的就值多少钱"。这个方法听起来很傻，要真的这么简单，岂不是所有投资都稳赚不亏了？但是在实际生活中，我们还真没少见用这种计算方法的投资者。

比如，我有个朋友，在2016年燕郊地区房地产很贵的时候，买了一套大房子。到了2022年，燕郊地区的房地产价格已经大幅下跌，有一次吃饭我碰到他，就问："你那个房子最近怎么样了？"没想到，他一脸没事地说："那个房子我很久不看了，不卖反正就不亏呗！"这就是典型的"买入成本判断法"。

在消费行业，"买入成本判断法"也经常出现，典型的就是消费者的"沉没成本"概念。比如在旅游的途中，明明已经很累了，但是许多人会觉得"来都来了，某个景点不看可惜，还是努力去一下吧"。其实，路途中的成本已经花掉了，拖着疲惫的身体去看一个景点，很可能是一件不会让人感到愉悦的事情。理性的、让自己更舒服的选择，应该是忘记"来都来了"这个沉没成本，先去睡一大觉。

在股票投资中，事情也是一样。许多投资者会不自觉地用自己的买入成本计算价值，尤其是买入以后亏损的股票。许多股票投资者都会抱定"只要不卖总有回本的一天"的想法，基金投资者也经常在净值下跌、蒙受亏损以后选择持有不动。

对于采用"买入成本判断法"的投资者来说，这种方法看似让自己心里舒服了许多，但是却背离了对真正投资价值的考量。试想，如果一家公司的股票跌到最后破产退市，或者一只基金最后以亏损清盘，那么这种"买入成本判断法"的意义又何在？

内在价值测算法

根据别人报价的"市值判断法"靠不住，根据自己买入成本的"买入成本判断法"更不可靠，那么我们应该怎样计算投资组合的价值？其实，判断投资组合价值最好的方法，就是"内在价值测算法"。

应该说，"内在价值测算法"是这三种方法里最难的，它需要投资者对自己组合里的每一只股票、基金、债券、衍生品等，进行商业价值的判断，然后把这些商业价值相加，得到自己投资组合的商业价值。相比于打开账户就能看到数字的"市值判断法"，和凭记忆就能想起来的"买入成本判断法"，"内在价值测算法"要麻烦很多。

通过编程和自动化数据流导入，一些投资者可以把"内在价值测算法"做得相对容易一些，比如我的一些表格就可以自动合成一个投资组合的各项加总财务数据。但是，自动化只能解决一部分问题，一个投资组合的真正内在价值，并不等同于投资组合中各项持仓的财务加成（财务报表本身只是价值的一个外在指标）。投资者仍然要在财务报表反映的数字之外，通过主观判断，得到投资组合中各项持仓的真正价值。

在我们公司的办公室里，有一张来自伯克希尔·哈撒韦公司50周年的纪念图，上面标注了这家公司在 1964 年到 2014 年的 50 年中，每年的公司净资产增长情况与长期股价的对比。在 2014 年以前的很长时间里，巴菲特都用净资产来作为伯克希尔·哈撒韦公司内在价值的近似指标。这一方法直到他大量购买了苹果公司的股票以后才发生变化，因为美国的科技公司开始越来越放弃净资产增长的财务累积了。

在这整整 50 年里，伯克希尔·哈撒韦公司的净资产一路增长，它的股价则围绕着它的净资产增长上蹿下跳。不过，上蹿下跳的股价在长期和净资产增长保持了高度一致，看看今天伯克希尔·哈撒韦公司那高入云端的股价，你就知道了。

结语

所以说，投资组合价值的三种判断方法里，"市值判断法"最常见，却不能反映真正的价值。"买入成本判断法"在有些时候符合人们的心理，却常常错得离谱。只有"内在价值测算法"，才能准确告诉我们一个投资组合真正的价值是多少。不过，用这种方法测算自己投资组合价值的人也最少。

总结一下，第一种"市值判断法"是以他人的判断为判断，别人说价值是多少就是多少。第二种"买入成本判断法"是以自己的情绪感觉为判断，我花了多少钱就是多少，我只要买了就不会亏，或者不承认自己会亏。第三种"内在价值测算法"是以客观为判断，客观上该是多少就是多少，跟别人现在的出价没关系，跟自己曾经做出的决策正确与否，也没关系。

对于真正了解投资组合价值的人来说，对于这种内在价值的理解，就像禅宗《永嘉集》中所说的那样，"安耐毁誉。八风不动"。世上的"利、衰、毁、誉、称、讥、苦、乐"，都不能扰动自己的心。而无论是现在市场的出价，还是当初买入的成本，也都和投资组合真正的价值毫无关系。能做到真正的无人、无我，尽可能地贴近公正客观，才是投资组合价值判断的正道。

现在，你会判断自己投资组合的价值是多少了吗？

如此低估不常见

2021 年底，无论在 A 股还是港股市场，低估值与高估值股票之间的差距，都大到了历史罕见的地步。在这里，有必要把当时的低估值股票的估值情况，与市场认为其理应被低估的原因，一一记录下来，并且加以分析。

这种记录的意义在于，投资者在回顾这一段历史的时候，能够身临其境地感受到资本市场的波动能够大到怎样的地步。由此，学习价值投资的人们就不会轻松地说，股票投资是一件简单的事情，只要买入又好又便宜的公司就可以了。

尽管买入"又好又便宜"的股票永远是价值投资的核心精神，而且确实只要一直买入"又好又便宜"的公司就可以在长期得到好的投资业绩，但是这样做有时候一点都不容易。在资本市场巨大的波动面前，能够坚持"好"，或者坚持"便宜"，哪怕市场风格完全打压其中一个，也能做到长期坚持都不动摇，本身就是非常困难的事情。

说到资本市场的健忘，以及记录下 2021 年底这种极端低估值的状态对将来的意义，我想起一件有意思的事。在 2021 年底的时候，有一位投资者与我聊天，说到投资不要用杠杆的话题，我随口说道："我记得当年银行股可都是 6 到 10 倍 PB，现在你去港股看看，内地大型银行，0.2 倍到 0.3 倍 PB 的股票都有，关键是它们的

ROE（净资产回报率）还都有将近10%。所以千万不要用杠杆做投资，你永远想不到资本市场的价格波动能有多么巨大。要是一只股票从10倍PB跌到0.3倍PB，多谨慎的杠杆也爆仓了。"

这位投资者打断我说："等一下，你讲错了吧，银行当年不是6到10倍的PB，是PE，所以6到10倍的PE跌到现在，对应0.2到0.3倍的PB、9%左右的ROE、2到3倍的PE，估值上的跌幅没有那么恐怖。"

我以为他在开玩笑，就问："你是不是在嘲讽现在银行股的低估，为什么当年不会是6到10倍的PB？"结果他很认真地说："我从2014年进入市场投资，到现在有7年的经验，也不算短了，我印象里A股和港股市场的银行股最高就摸到10倍PE左右，在10%～15%的ROE的情况下，最贵的银行股像招商银行、宁波银行，最多也就1～2倍PB，哪来你说的什么10倍PB？"

其实，A股市场的银行类股票，在2007年的大牛市时代，确实出现过整体6～10倍PB的现象。对于之后加入市场的投资者来说，尽管有了从2014年到2021年的、长达7年的投资经历（真的也不算太短了），但是如果不仔细阅读历史上曾经出现过的数据，那么也就很难知道，资本市场在长期的估值波动能有多么巨大。

在2021年，A股市场的股票呈现了一个典型的高估值大涨、低估值下跌的行情。这个行情延续了之前一年，也就是2020年的情况，把高估值和低估值股票之间的差距拉得更大，让一些仍然在秉持"要买得又好又便宜"的投资者十分煎熬——尽管这种煎熬也正是价值投资的重要组成部分。

要知道，价值投资除了"又好又便宜"的信条之外，还有一个原理，就是"价值投资的又好又便宜要素，之所以在长期有用，就是因为它在短期不是时时都有用"。如果一种投资方法时时都有用，那么所有人都会采取这样的投资方法，而一个所有人都用的投资方法，自然是难以赚取超额收益的。

在 2021 年（截至 12 月 2 日，下同），申万低市盈率指数比上一年下跌了 11.6%。根据 Wind 资讯统计的数据，当时该指数的 PE 和 PB 分别为 6.3 倍和 0.75 倍，这意味着这类股票每年的回报率达到 15.9%（1 除以 6.3）。同时，申万高市盈率指数则上涨了 23.8%，Wind 资讯统计的估值达到 130 倍 PE、10.21 倍 PB，PE 和 PB 的估值分别是低市盈率指数的 21 倍、14 倍，这意味着高市盈率指数的 ROE 比低市盈率指数还要低。

而这种巨大的差距，其实并不是在 2021 年才出现的，而是早在 2020 年就已经开始了。2020 年全年，申万高市盈率指数上涨了 48.8%，低市盈率指数则只上涨了 0.2%，两者差距达到整整 48.6%。

但是，价格毕竟是投资中最重要的两个因素之一（另一个是质量）。毕竟，无论是买股票还是买菜，原理都是一样的：买得贵了没有好处。在 2020 年之前，申万低市盈率指数从 2000 年初的 1000 点上涨到 2019 年底的 7302 点，同期高 PE 指数从 1000 点下跌到 842 点。这足以证明，长期来看，便宜的价格会给投资者带来巨大的优势。同时，2020 年和 2021 年的大逆转，则又告诉人们，长期有效的规律在短期很可能被完全颠覆。

　　更有意思的是，在 2021 年（截至 12 月 2 日），Wind 资讯所编制的 ST 板块指数（代码 884197），也比上一年底大涨了 60.1%。根据 Wind 资讯的数据，这个指数在 2021 年 12 月 2 日的估值高达 6 倍 PB，而 PE 则是 -3.8 倍，意味着其中大部分公司都是亏损的。

　　这种上涨让不少投资者大呼不解，因为 ST 股票历来是质量糟糕的代名词，何以会在一年之中大涨 60.1%？其实，市场价格的波动从来在短期都是难以预测的，而短期的波动又常常与长期的规律相违背：在 2021 年以前，从 2013 年底到 2020 年底的整整 7 年时间里，ST 板块指数只从 1000 点上涨到了 1177 点而已，年化增长速度只有 2.3%。

　　在 2021 年底，当 A 股的低估值公司处于自身历史上极度被低估的水平的时候，香港市场的低估值公司则更加便宜。在 2021 年 12 月 2 日，按照 Wind 资讯的统计，恒生高股息率指数的估值为 4.6 倍 PE、0.43 倍 PB，而这也对应着 21.7% 的年化回报与 9.3% 的企业净资产回报率。

　　那么，当超低的估值出现在市场上时，投资者们都在想什么？他们是在为不可多得的机会欢呼不已吗？事情绝不是这样简单。其实，整体市场是由所有投资者组成的，如果大多数人都认为超低的市场估值意味着长期巨大的投资机会（事实往往也是这样），因此应当买入的话，那么超低的估值根本就不会出现。

　　对于 2021 年底出现的 A 股和港股市场的低估值，当时的市场主流逻辑认为，这种低估值是理所应当的。但是，如果我们仔细分析这些逻辑，会发现每一条逻辑都有不自洽的地方。而这种"漏洞百出的逻辑被市场普遍接受"的情况，恰恰是造成市场极端价格出现的必要因素。

这里，就让我们来看看，当时市场上流行的一些低估值股票不再值得关注的逻辑，以及这些逻辑为什么并不严谨。

逻辑1：房地产价格已经太贵，未来地产公司没有前途，所以市场低估值股票受压制很正常。

但是很多非地产公司，甚至和地产几乎没有关系的公司，比如港口、网络运营商、核电公司、出版社，当时估值也很便宜。

逻辑2：银行对地产的风险敞口太大，地产出问题银行早晚要一起下跌，所以整体市场被低估理所当然。

但是银行的贷款中地产公司的贷款非常少，以建设银行为例，2021年半年报显示，公司贷款中房地产业只占8.4%，与房地产相关的建筑业只占4.5%。而个人贷款中占比较大的房贷，其实违约的概率非常低，因为首付实在是太高了。即使选择违约，参照2021年起施行的《深圳经济特区个人破产条例》，个人破产的代价也非常巨大。

逻辑3：经济下行，银行的个人按揭会还不上的，所以低估值没有用，基本面会变得更糟糕。

问题是，如果个人房地产贷款都大面积违约了，那么为什么在2021年底的时候，市场上同时还出现了新能源汽车行业的超级高估值？在许多人都还不上房贷的时候，难道会有很多人有钱买新车吗？

逻辑4：现在资讯时代，市场有效性越来越强，因此低估值公司大家一眼就能算清楚估值是多少，所以靠低估值已经没有优势了。

如果市场的有效性真的这么强，那么市场就不会犯错。问题是，从康美药业到乐视网，我们什么时候发现市场的有效性变强了？

逻辑 5：低估值公司没有成长性，高估值公司成长性更好，所以理应更贵。

如果我们仔细翻阅每家公司的报表就会发现，有些高估值公司有时候也没多少成长性，在 2021 年大涨的、ST 类别的高估值公司甚至有退市风险，低估值公司有时候成长性也不差。而且，在企业的长期价值中，成长性往往只是事情的一个方面，企业的护城河、竞争优势和盈利能力，在很多时候比增长速度更加重要。

逻辑 6：低估值企业的报表是假的，所以基于假报表的估值都靠不住。

这个逻辑就属于有点耍无赖了，一则大多数企业的报表仍然是真实的居多，二则就算低估值公司的报表是假的，那我们凭什么说高估值公司，甚至在 2021 年涨的多的 ST 类公司，报表就更真实？

如此种种逻辑，仔细数来，还有几十条之多。但是，只要我们足够细心，就会发现这些逻辑并不是真正严格推理的逻辑，而是为了证明"低估值投资在 2021 年没有用，我们就应该买高估值公司"而捏造出来的。而一些捏造出来的逻辑在市场上流行，恰恰是市场价格足够极端的另一个方面的体现。

朝菌不知晦朔，蟪蛄不知春秋。在资本市场里，价格的波动时而如平湖春水，让人心生惬意，时而却又如惊涛骇浪，让人们以最大胆的想象，都难以预测到它的极端变化。对于这些反复出现的巨大波动和极端的价格，稳重的价值投资者会知道，预测它们既不可能，也不重要，重要的是如何在这种巨大的波动和极端的价格中生存下来，同时最大限度地利用它们，让自己的投资组合之舟万里远航。

投资别轻易说永远

在投资中，我经常见到有人说，某件事情会"永远如何"，某个投资标的会"永远怎样"。殊不知，这个世界上只有不变的投资原理，没有不变的投资标的。说某个投资标的会永远如何，往往并不是真正找到了值得数十年持有的好标的，而是被短期市场热情冲昏了头脑。

这里，先让我们来看几个例子。

比如说，在 2019 年底到 2021 年的 A 股市场，低估值股票表现低迷，高估值股票一路飙升。于是，不少投资者开始说："估值有什么用？如果低估值的股票永远低估、高估值的股票永远高估下去，那么现在买高估值的股票又有什么关系？"

而在 2010 年到 2015 年的小盘股牛市中，内地资本市场中小型股票的估值，比蓝筹股要高得多，而同时盈利能力却更差。这种现象在全世界资本市场中并不常见，在后来的中国资本市场中也逐渐消失。"但是，如果小公司的估值永远比蓝筹股高，那么性价比低一些又有什么关系？"当时流行的投资理念如此说。

在 2020 年之前许多年的学区房热中，许多一线城市的学区房价格极其昂贵，但是品质甚至还比不上附近的房子。一套二三十平方米的房子，卖出每平方米 20 万元的天价，这样的新闻在当时并不罕见。"只要人们还重视教育，只要家长还想让孩子上好学校，那么学区房会永远贵下去。"当时看好学区房的人们这样说。

在 1989 年以前，已经形成了几十年的日本房地产市场泡沫中，日本核心区的房价动辄高达年租金的 50 倍以上。这种现象在房地产市场极不合理，"但是如果日本的经济一直繁荣下去，那么日本房子的需求就不会衰减"。日本的购房者这样说。于是他们宁可背负高额的债务，也要购买全世界第一昂贵的房子。

以上几个例子里，人们都认为某个投资会永远如何。但是实际上，"永远"并不存在于真实的世界中，它往往只存在于人们的想象中。

回忆一下我们经常在电视剧里看到的桥段，年轻男女在热恋中，喜欢和对方说"我永远爱你"。但是，结婚多年的夫妻，往往却不会常说这句话，甚至会偶尔怀疑对方对婚姻的忠诚度，哪怕是只有一些"莫须有"的证据。

那么，为什么年轻男女更喜欢说"永远"？原因很简单：他们当时对爱情感到更加冲动，在这种冲动，而不是理性的驱使下，他们更容易说出"永远爱你"这样的话。这与资本市场是多么相似——那些说出"永远"的投资者，那些认为某些投资标的永远会怎样的人们，他们口中的"永远"，往往是在这些投资标的表现最好的时候说出来的（同时往往也是估值最贵的时候）。

有趣的是，这种在热情的驱使下说出来的"永远"的消失速度，往往快得让人咋舌。

在 2020 年下半年到 2021 年初，一些热门股票被机构投资者集中持有，被市场称为"抱团股"，主要包括了一些消费类股票（其中以白酒和食品饮料为主）、医疗美容类股票等。在当时，市场认为，抱团股是市场永远会追逐的目标，理由有很多，比如这些公司资质优秀，外资涌入中国更喜欢这些高 ROE 的公司，中国市场将来好公司资质稀缺等。

曾日月之几何，而江山不可复识矣。没过一年，到了 2021 年夏天，抱团股就由于之前估值太贵，价格大幅下跌（尽管许多公司的基本面仍然不错）。而市场又开始追逐新的热点：伴随着国家对碳排放问题的逐渐重视，资本市场把目光聚焦向了新能源、电动汽车产业链、芯片、光伏等，而相应的投资标的又一次被人们称为"永远的好投资标的，多贵都不要紧"。而同样伴随它们的，是再一次高昂的估值。

所以说，当一类资产的估值已经十分昂贵时，比如 100 倍 PE 的股票、租金回报率不到 1% 的学区房，我们如果听到有人说"这个投资永远好"，就一定要想一想，这里的"永远"，到底是理性分析以后得到的客观结论，还是被价格上涨冲昏头脑做出的盲目预测？

一枚硬币总会有两面，资本市场的规律也不会只在价格上涨时体现。同样，当某种资产价格下跌到很低的时候，市场也经常会说"这种资产就是永远不好"。但是，这种"永远"也不是理智的思考，而是来自被价格下跌所引发的负面情绪的大爆发。

"天下理无常是，事无常非。先日所用，今或弃之。今之所弃，后或用之。此用与不用，无定是非也。"在道家经典《列子》里，这段话告诉后世的人们，天下的事情无非是因缘聚散，永恒并不存在。对于投资来说，今天优势的企业明天也许会变得虚弱，昨天低估的资产将来也许会变得昂贵。执着于当时的市场环境，看不到未来可能的变化，不是聪明的投资者应当做的事情。

其实，追求"永远""不变"，本来是人们的天性，只是聪明的人会意识到这个问题，从而及时纠正自己的行为。这里，就让我们来看一个历史上的故事。

在唐朝封演编撰的小说《封氏闻见记》中，记载了这样一则轶事。唐朝的名将，平定了安史之乱的郭子仪，在天下安定以后，由于功高权重，家里往来的客人不断，门前常常是车水马龙。于是，郭家修缮房子的工程，也就经常进行。

有一次，郭子仪要出门的时候，看到门口有一个修房子的人正在干活，就对那个人说："好筑此墙，勿令不牢。"把房子修得好点儿，别不牢了，将来得一直用呢。看来不光今天的人们总操心装修房子的事，大唐名将郭子仪一样喜欢操心自家房子的装修问题。

结果，修房子的人闻听此言，把锤子放下来，回答这位当朝权臣说："数十年来，京城达官家墙皆是某筑，只见人自改换，墙皆见在。"意思是，过去几十年来，京城里达官显贵多少人家，墙都是我盖的，只见人换，不见墙倒。也就是说，您别担心我这墙不牢，你们这些王侯将相，大多不能有这墙的运数长久啊。

在中国历史上，郭子仪是有名的贤臣良将，闻言大为所动，史载："郭令闻之，怆然动容。"想到人生无常，富贵繁华不过如过眼云烟，郭子仪于是上书请辞，回乡养老，后以 84 岁的高寿而终。

天上浮云如白衣，斯须改变如苍狗。古往今来共一时，人生万事无不有。在大千世界里，没有任何物质和形态会永远保持不变，只有物理规律永恒不变。在浩瀚的历史长河中，没有任何事物会恒定不改，只有历史的规律万古长青。而在资本市场上，我们也难以找到"永远"的投资现象，只有投资规律一再重演。对于聪明的投资者来说，找到不变的投资规律，用它来应对世间变化莫测的投资现象，才是投资的正道。

警惕研究分析笔名化

在新媒体时代，有一个值得投资者注意的现象，我称之为"研究分析笔名化"。

所谓"研究分析笔名化"，指的是我们在许多新媒体上能看到的研究分析文章，通读全文找不到作者的真名，取而代之的是一个笔名。这些文章涵盖方方面面，经济、金融、投资、商业，等等，应有尽有。但是，读完这些文章，我们却不知道它们是谁写的。

金融行业是一个非常严肃的领域，并不应该"戏说"或者"调侃"。在我早年参加金融工作的时候，基本上每一篇研究分析报告，都会有正式的作者署名。这种署名带来一个好处，你可以通过持续追踪某位作者的研究分析观点，理解他的思路，知道他所做的分析是不是靠谱。

比如，曾经有一位研究员，在 2007 年股票市场大泡沫、上证综合指数已经到五六千点时，告诉大家，市场可以涨到一万点，结果后来被验证是错的。到了 2015 年的时候，在五六月份的市场火热时期，这位研究员再次告诉大家，市场会继续上涨。而这时候，清晰的署名就可以让读者更好地了解这位研究员过往的研究思路。果然，后来市场再一次大跌。

但是，当我们面对新媒体时代流行的"研究分析笔名化"文章时，我们完全无法从作者的署名中，获得任何有关这位作者过去研究成果的信息。我们不知道他过去做对了什么？做错了什么？他是一位过于乐观的研究员，还是容易过于悲观？

在这些以笔名署名的文章中，既然读者无法知道作者过去的研究水平，我们就只能字斟句酌地去阅读，而这无疑增加了我们判断文章水平的难度。但在另一方面，对于以笔名署名的作者来说，却可以借此掩盖过去的失误。

以笔名掩盖过去的失误，这可能还不是"研究分析笔名化"文章最糟糕的地方。最糟糕的，是有些新媒体发布者，甚至可以借助"笔名无法追踪到个人"这一特点，同时在不同的新媒体账号，发布两套截然相反的研究观点。目的无它，只为增加流量而已。

比如，对于股票市场未来会涨还是跌，即使是同一位作者，也可以同时在两个新媒体账号，以两个笔名发表两套相反的观点。一边可以说经济下行导致股市要跌；另一边可以说经济下行货币政策要宽松，所以股市要涨。如此，无论是认为股市要下跌还是要上涨的读者，都有可能变成他的粉丝。

与研究分析笔名化文章相反，在商品生产领域，我们的社会对于商品的"署名要求"非常严格。任何商品都需要标识生产厂家、生产日期、质量合格证等信息。没有这些信息的产品，会被称为"三无产品"。

其实，对于重要商品的生产需要署名，这一制度并不是现代社会才有的。早在六百余年前建立的南京明城墙，就采用了这一制度。南京明城墙现存五十余华里[⊖]，是世界第一大城垣。而且，南京明城墙不仅长，形态也非常巨大，高度一般在 14～26 米之间，按照一层楼房 2.8 米高，这个数字相当于 5～9 层楼。任何一个亲临过南京明城墙的人，都会感受到这座城墙的高大。

作为一个南京人，小时候的我少不了在高大的南京明城墙边上玩耍。在惊叹于城墙的高大、感慨于历史的沧桑时，我还会看城墙上的城砖。看什么呢？每一块南京明城墙的砖块上，都会铸有密密麻麻的字迹。

这些字迹写的是什么？不是风花雪月的诗词，而是每一块砖是由谁、在什么时候生产的，类似于现在商品上的生产信息标识。这诞生于六百余年前的城砖署名制度，保证了南京明城墙的品质，也让这座世界第一大城垣，至今仍然屹立不倒。

当然，对于研究分析文章，我们不可能要求每一篇文章都能像

　⊖　1 华里＝500 米。

商品或者城墙砖那样，做到毫无纰漏、料事如神。但是，一个可追溯的真实署名，却会给读者带来更多的便利。

这正如《论语》所云："君子之过也，如日月之食焉：过也，人皆见之；更也，人皆仰之。"对于那些严肃而认真的研究者来说，他们虽然也会做出错误的判断，但是他们所犯的错误与后来进行的改正，却是可以让读者清清楚楚阅读到的。而这种清楚明白的信息传递，是笔名化的文章所无法传达的。

投资中的强与弱

有一天早上我起来，随手打开一个不少股民都喜欢看的股票网站的首页。我看到了好几篇文章，说的都是某某强势股票、某某强势龙头企业。于是我很好奇，这一个首页上，究竟会有多少个"强"字？浏览器的搜索功能很快就告诉我：有 16 个。标题无外乎"强势上涨""最强风口""盘中走强"等。

我的好奇心泛滥，既然大家这么喜欢"强"字，那么这一页上究竟又有多少个"弱"字？结果搜索下来，一个都没有。后来我又在其他几个股票网站上做了类似的实验，结果大同小异。这个测试其实非常简单，我建议读者们自己也试试，使用浏览器的 Ctrl+F 搜索功能，很容易就可以做到。

"强"和"弱"两个字在数量上巨大的反差，体现出的是一种读者心态上的选择。熟悉媒体和网站编辑工作的人都知道，这些文章的编辑们在很多时候，并不是根据自己的喜好来选择需要编辑的文章，而是根据点击量，也就是读者的阅读爱好，来选择自己发布的题材。他们的考核和奖金，往往和点击量息息相关，个人对新闻素材的偏好，在严酷的考核面前微不足道（有道是，有怎样的甲方就会有怎样的乙方。在说乙方水平肤浅、质量低下之前，甲方其实需要三思）。

也就是说，不是编辑喜欢什么题目，股票网站上就会出现什么样的题目，而是经常阅读股票新闻的投资者喜欢什么样的题目，编辑们就会给他们什么样的文章。"强"和"弱"两个字在股票网站上出现的频率差别如此之大，背后的原因只有一个：绝大多数读者特别喜欢看"强"的东西，很少有人关心"弱"的东西在哪里。

但是，有经验的投资者都会知道，投资恰恰是一件非常困难的事情。绝大多数人在自己做投资的时候，往往时间一长就会面临失败（这也是为什么以选股能力著称的巴菲特，在面对普通投资者的时候，却常常推荐他们购买指数基金）。很多年以来，我在资本市场不断听到的一句话就是，"投资是一件门槛极低、实际却极难的事情"。只有初生牛犊不怕虎的投资者，才会认为投资是一件简单的事情。

可惜的是，不管小牛们怎么想，老虎仍然是老虎。绝大多数投资者实际上都很难做好投资，和绝大多数财经新闻阅读者都喜欢看"强"，不喜欢看"弱"，这两者之间一定有紧密的关联性。实际上，恰恰是因为大家喜欢把目光放在"强"的东西上，才会让人们错失投资的圣杯。

当一个资产、一只股票已经变得很强的时候，其实经常恰恰是它将要变弱的开始。老子有云，"物壮则老"，上涨之后往往带来的是下跌，强势资产带来的高估值往往更容易降低，而不是更容易升高。但是，那些不明白这个道理的人们，只会追逐那些当前最强大的东西，最后难免落下个磨砖做镜、飞蛾扑火的结果。

其实，在投资中追求"强"本身并没有错，毕竟投资的唯一目标，就是在合法合规的前提下，尽可能地取得最大的利润。在这样一个行业中，撇开盈利，谈道德、谈理想，无疑是空虚的。

但是，正所谓"贵以贱为本，高以下为基"，强本来是从弱中变化而来。想要得到"强"的投资者，最应该寻找的投资标的，往往在那些当前"弱"的资产中。这些看似"弱"的资产，却可能蕴含了最可能变强的基因。

在全本早已亡佚的中国古书《燕丹子》中，有这样一段话描述战国时代，侠客田光向燕国太子丹推荐大刺客荆轲时，对荆轲做出的评价。当时，太子丹慕名找到田光，想让田光推荐刺客，刺杀秦王。田光到了太子丹府中，住了整整三个月，却一直没有推荐人。

太子丹每天好吃好喝伺候着，过了三个月，终于忍不住了，问田光："先生既垂哀恤，许惠嘉谋。侧身倾听，三月於斯，先生岂有意欤？"意思是，先生既然肯帮助我们弱小的燕国，肯赐给我们良谋妙计，到今天已经三个月了，先生没有什么想法要对我说吗？

田光于是说，我在你府里这么长时间，实际上暗中把你身边所有的人看了个遍，没有可以用的人。"夏扶，血勇之人，怒而面赤；宋意，脉勇之人，怒而面青；武阳，骨勇之人，怒而面白。"意思是，你手下的勇士夏扶、宋意、武阳，都是看起来很强的人，但是他们的强都写在脸上，怒则面有颜色。我所知道的一个大刺客叫荆轲，"光所知荆轲，神勇之人，怒而色不变"。这句话是指荆轲发怒的时候，颜色不变，你根本看不出来，这才是真正勇的人。

太子丹于是用荆轲刺秦王，虽然最终并未成功，但是在虎狼环伺的秦国心脏，经过无数危险和守卫，几乎成功刺杀秦王，也非凡人所能做到。荆轲由此名列中国历史四大刺客，而田光的一句"神勇之人，怒而色不变"，也就成为千古以来甄别人才的明鉴。

既然怒而色不变的荆轲，才是真正的神勇之人，那么今天的投资者，每每试图在最强的资产中寻找宝贝，难道不是竹篮打水吗？当前"最强"的资产，就像田光口中的"怒而面赤、面青、面白"一样，看似富贵之气咄咄逼人，实际上却丧失了强大的根基。反之，那些当前看起来普普通通的、"弱"的资产，却有时恰恰由于估值的低廉，蕴含了成为最优秀资产的基因。

不过，需要极度注意的是，当前弱的资产蕴含了变强的潜质，并不等同于说当前弱的资产就一定会变强。如果是这样的话，投资就太简单，只要把历史价格的变动列出来，然后选最糟糕的那个就行了。用这种方法投资的投资者，一定会在20世纪初买入马车公司，或者在移动通信的2G时代结束以后买入诺基亚公司，或者在中国的人均钢产量已经达到世界总量50%的时候，继续买入钢铁行业的股票。

我曾经问一位历史业绩十分优秀的投资者，你最关心什么？他对我说，他最关心的，并不是市场上什么资产最赚钱，而是他买了的资产，有什么样的问题。也就是说，他最关心自己买的资产，弱在什么地方。对此，这位投资者有非常独到的解释："一个资产，既然我已经买了，我知道它强，又有什么用？我知道它弱在哪里，才能帮我避免亏损。"

智者如斯。反观今天，有多少人喜欢谈论自己买了的股票、房子有多么好？又有多少人会真正关心自己名下的资产，有哪些问题？要知道，这个世界上并没有完美的东西，任何资产都一定有自己的问题。投资者需要做的，并不是追逐当前最强的资产，或者明白自己持有的资产强在哪里，而是在了解自己持有资产的所有弱点之后，仍然能看到其中蕴含的、可能变强的那个理由。

这个真正的理由，可能是"怒而色不变"的，但是它却是投资收益最有力的保障。这就像罗曼·罗兰在《米开朗基罗传》中说的那句话一样："世界上只有一种英雄主义，就是看清生活的真相之后，依然热爱生活。"

别乱学大师做集中投资

在证券投资中，我见过不少投资者，都喜欢重仓。比如，以30%，甚至50%的仓位买一只股票，债券投资组合集中购买一种类型或者某个久期的债券等。当我指出这种不太平衡的投资方法可能蕴含的风险时，得到的答案往往是：投资大师都是集中投资的，我们学大师的投资方法，难道能有什么错吗？

的确，巴菲特经常说，自己的投资比较集中。但是，巴菲特也说过另外一句话，就是对于普通的投资者来说，分散投资，甚至使用指数基金进行投资是更好的选择。那么，这其中的区别到底在哪里？对于一个投资者来说，他到底应该选择集中的投资，还是分散的投资？

实际上，到底应该集中还是分散，并没有真正的定论。分散投资能给投资者带来的保护，是毋庸置疑的。而之所以不少投资大师喜欢使用集中投资，是因为他们有一种"阅尽千帆皆不是"的底气。他们已经看过了太多的投资，千里挑一、万里挑一之后，只能找出那几个好投资标的，他们当然应该集中投资。

但是，不少照猫画虎的投资者，只学到了大师们集中投资的风格，却没有，也懒得去学大师"阅尽千帆皆不是"的功底。他们找到了几个自己觉得还不错的投资标的，于是一方面懒得再去寻找更多的投资标的，另一方面也不愿意挑战自己已有的判断，宁可顽固地相信"我找到的投资标的一定是最好的"。在这种情况下，这些投资者为了给自己的集中持仓找到理由，就号称"集中持仓是大师倡导的投资方式"，岂不谬哉。

找投资标的如此，看资料也是一样。我以前在证券公司工作时，经常有刚走出大学校门的同事问我，看什么资料最好？我的答案从来都是，做证券研究没有最好的资料，每天看三四百页，看个几年，你自然会知道一切的事情。到那时候，不用我说，你也会知道什么资料最好。

说到好的投资资料，《巴芒演义》记载了巴菲特一生的投资路程。在这本书中，我们可以看到巴菲特在一生中看过了许许多多的投资标的，参与过无数次商业规划和企业建设。有这样数十年的投资经验，巴菲特当然可以集中持仓。

但是，对于不少仿效巴菲特进行集中持仓的投资者来说，他们其实陷入了一种被称为"村花效应"的心理状态中。一个从来没有出过村子的人，以为村子里最漂亮的村花就是全天下第一的美女。

那么，对于集中持仓的投资者来说，我们如何区别他究竟是受困于"村花效应"，还是下一位投资大师？毕竟，巴菲特也有年轻的时候，靠年龄来判断是否有投资大师的潜质并不靠谱。其实，这里有一个很简单的方法。

当我们看到一位投资者集中持仓在 A 股票的时候，我们可以问他，为什么不买 B 公司？为什么不买 C 公司？比如说，B 公司的财务回报和 A 公司差不多，同时估值更便宜，C 公司估值和 A 公司差不多，但是财务回报更好呀？

这时候，如果这位投资者能够给出明确的答案，仔细分析为什么 B、C 公司不如 A 公司，或者为什么 B、C 公司很难分析得清楚，而 A 公司的业务一目了然、商业前景十分好判断，或者哪怕只是 B 和 C 公司不在他的能力圈以内，并且能给出为什么不在能力圈以内的理由，那么很显然，这位投资者思考过无数的投资标的，思考过自己的能力圈，思考过 A、B、C 这三家公司，并且从自己能够判断的、尽可能多的投资标的中，选择出了他认为是正确的那几个：这正是真正投资大师的做法。

但是，如果这位投资者说："我不知道 B 公司和 C 公司怎么样，我也没兴趣去看那些行业，我只知道 A 公司很好，我集中持仓就是了。"那么在这种情况下，他在盲目集中的概率，就比较大了。

其实，这种"大师可以集中，但是普通人不可以"的投资规律，在体育运动中也非常多见。学习过拳击、散打、网球等运动的人知道，这些运动中的顶级运动员，往往会有自己习惯的招式。这些招式非常奇怪，和一般教科书上记载的不一样。

但是，如果我们学这些运动，教练在一上来绝对不会教你这些招式，而是要你从最基础的招式学起，练个三五年以后再考虑自创招式的事情。为什么？因为顶级运动员的这些招式，是在练习了千万次基础招式之后，结合自身特点和天赋找到的、最适合自己的招式——这些招式完全不适合任何基础不够的初学者。没有那些基础和天赋，根本学不了那些绝招。

"操千曲而后晓声，观千剑而后识器。"[⊖]在证券投资中，只看一小部分投资标的，就知道哪些是最好的投资，这种天生是天才的概率是很小的。真正的大师之所以进行集中投资，是因为他们看过了太多的投资标的，能一眼看出真正优秀的投资标的是哪些。

如果没有大师的内功，却要硬学大师的招数，如此投资，难道不容易吃亏吗？

投资要避开这七害

在源远流长的中国文化中，兵家是排在儒释道三家之后，与法家齐名的重要思想流派，历来为人们所重视。说到兵家，许多人的第一反应也许就是《孙子兵法》。但是，早在《孙子兵法》之前几

⊖　语出《文心雕龙》。

百年，就已经有另一部兵家的经典著作广为流传。

在公元前一千年左右，也就是《孙子兵法》问世前大约五百年，经过周文王、周武王和两朝帝师姜太公多年的经营，周武王和数百诸侯组成的联军，在牧野之战中击败了商王朝的大军，开启了中国历史上第三个朝代——绵延八百年的周王朝。

由于周文王、周武王一直是在姜太公的指导下进行国家建设与军事作战的，姜太公，也称姜子牙，对于周朝的江山建设厥功至伟。战后，周王朝将齐国赏赐给姜太公作为封地。而姜太公的思想体系，就浓缩在一部被认为是他所著的《六韬》之中——这也是中国兵家学派的重要著作之一（也有人认为《六韬》是后人托姜太公之名所作，在此不论）。

在《六韬》中，有一段话，是姜子牙教导周文王，作为一国之君，如何避免七种有害的下属。有趣的是，在时间流淌了三千年以后，当我读到这段"王者之七害"时发现，竟然可以在我们今天的投资工作中，找到它的完美翻版。

下面，就让我们来看看，三千年前姜子牙所教导周文王的，以及我们今天在投资工作中可能遇到的，究竟是哪"七害"。

七害者，一曰无智略权谋，而以重赏尊爵之故，强勇轻战，侥幸于外，王者慎勿使为将。

"七害"中的第一害，指的是有些将帅，虽然没有什么智谋，但是为了贪图君王给出的赏赐，"强勇轻战，侥幸于外"，把国家的军队当成自己的赌注，在战场上贪功冒进，说白了就是赌一把。赌赢了，自己荣华富贵享之不尽；赌输了，大不了一走、一死了之。

在今天的资本市场上，我们也会看到类似的现象。有一些基金管理者，本身的投资理念并不坚固，投资技巧不娴熟，但是却把投资者交给他的钱，拿来当自己的赌注，押在一两个行业、几只股票上，甚至加上高杠杆去赌。如此投资，赌赢了自然奖金丰厚，真的赌输了，在今天的基金管理制度下，大不了一走了之。

二曰有名无实，出入异言，掩善扬恶，进退为巧，王者慎勿与谋。

七害中的第二害，说的是有些人虽然没有本事，但是却装出有本事的样子来，"出入异言，掩善扬恶，进退为巧"，讲话尽可能地夸张，把别人说的很坏，给自己讨巧。《六韬》说，如此之人，为君王者一定不能被他夸夸其谈的样子所骗，不能和他商量国是。

在今天的投资工作中，我们也会看到一些研究员，不以扎实的研究功底、细致的分析逻辑、完整的数据链作为分析的基础，而是依靠出一个噱头很大的报告、讲一些耸人听闻的判断，比如"指数必上多少多少点""某某股票几十年以后目标价是多少""某某板块爆发在即"等。对于这些研究材料，有经验的投资者，一定得记住"慎勿与谋"。

三曰朴其身躬，恶其衣服，语无为以求名，言无欲以求利，此伪人也，王者慎勿近。

七害中的第三害，指的是有些在君王面前的人，明明心里好名、好钱、好官位，却装出一副淡泊名利的样子，"语无为以求名，言无欲以求利"，用假装出来的无为无欲，从君王这里骗取好处。这种人是虚假之人，君王一定要擦亮眼睛。

这样的虚假之人，在今天也能找到他们的身影。在今天的企业界，我们偶尔能看到一些企业管理者，一见面就大谈虚无、情怀、愿景，但是却闭口不讨论行业的细节、不谈企业具体的运营细节。对于这样的企业管理者，我们一定要心如明镜，做到"慎勿近"，别被他们看似无私、有情怀、有理想的表象所骗。

当然，这里需要指出的是，不是"所有有情怀的企业家都是假的"，而是"有些情怀是假装出来给人看的"。区别这两者最简单的方法，就是看看这位企业家在谈论情怀的时候，是否能对细节和具体业务也一样如数家珍。如果答案为否，那么情怀是假装的概率，就要大得多。

四曰奇其冠带，伟其衣服，博闻辩辞，虚论高议，以为容美，穷居静处，而诽时俗，此奸人也，王者慎勿宠。

《六韬》所说的第四害，是指一些人通过华丽的衣服、看起来深奥的说辞、华丽的言语，"奇其冠带，伟其衣服，博闻辩辞，虚论高议"，来欺骗君王的耳目。但是，这些人当面一套、背后一套，实际上心里想的根本不是那回事。

在今天的投资银行和咨询公司里，我们会看到有一些人，不在真实的企业分析水平上下功夫，却把精力完全用在华丽而考究的西装、动辄上百页的PPT、海量的图表和数据上（适当用一点精力是行业惯例，无可厚非）。当这些看起来非常炫目的衣服、数据表格、PPT展现在企业客户面前时，不少企业客户会被震撼到，以为华丽的商业外表背后，就一定代表着商业逻辑的正确性。

反之，如果我们仔细观察一些真正的投资大师的服装、报告，就会发现他们往往朴实无华。比如说，在彼得·林奇的著作《彼得·林奇教你理财》[○]的封面上，林奇的西装的肩线就很不考究，而且明显大了一号。很显然，大了一号的西装更舒服——醉心于投资的林奇并不需要依靠考究的西装来说服客户。

而我们打开巴菲特所管理的、伯克希尔·哈撒韦公司的网站，我们会看到一个朴素到极致的页面：上面甚至连一张图片也没有。里面历年的公司年报，也是简单到极致。但是，得益于这个简单的网页设置，无论在世界上哪个地方，伯克希尔·哈撒韦公司网站的打开速度总是很快。

五曰谗佞苟得，以求官爵，果敢轻死，以贪禄秩，不图大事，得利而动，以高谈虚论悦于人主，王者慎勿使。

第五种王者需要注意的"害"，是一些人在工作中只迎合上级、迎合考核，不管事情到底做得怎么样。总结来说，就是"上面让我怎么做，我就尽力做到底，上面高兴就行，至于效果究竟怎么样，不是我的事"。

这样的人看起来是完美执行了上级的指令，实际上工作的目的不是真把事情做好，是"悦于人主"，领导开心就完事。

在今天的投资工作中，我们也能见到类似的情况。在一些证券公司、基金公司里，有时候公司制定的考核制度不合理，比如考核三个月的短期业绩。这时候，作为负责任的下属，最好当然是能够据理力争，争取改变考核标准，其次也至少应该尽量保持自己的投资纪律，不要完全迎合错误的考核标准。

○ 机械工业出版社出版。

但是，我们会经常看到，有些基金经理和研究员不管这些制度合不合理，公司和上级既然定了短期考核目标，我就去写短期的分析报告、做短期的投资交易。至于长期投资做得好不好、赚不赚得到钱，管他那么多干什么。结果，长期受损害的，自然是公司的投资账户。

六曰为雕文刻镂，技巧华饰，而伤农事，王者必禁之。

第六种君王需要避免的，是一些人净做表面文章，把事情搞得炫丽、华美，实际上真正的社会经济基础（在周朝主要是农业），却受到了损伤："为雕文刻镂，技巧华饰，而伤农事"。

在今天的金融市场上，我们往往能在衍生品领域里找到类似的事情。金融与投资市场的本质，是实体经济的反映，其设置的目的也是以服务实体经济为第一要义。然而，随着衍生品的不断发展，我们经常能看到越来越多、越来越复杂的衍生品，同时伴随的还有越来越高的投资杠杆、越来越大的短期价格波动。

结果，在这些"雕文刻镂，技巧华饰"的衍生品中，资本市场变得越来越躁动，投资者变得越来越短视与浮躁。短期的涨跌让人心醉，长期的价值却没有任何增加。如此投资，焉能不败？

七曰伪方异技，巫蛊左道，不祥之言，幻惑良民，王者必止之。

姜太公所说的最后一种君王要避免的"害"，是不用正道治国，不用科学的方法管理，而去听信各种巫术、左道旁门。

在历史上，相信各种迷信方法可以治国的人真的不在少数。在汉代，汉武帝就曾经笃信鬼神之道，《史记》中的记录对此颇有微词。而被称为千古一帝的秦始皇，在统一天下以后，也醉心于派出方士寻找长生不死之药，结果自然是徒劳无功。

在今天的资本市场，我们也能看到这些"巫蛊左道"的身影。比如，有些投资者笃信风水投资法，用阴阳八卦计算股市。有些投资者看起来好像"科学"一点，用技术分析试图预测股市，金叉、死叉、缺口、数浪、十字星、光头光脚阴阳线等术语朗朗上口。殊不知，这些偏离了理性和科学的投资方法，只能让沉迷于其中的投资者感受到如同打麻将般的愉悦，却难以帮他们赚钱。

以上，就是姜太公所著《六韬》中，提出的君王需要注意的"七害"，和这"七害"在今天资本市场的对照。有意思的是，三千年的时光流逝，人心和社会的运行内涵却没有多少变化。用当年的"七害"，来寻找我们今天的投资工作中应该注意的问题，竟然如此恰如其分。

现在你也许会问，我们避免了"七害"，又应该怎样找到有益的人和事物？其实答案很简单：当我们把"七害"都避开时，剩下的那些，就是对我们的投资工作有帮助的。

第 2 章　交易与投机

一个值得注意的交易问题

有一句人生的至理名言，我一直颇为推荐：做好人要比坏人还"坏"，才可以当好人。

这是为什么呢？因为你选择做好人，是要抵御很多诱惑的。为什么不去花天酒地？为什么不去坑蒙拐骗？你不光要知道这些糟糕的行为可以带来的"好"处，更要知道它们会带来的坏处，抵御它们的诱惑，你才能做一个好人。

《吕氏春秋》有云："孔子之劲，举国门之关，而不肯以力闻。"意思是，孔子的力气很大，可以把城门都举起来，是一等一的打仗高手，但是他不肯用打仗来解决问题。也就是说，他学会了武力的技巧，之后更看到了用武力解决问题的缺陷，因此才选择了儒者之路，才开创了中国绵延几千年的文化核心。

对于投资来说，如果一位投资者说："我懂价值投资，不过我不懂交易与投机，但是那些不重要，我也不屑于去懂。"那么我以为，这样的价值投资者，还是不够顶尖的。你既然不懂得投机的诱惑是多么美妙、不懂这些诱惑背后的代价是多么巨大，又怎么能说你能抵御它们？

知之而不用，方为真不用。

价值投资者在交易时要注意的一个问题

对于那些深通人性的人来说，他们都知道一个规律，那就是人的一种性格特点，往往同时对应着另一种性格特点。也就是说，没有任何一种性格特点是完全单面的，任何性格既然有好的一面，就一定有糟糕的一面。有正向的一面，也就会有讨厌的一面。

在东汉末年仲长统所著的《昌言》一书中，有这样一段话，很好地描述了这种人性的两面性："人之性，有山峙渊渟者，患在不通；严刚贬绝者，患在伤士；广大阔荡者，患在无检；和顺恭慎者，患在少断；端悫清洁者，患在拘狭；辩通有辞者，患在多言；安舒沉重者，患在后时；好古守经者，患在不变；勇毅果敢者，患在险害。"

这段话的意思就是说，人的性格，非常稳重的，就容易缺乏变通；太刚烈坚毅的，就容易不容人；宽大广阔的，容易对小事不检点；和气恭谨的，容易没有决断；方正廉洁的，做事容易狭隘、施展不开；思想活跃、口才好的，常常言多必失；而那些有胆子、有冲劲的人，又容易冒太多的风险。

这段对人性的描述，真是入木三分。其实，归根结底，价值投资也是源于一种性格。这种性格的人喜欢做有价值的事情，不喜欢赌博；喜欢物有所值，不喜欢虚幻的泡沫；喜欢独处、冷静的思考、做出独立的判断，不喜欢跟风从众。

对于长期投资来说，价值投资者的这种性格，已经被历史证明其强大的有效性。国内外许多著名的投资大师，都是以价值投资为其哲学精髓。这种投资思想，也为奉行它的投资者带来了长期的回报。但是，这种强调性价比、强调买的东西要"又好又便宜"的投资性格，在进行交易的时候，也容易有自己的缺陷。而这种缺陷，也被许多价值投资大师所提及。

在一次采访中，巴菲特先生提及了一个他错过的投资机会："当时，我们打算买很多 Costco⊖超市的股票，但是我犯了我最经常犯的一个错误。我们开始买 Costco 的股票以后，股价就一路上涨，结果我就没追。如果 Costco 的股票价格一直横在 15 美元，我就会买到足够的、比我实际上买的多得多的量。但是这只股票马上就涨到了 15.125 美元，现在谁肯出 15.125 美元再买呢？我刚才可是只花 15 美元就买了的呀？结果，后来 Costco 涨了好多，而我也就又犯了一次错误。这种错误我这辈子犯过很多次，这实在太让人恼火了。"当媒体在 2012 年 3 月引用巴菲特先生的这段话时，Costco 的股票价格已经上涨到了 88.3 美元，是 15.125 美元的将近 6 倍。

对于自己的错误，巴菲特从来不遮遮掩掩，而这个例子中的情况，正是困扰许多资深价值投资者的普遍现象。由于价值投资者往

⊖ Costco 是全美最大的超市之一，也是巴菲特和芒格的重仓股，曾经给他们带来了很多的利润。

往习惯于计算性价比，习惯于付出更少的钱、买入更好的资产，因此当他们做出一笔交易，或者打算做一笔交易的时候，如果股价突然上涨了一些，他们往往会感到难受。这种难受的感觉，会导致他们下手不够果断，有时候就不肯在自己原来的出价上，追高报出一个更高的价格，这样有时就会错失掉一个长期的优秀投资机会。而这种性格弱点，也恰恰来源于他们精于计算投资价值的性格。

国内有一位非常资深的价值投资者，曾经在 2018 年底懊悔地对我说："我感觉自己真是个二百五。"我问他怎么了。他说前两天港股的腾讯控股（代码 00700）大跌，自己打算买来着，就把价格挂在 250 港元。结果腾讯控股跌到 251 港元就反弹了，他没买到，也没肯追，最后价格就一路涨上去了。⊖后来，腾讯控股在短短半年里，就从 251 港元上涨到了 400 港元。这位价值投资者曾经在历史上给投资者赚取了十数倍的回报，但是这 1 港元导致的代价，仍然让他痛心不已。

其实，价格投资者的这种性格，我们可以用一个节俭的人来打比方。节俭固然是优秀的性格，对搭乘五月花号（The Mayflower）登陆北美殖民地的清教徒们来说，"勤俭清洁"就是他们倡导的生活方式。在这种生活方式的陪伴下，美国逐渐在北美洲这片蛮荒的土地上成长起来。但是，当节俭的性格不适时宜的转化为抠门时，它所带来的危害也是显而易见的。

对于价值投资来说，事情也是一样。重视性价比是好事，对自己的出价小心谨慎、务必使之买到有价值的东西，而不是跟风赌

⊖ 腾讯控股在 2018 年 10 月 30 日最低价格触及 251.4 港元。

钱，绝对是一件好事。但是，当这种性格转化为"价格上涨一点就不想出更高的价，至于大的投资机会会不会因此跑掉再说"的行为时，它所带来的危害，也就足以让股神巴菲特都感到遗憾了。

不过，要一个价值投资者不过分重视交易中的小利益，这句话说起来容易，做起来实在很难。要知道，这是和价值投资的性格正好相反的。一个一生重视投资性价比的投资者，想要在交易中，时时刻刻做到不看重性价比，几乎就是要时时刻刻和自己的固有性格做斗争。而和自己的性格做斗争，恰恰是这世界上最困难的事情之一。要不然，怎么连股神巴菲特，也要感叹自己这个错误犯了好多次，但是感叹完了还是继续犯同样的错误呢？

为什么市场总对你说"估值不重要"

对于那些有经验的投资者来说，在市场里待得久了，他们往往会注意到一个现象，那就是市场上的言论经常对人们说："估值不重要"。

但是，对于绝大多数投资来说，估值都是非常重要的。极度少数的几个例外，恰恰说明估值的普遍重要性。这个问题其实很容易想明白，买入的价格越低，自然获利的概率越大。既然我们在网络购物、逛超市的时候，都喜欢打折的商品，那么为什么在证券投资中，我们反而会喜欢更贵的投资标的？

但是，如果我们环顾四周，就会发现市场经常会对我们说，估值不重要。让我们简单地回顾一下历史，就会发现，这些例子不胜枚举。

在国际市场上，在 20 世纪六七十年代美国的漂亮 50 泡沫中，人们说这些优秀的公司会永远伟大下去，因此估值不重要。在 1989 年日本房地产和股票市场泡沫中，市场上流行的言论，是日本的经济会继续腾飞，因此高估的估值不重要。在 2000 年美国科技股泡沫中，人们说网络科技会改变未来（其实说的没错），因此估值不重要（大错特错）。在 2008 年全球金融危机之前，这个危机的罪魁祸首，美国的金融衍生品市场，被认为是依靠复杂的数学模型第一次抹平了金融市场的风险，因此估值（衍生品的风险）不重要。

而在中国市场，事情也是一样。在 2007 年股票市场泡沫中，人们说中国经济未来有巨大的发展前景（说的没错），因此股票的估值不重要（后来大家都知道发生了什么）。在 2015 年创业板和小公司泡沫中，人们说这些公司是经济的未来，因此估值不重要。而在同一时期，尽管一些分级基金的 B 端份额已经出现了巨大的溢价，但是市场主流声音还是说，这些杠杆十分稀缺，因此估值高一点不重要。到了 2020 年底、2021 年初的时候，虽然不少热门股的估值已经达到百倍 PE，甚至更高，但是市场主流的声音再次说，估值不重要。

熟悉金融市场的投资者会知道，估值其实非常重要。优秀的投资往往以非常低的估值为开端，而高估的资产常常不能给投资者带来良好的长期回报。但是，为什么我们在市场上经常听到人们说"估值不重要"？为什么听到说"某某资产最近又涨了多少"的声音很多，看到仔细计算估值的分析却很少？

其实，市场为什么总对我们说"估值不重要"，这并不是一个投资学问题，这是一个社会传播学问题。从这个角度考虑，我们就会想得清楚多了。

在资本市场上，最占领舆论风口的资产，永远不是在未来最有潜力上涨的资产，而是最近涨幅最多的资产。当一种资产，无论是股票、基金还是债券，在短期价格上涨了许多以后，它会让所有加入的人都赚得盆满钵满。这时候，强大的盈利效应，会让这种资产，处于舆论的风口浪尖上——人们总是喜欢谈论那些赚钱的事情。

也就是说，当一个资产占据了舆论的风口时，往往就意味着它已经涨幅巨大，估值往往也比较昂贵。这时候，市场上绝大多数参与者，绝不会一边说"这个资产涨得太多、估值太贵、有点危险"，一边仍然持有这种资产。也就是说，市场对一种资产的主流看法，和市场的主流交易行为，永远是一致的，因为指导市场的主流交易行为背后的思想，恰恰正是市场的主流看法。这种主流看法一边指导投资者的交易行为，一边主导市场的主流舆论：这就和力气再大的人，也没法拎着自己的头发，把自己从地面上拽起来一样。

所以，为什么我们在市场上总是听人们说"估值不重要"？这完全不是因为估值真的不重要，而是因为只有涨得多的资产，才会占据舆论的中心。而在卖出这种资产之前，人们一定会为自己找理由，解释继续持有是安全的。这时候，市场的主流声音就一定要对你说：估值不重要。

尽管几年以后物是人非，当年说"估值不重要"的理论往往都被市场行情打脸，高价买入的投资者经常会亏损，或者至少是多年赚不到钱，但是又有谁记得当年的市场舆论？有谁会抱起多年以前的旧报纸，翻翻当年的市场声音是如何的？市场的主流声音会再次被新的涨幅巨大、估值昂贵的资产所占据，人们听到的流行分析，也就永远是"估值不重要"。

"人类从历史中学到的唯一教训，就是人类无法从历史中学到任何教训。"德国哲学家格奥尔格·威廉·弗里德里希·黑格尔如是说。

其实，理性的投资者会意识到，对于市场上最流行的理论，最重要的不是听这些理论说了什么，而是理解这些理论为什么流行。这就像巴菲特曾经说的一样："预言往往并不会向你揭示未来，只会向你描述预测者本身。"

关于巴菲特的这句话，一个最经典的市场案例就是"投资者观点调研"。所谓投资者观点调研，指的是问投资者对于市场未来如何看，比如问："你觉得股票市场接下来会涨还是会跌？"当我们得到一个答案，比如95%的投资者认为股票市场下面会涨，5%的投资者认为会跌，我们应该据此认为市场更容易上涨吗？不，事情恰恰相反。

什么样的投资者会认为市场容易上涨？是仓位已经很重的投资者。不会有多少人一边认为市场将来会上涨，一边还不买股票的。而什么样的投资者认为市场会下跌？是那些已经卖掉股票、拿着许多现金的人。很少有人会一边认为市场要跌，一边还抱着一堆股票而不持有现金。

那么，当95%的投资者都高仓位持有股票，认为市场会上涨，只有5%的人手上现金更多的时候，市场将来上涨的买入资金，又从何而来？

对于聪明的投资者来说，明白了市场为什么总是对自己说"估值不重要"，也就会明白这个问题的反面，也就是为什么当市场出现巨大的估值洼地时，没有几个人会在市场上说"估值很重要，因此这是一个好的投资机会"。估值低的资产往往都经历了长时间的大幅下跌，大幅的下跌带来市场的冷遇和抛弃。而市场主流的力量，是永远不会一边卖出一种资产，一边又对自己说"现在的估值很低很重要"的。

在1979美国股票市场大底的时候，人们说"石油危机会扼住美国的命脉"，因此再便宜也不用看；在2005年A股市场大底的时候，市场说估值虽然低，但是因为制度原因，股票不值得投资；在2008年全球市场最惨淡的时候，人们说全球金融体系要崩溃了，因此不值得投资，再低估都没有用；在2014年内地蓝筹股市场估值极低的时候，大家说大公司的效率会持续下降，因此估值再低也不行；在2016年香港股票市场极端便宜的时候，人们说人民币体系不稳定，因此香港股票市场再便宜也没用；在2020年香港股票市场一些中资企业估值极度低廉的时候，市场的主流声音再次说，虽然现在人民币稳定了（当时对美元不停地升值），但是因为一些不确定的国际因素，便宜的估值仍然没有什么用。

对于聪明的投资者来说，我们应该记住这些历史上的声音，记住市场的主流声音永远会对你说："估值不重要"。但是，如果光听市场上主流的声音，然后回办公室点点鼠标下个单就能做好投资的话，那么投资这份工作，将是世界上最简单的工作。只有那些独立于市场思考之外，拥有自己冷静而理性判断的投资者，才会是投资世界的长期赢家。

当投资者遇到两个月赚 50%

在 2019 年下半年到 2020 年初的这段时间里，资本市场上出现了一波以科技股为主导的行情。当时，科技行业的股票价格上涨之快，让人感到吃惊。以指数为例，中证半导体产业指数在 2020 年开年以后短短不到 2 个月的时间里，就从 2019 年底的 2806 点，上涨到了 2020 年 2 月 25 日的 4581 点，涨幅 63%。国证半导体芯片则从 2019 年底的 5950 点，上涨到了 2020 年 2 月 25 日的 10 444 点，涨幅 76%。

在这样的科技股行情之下，投资者的信心也开始变得充盈起来。当时我听到不少投资者说："你看看，我最近两个月就赚了快一倍。"也有的人说："你看我刚买的科技主题基金，才两个月就赚了 50%。"市场上流传的一个段子则说："最近我在学习炒股知识，牛市千万不要和老投资者在一起，会耽误你赚钱。要和刚进股市啥都不懂的在一起，这样才能经常买到涨停的股票。"

两个月赚 50% 当然让人开心，但是仔细一想，这是什么概念？50% 看似不多，但是在复利的作用下，却是一个非常惊人的概念。如果两个月赚 50% 这个事情持续 3 年，那么投资者的本金就会变成原来的1478倍。是的，你没看错，就是1块钱会变成1478块钱，100万元会变成将近15亿元，1套房的本金会变成将近1500套房。按每层楼10套，就是个15层的大楼。而如果持续5年，则投资者的本金会变成原来的将近20万倍，100万元的本金就会变成2000亿元，简直是富可敌国。

如果两个月赚50%是一件可持续性的事情，那么这个世界上所有的营生在它面前都会黯然失色。种植农作物、在工厂劳作、进出口贸易所赚的钱，在这样的回报率面前会显得微不足道。商业规律会被践踏，人们凭借勤劳和智慧所创造的财富，相比之下会不值一提。

其实，像2019年底到2020年初这样巨大的财富效应，同时伴生的也是极高的估值。以之前提到的两个指数为例，根据Wind资讯的数据，中证半导体产业指数在2020年2月25日达到了6.3倍PB、144倍PE的估值，国证半导体芯片则在同日达到了175倍PE、9.9倍PB的估值。在历史上，如此高的估值往往带来的是长期的风险。

不过，在《吕氏春秋·疑似》里，有这么一句话，我一直非常喜欢："使人大迷惑者，必物之相似者也。"让人感到最困惑的事情，往往不是相差很大、完全没见过的事情，而是看起来差不多的事情。

"玉人之所患，患石之似玉者；相剑者之所患，患剑之似吴干者；贤主之所患，患人之博闻辩言而似通者。亡国之主似智，亡国之臣似忠。"意思是，做玉器、选武器的人，最怕那些看起来像美玉、宝剑，实际上却是冒牌货的东西。一颗石头混在玉器里不可怕，一个玻璃球混在里面却是可怕的。明君所害怕的，也不是那些一看就是坏人的人，而是那些看起来精明强干，实则一塌糊涂的人。导致国家灭亡的君主看起来聪明，让国家陷入混乱的大臣看起来却很忠心。所以说，"相似之物，此愚者之所大惑，而圣人之所加虑也"。最聪明的人，需要格外注意这种"看起来相似，但是实则不同"的事物。

对于资本市场来说，事情也是一样。尽管价格在两个月里上涨50%不可能一直持续，而且也往往带来高估值和随之而来的高风险，但也并不一定就意味着风险，尤其是在市场开始上涨，资产的估值并不太贵的情况下。

以 1982 年 8 月 12 日的美国标准普尔 500 指数（也称，标普 500 指数）为例，当日标准普尔 500 指数收于 102 点。而在仅仅 2个月以后的 10 月 12 日，指数就涨到了 134 点，涨幅 31%。那么，是不是两个月大涨 31%，投资者就应该卖出？事情显然不是这样。从 1982 年 10 月 12 日到 2000 年，标准普尔 500 指数走出了一个将近 20 年的大牛市，最终在 2000 年达到最高 1553 点。

如果投资者在 1982 年 10 月 12 日，仅仅是因为"市场在两个月里大涨了 31%"，就卖出了标准普尔 500 指数，那么他将错过长达十几年的超级大牛市。但是，投资者需要看到的是，支持标普500 指数在这段时间里大涨的一个重要的因素，是之前指数的超低估值。

在这轮牛市开始之前，标普 500 指数的估值大概在 7 倍 PE 左右。而造成这种估值的重要因素，是之前漫长的熊市。在 1972 年，标普 500 指数最高触到 120 点，这比 10 年以后的 1982 年 8 月 12 日的 102 点还要高出将近 20%。正是因为有了这漫长的 10 年熊市，1982 年的标普 500 指数才得以用超低的估值做基础，展开了一场大牛市。

不过，这种牛市并不是每个投资者都能享受到的。根据记载，20 世纪 80 年代初，在美国基金经理中曾经流传着一个段子："你号称自己是价值投资者，但是在市场只有 7 倍估值的时候，你却没有抄底，请问当时你在做什么？""我在忙着和我的投资者解释，为什么我 9 倍 PE 买的东西亏了 20%。"计较短期波动的投资者，注定与长期的大趋势无缘。

所以说，投资真是件折腾人的事情。如果投资者抱定"我两个月就能赚 50%，将来我也要这样投资"的思想，那么他无疑是错误的，因为两个月赚 50% 的情况绝对不可能持续。但是，如果投资者机械地学到了"以价格涨幅判断风险"的投资方法，认为"只要是短期涨了几十个百分点的资产，都会暴跌"，那么他无疑也是错误的。在碰到美股 1982 年到 2000 年的这类牛市时，这样的投资者会被早早地清洗出局，无缘股票市场上最丰厚的回报。

那么，投资者如果在"两个月赚了百分之几十"以外，再加上一个"之后估值很高"，是不是就能判断这个资产一定没有投资价值？遗憾的是，资本市场是一个只有固定的内在哲学，却永远没有固定的外在招式的地方。任何一个价值投资者，如果不能仔细分析每一个案例，用价值投资的"好和便宜"的哲学去揣摩，而是简单套用一些教条，那么他将无法窥透其中的全貌。

以港交所上市的腾讯控股为例，从 2007 年 8 月 17 日到当年 10 月 30 日，在两个多月的时间里，腾讯控股的股价从最低 5.51 元（Wind 资讯 2020 年 2 月 28 日前复权数据，下同），上涨到了最高 14.08 元，涨幅超过 150%。而在 2007 年 10 月 30 日，腾讯控股的估值高达 29 倍 PB、104 倍 PE。

在 2007 年 10 月 30 日的腾讯控股，绝对符合"短期涨幅过大"和"估值过高"这两个标准。乍一看，这貌似符合"累积了巨大风险"的标准。但是，腾讯控股的企业资质实在太优秀了，当时的 ROE 达到近 30%，并且在之后的多年里保持了相似的水平。结果，腾讯控股的股价从 2007 年 10 月 30 日的 14 元的复权价，又上涨到了 2020 年 2 月 28 日的 399 元。

"夫兵形象水，水之行避高而趋下，兵之形避实而击虚；水因地而制流，兵因敌而制胜。"两千多年前，孙武写在《孙子兵法》里的这段话，道出了投资的最高境界：全然的根据客观事实，制定自己的投资计划，不受一丝一毫主观判断和情绪的影响。对于价值投资来说，只要保证投资能够无限度地接近"好和便宜"这两个衡量标准下的最优状态，任何外在的条条框框都可以被挑战。当一个资产足够"便宜"的时候，"好"也可以不重要。而如果能够真的确定一个资产足够"好"，那么它也可以不"便宜"。

不过，最高境界虽然美妙，却不是每个投资者都能达到的。这就好比一个小学生刚刚学了基础语文，就想再写一本《资治通鉴》，一个格斗运动员刚学了三个月拳脚，就觉得自己可以打 MMA 综合格斗的世界比赛，无疑都是不现实的。而对于那些看到两个月赚了 50%，就觉得可以依靠资本市场发家致富，却根本不知道资本市场里方方面面的知识，对市场的了解和经验几乎仅限于"有股票和基金最近两个月涨了 50%"的投资者来说，他们所面临的风险，无疑是巨大的。

跌多了就该抄底吗？想清楚这三个问题

我从 2006 年回国参加投资工作，到今天已经是第 16 个年头[一]。这些年来，我对证券市场的一个直观感受是，从整体上来说，人们开始变得比从前更加希望走正道、希望做有价值的投资了。

记得十几年前的时候，股市一旦大跌，市场上占主导的分析，往往在讨论趋势什么时候结束、资金面什么时候宽松等博弈因素。而现在，当股票市场大跌的时候，我们可以看到更多的分析对投资者说要冷静，要耐心看长期，要发现时间的价值，要懂得逆势抄底等。

不过，资本市场永远是一个慢慢进化的市场，而我们的市场现在仍然难以被称为一个完美的成熟市场。当今天的投资者们试图通过更有价值的方法面对股票市场的调整时，他们必须学会解决一个问题：跌多了就该抄底吗？

对于一些在资本市场沉浸时间不长的投资者，在股票市场大跌的时候，他们经常会听到周围人的劝导："巴菲特教导我们说，要

㊀ 本书成文于 2022 年。

在别人恐慌的时候贪婪，这样才能赚钱。长期的价值是不会因为短期价格的下跌而消失的。耐心度过波动，才能享受企业增长的价值。"诸如此类的话术，有没有感觉很熟悉？

实际上，这些话说起来容易，做起来却非常难。为什么说起来容易？我这两天看到一个文章，叫作《市场下跌安抚话术》，里面这一类的话应有尽有。但是，正所谓"仓位有限而理论无穷"，话说错了可以翻回来再说，而投资的决策一旦做错了就无法更改。这也是研究员比基金经理好做的原因：研究员可以轻松地说一句"上次我说错了，现在我改一下"。但是，基金经理却要为自己做出的每一笔交易负责。

为什么"跌多了要抄底""要相信长期价值"这样的话，说起来容易，做起来又非常难？为什么许多人都会说这样的话，但是投资业绩优秀的却很少？

要知道，投资如战场，没有任何一个逻辑是可以永远适用的。投资者必须学会对不同的金融产品、不同的公司、不同的估值、不同的市场结构，进行不同的分析。如果只学会一句"下跌多了就抄底"便开始进行交易，那么就好像拿着一根木棍走进原始森林对抗猛兽，实在是准备得太不充分了。

下跌与抄底之间关系的复杂性，就好比《孙子兵法·谋攻》在讲到敌我力量对比的时候所说的："用兵之法，十则围之，五则攻之，倍则分之，敌则能战之，少则能逃之，不若则能避之。"敌我力量对比的不同，就会导致战术的不同。我们的兵力与敌人相比，是"十倍、五倍、一倍、相当、较少"这五种情况，就要采用

"围、攻、分、战、逃"这五种方法。那么，对于价格下跌，投资者怎么只能采用抄底这一种方法？

其实，正所谓"尽信书，则不如无书"，即使《孙子兵法》看似已经很细致地把我敌力量对比从多到少的战术，用"围、攻、分、战、逃"这五种方法写出来了，但是在战场上的应用，却又可以说是千差万别。甚至有时候，要因地制宜、因时设计，正好反其道而行之才行。

抄底之前，需要思考三个问题

兵法奥妙无穷，兵法的应用更加奥妙无穷，绝非一句话可以概括。对于投资来说，事情也是一样。说一句"跌多了就要抄底，如此逆向而动才能赚到长期价值"很容易，但是真做的时候，投资者却有太多的具体事情需要注意。

当投资者打算"跌多了就抄底"的时候，我们至少应该思考的三个重要问题。

首先，我们得知道，股价下跌以后，公司的估值真的便宜了吗？有的投资者会说，你看某某股票，股价都腰斩了，某某基金净值都跌了一半了，还不便宜？问题是，价格腰斩和便宜不便宜，两者之间并没有绝对的关系。一只市盈率 100 倍的股票跌到 50 倍还是贵，一只市盈率只有 6 倍的股票跌到 3 倍，那简直是便宜得令人发指。

以当年著名的美股纳斯达克泡沫为例，2000 年 3 月 10 日这个指数的最高点位是 5132 点，到了同年的 12 月 19 日，收盘点位是 2511 点，跌了差不多一半。这时候纳斯达克指数便宜吗？当然不。

到了 2002 年 8 月 1 日，这个指数再次下跌到了 1280 点，与 2511 点相比又跌了一半。

对于 1989 年大泡沫顶端下来的日经 225 指数，事情也差不多。1989 年 12 月 29 日，这个指数的最高点位是 38 957 点，1992 年 3 月 30 日收于 19 669 点，跌了差不多一半。这时候如果投资者抄底，那么到了 2002 年 8 月 7 日，就会发现自己又亏了一半，因为这时候指数的收盘点位是 9834 点。

对于一些投资者来说，他们之所以买入从泡沫顶峰跌下来不少的股票（或者基金），而不是等这些股票真正便宜了再下手，是因为在之前的泡沫时期，这些投资者学习了过多吹捧这些泡沫股票的理论，同时又没有对长期股市的清醒判断。当这些被误认为"值得天价"的股票，价格大幅下跌以后，这些投资者就会按下购买的按钮，却忘记了投资中最重要的一条纪律：你得从更长远的角度来理解问题。

在抄底时需要思考的第二个问题是，公司的基本面发生了改变吗？毕竟，公司的变化层出不穷，而任何判断都不可能预见将来所有事情的发生。企业有没有发生新的重大违法违规事件？产品有没有过时？政府的政策有没有转向其他方向，从而变得不利于企业？这些问题，都是在抄底之前需要思考的。如果在价格大跌的同时，基本面也遭受重大打击，那么下跌的价格也许不足以形成一个足够优秀的抄底机会。

最后，投资者还要问自己一个问题，我的资金安排能允许我抄底吗？

对于抄底这件事，有经验的投资者都知道，它虽然会让我们买到足够的筹码，但是等待这些筹码再一次变得昂贵，可能会经历一段不短的时间，也可能中间还会经历进一步的下跌。这时候，投资者的资金性质是否能容许可能到来的压力与等待，就变得至关重要。

比如，对于公募基金来说，有几年封闭期的基金就比没有封闭期的基金，相对来说更容易进行抄底。对于私募基金来说，和客户关系更好、客户更加理智的私募基金，就比其他私募基金更适合抄底。而对于个人投资者来说，未来工资现金流更充裕、当前存款更少的年轻人，就比退休金不高、但是存款很多的老年人，更适合用更大比例的现金抄底。

所以说，一句"跌多了就抄底"好说不好做，低买高卖也确实是投资中赚取超额收益的利器，但是是不是底、抄了以后有没有未来、自己的能力能不能抄得起底，这些都是投资者需要仔细思考的问题。君不见中国历史上，刘邦抄底秦朝而王，陈胜、吴广抄底秦朝而亡；朱元璋抄底元朝而王，刘福通、张士诚抄底元朝而亡。世事变化无常，人间纷纭万象。抄底这件让无数投资大师赖以成名的事情，又怎会那么简单？

戳破泡沫的力量，从哪里来

在股票市场中，泡沫是一个亘古不变的话题。每当股票市场泡沫到来之时，泡沫化的一些股票，动辄以 50 倍，乃至上百倍、几百倍的市盈率交易。在泡沫的顶点，投资者赚得盆满钵满，往往会发出"估值不重要""怕高才是苦命人"的感叹。

但是时过境迁，那些估值昂贵的股票泡沫，最后都以价格下跌、估值下降、投资者损失惨重告终。这正所谓，"贵上极则反贱，贱下极则反贵"[⊖]。

有意思的是，在每一次股票市场泡沫的顶点，我们都会发现，这些泡沫似乎异常坚挺。公司的基本面蒸蒸日上，一个又一个好消息接踵而至；投资者踊跃参与，"新发行基金每周达到数千亿"这样的报道屡屡见诸报端；投资者们欢呼雀跃，奔走相告这些公司的利好，互相传授在泡沫中赚钱的方法。这正所谓要人有人，要钱有钱，要吃喝有吃喝，怎么就会反转了呢？

在每一个泡沫的顶点，似乎除了估值太昂贵，人们很难找到看空这些泡沫的理由。当然，估值那看不见的地心引力，是戳破股票市场泡沫最重要的力量。但是，这种高估值带来的地心引力，毕竟是一个看不见摸不着的长期因素。那么，又是哪些具体的原因，会造成股票市场泡沫的幻灭呢？

"祸常发于所忽之中，而乱常起于不足疑之事。"[⊜]戳破股票市场泡沫的，除了长期的估值因素以外，还有许多具体的因素。这些因素并不是那么醒目，在股票市场泡沫的狂热中，它们往往被人们所忽视。但是，这些因素的力量日积月累，最终会让股票泡沫消亡。

⊖　语出《史记·货殖列传》。
⊜　语出方孝孺的《深虑论》。

这里，就让我们来一一分析，这些因素究竟有哪些。

重要股东减持

在每一次股票市场泡沫中，最冷静清醒的人群，除了一些聪明的价值投资者以外，恐怕就要数上市公司原来的重要股东了，比如第一大股东、控股股东、联合创始人等。

这是为什么？对于一个股票市场泡沫来说，一般投资者可能是第一次接触这些价格泡沫化的行业，对这些企业与公司的理解，也仅仅停留在看财务报表、看媒体介绍和证券公司研究报告、现场走访调研上。对于这些公司的商业模式究竟如何，市场前景究竟怎样，什么样的企业值多少钱，其实并没有那么清楚。

但是，对于公司的重要股东来说，他们在这个行业中已经工作了半辈子，经历过无数次开设公司、运营企业、收购行业内标的、卖出旗下资产等具体工作。在这个股票泡沫形成之前，他们已经在这个行业中，给类似的非上市公司，或者是一些上市公司，进行过无数次的定价和谈判。

对于这样一些股东来说，如果他们有一天发现，股票市场对自己手中筹码的出价，数倍于，乃至数十倍于自己从前的估值时，他们会认为这个行业现在要发生颠覆性的变化，所以今天这个估值是值得的，自己过去的估值都给错了，还是他们会认为市场错了，需要赶紧抓住这千载难逢的机会，趁早套现了结、落袋为安？

显然，在一次次的股票泡沫中，后者出现的概率要远远大于前者。

随着这些重要股东减持套现，股票市场泡沫的压力也就随之而来：市场上流通的筹码会变多；泡沫追捧者的资金会变少；上市公司重要股东往往是公司的重要管理运营者，减持以后一方面他们在公司中的权益减少、利益下降，另一方面自己现金增加，努力动力也下降，对公司运营自然容易带来不利影响；重要股东往往在减持之后，仍然是行业中的积极参与者，拿着减持得来的现金，有些股东会另起炉灶，从零开始招兵买马租场地，做出新的企业来，与原有的上市公司形成竞争。

上市公司高位增发股票

与重要股东减持类似，上市公司在高点增发股票、高位融资，也是一个会产生类似效果的因素。

对于上市公司的实际管理者来说，面对昂贵的、一生中所见不多的高估值，纵然有一些股东对自己的公司感情深厚，可以忍住不减持套现，但是高价增发股票的诱惑是很难抵抗的。

上市公司大量增发股票，对公司本身的发展固然是多有裨益。但是，市场上的流通股票无疑会增加，同时可用的资金会相对减少。因此，上市公司高位增发股票，也会给股票泡沫带来压力。

早期参与者获利卖出

与重要股东减持类似，在股票市场泡沫达到顶点时，泡沫早期投资者的卖出，也会导致市场上流通的股票增加。让我们举个简单的例子，来理解这种现象如何产生。

假设在一个股票泡沫中，股票价格上涨了10倍。一个早期投资者，比如一位普通的工薪阶层，他花一阵子攒了一笔钱，在上涨前投入了10万元买股票。

现在，当这位早期投资者一路持股到泡沫顶点时，这位工薪阶层手上可以卖出的股票，已经大幅飙升到100万元，但是他能动用的现金，也就是这一阵子又攒下的钱，可能也就还是10万元左右，甚至10万元都不到。

对于这样一位典型的早期投资者来说，在股票泡沫的顶点，由于价格的大幅上升，他所能卖出股票的市值，是远远大于他能够继续买入的股票的市值的。这种买卖能力之差，造成了股票泡沫膨胀得越大，受到的压力也就越大。

泡沫的故事不兑现

带动股票泡沫形成的投资逻辑，往往是一些超出正常商业回报的故事。这些故事让投资者觉得，自己可能遇到了这个世界上最好的投资，出多少钱都不重要。但是事实上，在许多时候，股票泡沫中被人们所宣传的故事，经常没法兑现。

比如，在发生在1720年的英国南海股票泡沫中，人们被告知南海公司有巨大的发展前景，于是包括大物理学家艾萨克·牛顿在内的人，都冲到泡沫中去了。结果，南海公司的业务一败涂地，投资者大都倾家荡产了。

当然，在另外一些股票泡沫中，比如美国20世纪六七十年代的漂亮50股票泡沫、2000年左右的科技股泡沫，上市公司确实如泡沫中所宣传的那样优秀——漂亮 50 中的股票，很多在多年以后，盈利能力仍然出类拔萃；科技股确实在 2000 年以后的二十多年中改变了世界。这些情况，就不属于这里所说的"泡沫的故事不兑现"了。

但是，在这些市场中，由于股票的估值实在太高，因此即使是真正优秀的公司基本面，也难以抵挡估值的地心引力。毕竟，估值太高永远是股票泡沫中最重要的负面因素。

大量资本涌入产业造成商业回报率下降

在股票泡沫中，有另一种因为泡沫本身导致的商业逻辑不兑现，就是大量资本涌入导致的商业回报率下降。

在正常的商业环境中，企业与企业的竞争往往相对有序，每家企业多少都能赚到一些利润。毕竟，谁的资金实力都是有限的，没人愿意不计成本地竞争。

但是，在股票泡沫中，一些上市公司会得到大量的资本。原来只能以 10 倍 PE 估值进行融资，现在可能以 80 倍 PE 卖出股份别人都抢着要。同时，大量社会资本也开始冲入这些泡沫化行业，试图做出新的公司，分享难得一遇的股票市场泡沫。

在这种情况下，原本平静的行业会充斥大量闻风而来的资本，而这些资本之间的竞争必然会加剧，最后降低全体公司的回报率。

其他投资相对潜在回报率上升

最后，戳破股票市场泡沫的另外一个因素，来自其他投资机会相对潜在回报率的上升。

当泡沫中的股票，估值达到几十倍乃至几百倍市盈率时，其他股票的市盈率不变，债券市场的收益率不变等，这就意味着这些公司的潜在回报率，相对于其他资产大幅下降。

随着相对吸引力的下降，越来越多的投资者会意识到，为什么我不去买一些回报率更高的资产呢？为什么我不落袋为安，把钱拿出来存到银行，获取固定的利息呢？随着泡沫越来越大，这样的投资者也会越来越多，股票泡沫受到的压力也就越来越大。

结语

在三国时代，曹操于官渡之战中击败袁绍，是中国历史上经典的以少胜多的战役之一。在这场战争之前，曹操的势力尚属微弱，袁绍则是势大力强，史称："四世三公，门多故吏；今虎踞冀州之地，部下能事者极多。"而在这场战争以后，曹操问鼎中原之势遂成，袁绍则国破家亡，一败涂地。

根据《中国历代战争史》的记载，在官渡之战时，曹操军队不过两三万人，袁绍军则有大约十一万八千。从装备上来说，两军更是天差地别，袁绍有步兵使用的大铠⊖一万副，曹操只有二十副。袁绍有马铠甲三百副，曹操只有不足十副。

然而，袁绍军力虽大，但军队凝聚力不强。曹操则在屯田制改革之后，军队向心力陡然增加。那么，到底是曹操的军心，还是袁绍的军力，才是官渡之战的最终决定因素？在最终结果到来之前，谁都不知道，连曹操自己都没把握。

⊖ 一种装备完善的铠甲。

当曹操和袁绍的军队在官渡苦战到难解难分之时，曹操的大谋士荀彧给曹操写了一封信（荀彧当时在后方做调度），里面有这样一段话："情见势竭，必将有变。"⊖意思是，现在两军苦战，已经到了真情败露（情见）、声势衰竭（势竭）之时，必然会有所变化。曹操从之，偷袭乌巢，一举扭转僵局。

对于股票泡沫来说，泡沫的顶点，也是这样一个"情见势竭，必将有变"的时刻。

在泡沫的顶点到来之前，投资者看到的永远是顺风顺水的表象，恰如大兵压境的袁绍大军一般，要钱有钱，要人有人，要声势有声势。似乎天下之大，无人可以阻拦泡沫的上涨。而话又说回来，如果没有这些顺风顺水的因素，股票的泡沫也就不会变得那么巨大。

但是，正所谓树不会长到天上去，物极必反、盛极则衰，投资者高昂的情绪、充沛的资金、动人的投资故事，这些看似十分有利的因素，并不会让股票泡沫永远维系。古往今来，哪一个股票泡沫在到达顶点之前，没有这些因素相助？但是又有哪一个股票泡沫，最终不会破灭？

而在泡沫破灭之前，就提早看到那些隐隐潜伏的力量，做到"见之于未萌、治之于未乱"⊜，才是聪明的投资者应当做的。

盈亏同源

在《孙子兵法》的《九变》中，有这样一句话，历来被奉为兵

⊖ 语出《后汉书》。
⊜ 语出范仲淹的《奏上时务书》。

家的看人至理："将有五危，必死可杀，必生可虏，忿速可侮，廉洁可辱，爱民可烦。"意思就是说，作为将帅的人，有五种性格上的弱点，可以被利用。冒着必死之心勇敢作战的，可以诱导而杀之；求生之心强的，可以设计虏获之；刚强急躁的人，可以创造条件诱导、打击他；廉洁的将领，可以用计策困窘他；爱护老百姓的将领，则可以制定相应的烦扰他的战略。

孙子这段话，是对人性的最高理解。任何性格，有一利必有一害。这个世界上没有纯粹的好性格和坏性格，只有放对位置的性格和放错位置的性格。一个仓库管理员一丝不苟的性格，放在需要发散的艺术领域就无比糟糕。而这种性格上有一正面必有一反面的特质，却可以在战争中被加以利用。对于一个将帅来说，英勇作战、不怕死固然是一种品质，但是聪明的对手就会利用这一点，让他的军队因为英勇作战而陷入困境，因为不怕死而冒险犯难、身处死地。而即使是我们认为是优秀品质的廉洁、爱民，也都可以在战争中被对手利用。

战争中没有性格的好坏之分，只有如何利用对手性格的问题，这件事在投资中也是一样。在许多投资者看来，市场下跌就一定是坏事，是避之犹恐不及的事情，而上涨却是世界上最好的事情，可以躺着数钞票。但是实际上，盈亏本来同源，没有基本面支撑的上涨终究会迎来下跌，而超出基本面的下跌在长期也会变成上涨的源泉。

如果投资者不能预见到下跌时、估值低廉带来的"危中之机"，或者是上涨时价格变贵带来的"机中之危"，他们就会被围困在价格的波动中，无法找到自己的投资圣杯。这就像菲利普·费雪曾经说过的那样："股票市场充满了那些对价格无所不知，却对价值一无所知的人。"

比如说，在 2007 年以前的美国房地产市场，价格的上涨远超出基本面的支撑，这种上涨就很难持续，最终带来了 2008 年的大崩盘。反之，我们去看股票市场的历史性大底，比如 1979 年的美国股市，2014 年的中国蓝筹股市场，无不是在经历了长期的下跌以后形成的——长期的下跌和由此形成的低廉估值，历来被证明是牛市的常见前置因素。

橡树资本的创始人霍华德·马克斯先生在一篇投资备忘录中，这样解释伟大的投资的必要条件："糟糕的投资氛围会带来低廉的价格，而低廉的价格会带来将来的成功投资。因此，成功的投资往往都是从糟糕的投资氛围开始的。"马克斯先生预见到了这种糟糕的投资氛围和成功的投资之间奇妙的共生关系，因此被誉为一代价值投资大师。反之，许多投资者永远在糟糕的氛围中沉沦，每每被市场的情绪带到跑偏而无法自拔，从而丧失了一个个获取长期利润的机会。

不仅市场的上涨和下跌这两个大方向，往往互相成为对方发生的源泉，具体到投资细节来说，事情也是一样。脱离基本面的快速下跌，往往会带来快速上涨。而没有基本面支撑的优异投资业绩，其崩塌的时候，速度也常常十分惊人。

以新型冠状肺炎病毒事件为例，当 2020 年初，病毒在全球泛滥时，恐慌的情绪随着新型社交媒体的发展以前所未有的传播手段迅速蔓延开来，资本市场的下跌速度十分惊人。但是，如果这种下跌导致了极度低廉的估值（就像在 2020 年初香港市场所能看到的那样），那么一旦病毒得到遏制、市场开始修复，上涨的情况也很可能超出人们的预期。

而对于在 2008 年金融危机中名声扫地、被称为美国历史上最大的金融诈骗犯的伯纳德·麦道夫来说，在金融危机之前许多年，他的投资业绩都十分漂亮，但是却被当时一些冷静的分析者发现完全脱离了基本面、无法用他的持仓和当时的市场情况做出解释。结果，当 2008 年全球金融危机到来的时候，他那虚幻的投资神话，也就在一夜之间化为乌有。

对于那些用杠杆的投资者来说，"盈亏同源"这句话可能再容易感受不过了。当判断正确的时候，投资者的收益会被杠杆放大，会赚到许多本来凭自己的本金无法赚到的钱。这种感觉无比美妙，实在难以被没有身在其中的投资者所感受。但是，当市场的风向变化、判断失利时，杠杆带来的亏损又会变得无比巨大。当杠杆把长期资本管理公司、不凋花基金公司所依赖的小额利润变成投资的神话以后，它在抹去这些公司的业绩时，也丝毫不留情面。

六百多年前，当元末割据势力之一的朱元璋，面临西有陈友谅、东有张士诚的腹背受敌的情况时，朱元璋做出了这样的判断："友谅志骄，士诚器小，志骄则好生事，器小则无远图，故先攻友谅。"意思是，陈友谅是一个心骄气傲的人，张士诚的特点则是志向短小。气傲之人好惹事，我不攻他，他也要攻我，而器小的人则没有远虑，只爱防守不爱进攻，即使看到机会也不会动手。因此，朱元璋先攻陈友谅，张士诚果然按兵不动。鄱阳湖一战大胜以后，朱元璋转头攻打业已孤单的张士诚，终于统一了江南。

所以说，在战争中，主帅的性格并没有真正的好坏，喜欢防守和喜欢进攻都不是胜利的保障。能够利用敌人的性格，找到性格中能够为我所用的地方，才是战争胜败的关键。而在投资中，上涨和下跌、赚钱和亏损，也并没有什么可爱与可恨的地方。那些账面跳动的盈利和亏损，只不过是市场价格波动带来的幻觉。真正聪明的投资者，能够从盈利中看到亏损、从亏损中看到盈利，意识到"盈亏同源"的市场本质，如此才能取得长期优秀的投资回报。

从 3000 点到 3000 点：15 年里上证综指发生了什么

在 2022 年，A 股市场的标杆指数，上证综合指数（简称上证综指）再一次跌破了 3000 点。

由于上证综指早在 2007 年就曾经达到过 3000 点，在之后的十几年里也多次上穿，或者下穿 3000 点，因此当上证综指再一次跌破 3000 点时，市场上许多投资者不免要问：为什么 15 年过去了，上证综指还在 3000 点？股票这种资产，是不是不值得投资？

这里，就让我们来仔细分析一下，为什么早在 2007 年就曾经突破 3000 点的上证综指，到了 2022 年仍然在 3000 点。上证综指在 15 年之后又一次回到 3000 点，并不说明股票不值得投资。这其中，存在许多有趣的技术问题。

首先，让我们选取两个时间点，来比较上证综指在 15 年的时间里，究竟发生了什么。由于上证综指很少正好停留在 3000 点，因此这里我们选择两个点位很接近的时间点：2007 年 3 月 13 日上证综指收于 2964 点，2022 年 4 月 28 日收于 2975 点。如表 2-1 所示。

表 2-1 上证综指相关数据

时间	上证综指全收益指数	上证综指	PE	PB	股息率（%）	盈利	净资产	股息	ROE（%）
2007-03-13		2 964	42.9	3.8	0.6	69	773	19	
2007-12-31		5 262	47.2	6.5	0.3	112	810	18	13.8
2008-12-31		1 821	13.9	2.1	2.2	131	875	40	15.0
2009-12-31		3 277	30.6	3.4	1.2	107	976	40	11.0
2010-12-31		2 808	16.7	2.4	1.4	168	1 169	40	14.4
2011-12-31		2 199	11.0	1.7	2.2	199	1 268	48	15.7
2012-12-31		2 269	11.7	1.6	2.5	193	1 413	56	13.7
2013-12-31		2 116	9.7	1.3	3.0	219	1 577	63	13.9
2014-12-31		3 235	14.2	1.9	2.0	228	1 691	66	13.5
2015-12-31		3 539	16.5	1.9	1.7	215	1 867	61	11.5
2016-12-31		3 104	15.8	1.6	1.8	197	1 947	56	10.1
2017-12-31		3 307	15.6	1.7	1.8	211	1 972	61	10.7
2018-12-31		2 494	11.0	1.2	2.7	227	2 011	67	11.3
2019-12-31		3 050	13.1	1.4	2.2	233	2 167	67	10.7
2020-12-31	3 484	3 473	16.1	1.5	2.0	216	2 255	70	9.6
2021-12-31	3 729	3 640	13.9	1.5	2.0	262	2 362	72	11.1
2022-04-28	3 049	2 975	11.5	1.2	2.3	258	2 385	69	
累计变动 (%)		0.4	−73.1	−67.5		272.7	208.6	269.6	
CAGR (%)			−8.3	−7.2		9.1	7.7	9.0	12.4

注：盈利、净资产、股息是以上证综指点位和 PE、PB、股息率比值推算出的，依托点位计量的单位。

资料来源：Wind 资讯。

下面，我们就来分析，在这两个相差了 15 年的时间点之间，上证综指到底发生了什么。

上证综指没有增长吗

首先，在 2007 和 2022 年的这两个时间点，上证综指在 15 年的时间里只从 2964 变动到 2975 点，上涨了 0.4%，似乎毫无变化。但是，在这样的表象之下，股票所代表的企业股权，仍然在真实地赚钱。那么，钱都变到哪里去了？其中的奥秘，在于上证综指估值的变动。

根据 Wind 资讯提供的数据（下同），在 2007 年 3 月 13 日，上证综指的 PE、PB 分别是 42.9 倍、3.8 倍，而到了 2022 年 4 月 28 日则分别是 11.5 倍、1.2 倍，在这 15 年里分别下降了 73.1%、67.5%，CAGR（年均变动）分别为 −8.3%、−7.2%。同期，上证综指的股息率则从 0.6% 上涨到了 2.3%。

根据以上的价格和估值数据，我们不难计算出，在这 15 年里，上证综指所对应的净利润、净资产、股息，分别上涨了 272.7%、208.6%、269.6%，折合年均增长率分别为 9.1%、7.7%、9.0%。

由此可见，上证综指之所以在 15 年里，指数点位几乎没有上涨，背后的原因很可能是因为估值下跌。如果单论上证综指内在的基本面增长，它的年化增长速度在 8% 到 9% 附近，可以称得上是比较优秀的大类资产增长速度。

消失的 4 个百分点

但是，上证综指所代表的股票类资产，实际的内在价值增长速度，应当不止 8%～9%，而是应该在 12.4% 左右。为什么应该是 12.4%？这 12.4% 和 8% 到 9% 之间的大约 4 个百分点的差额，又跑去哪里了？

首先，一个指数所代表的股票，其长期的回报，应该约等于股票的净资产回报率，也就是 ROE。那么，在 2007 年到 2022 年的 15 年里，上证综指的净资产回报率是多少？

根据 Wind 资讯的数据，我们可以很轻松地算出，从 2007 年 3 月 13 日到 2022 年 4 月 28 日，每年年底上证综指的 ROE。结果显示，在这段时间里，上证综指每年年底的 ROE 的均值是 12.4%，由其导致的理论累计净资产增长速度的 CAGR 值也是 12.4%（一个细节是，我们不可以简单用算数平均的 ROE 水平去衡量指数的长期增长，而必须用连乘，然后计算复合增速的方法计算年均增长率，也就是 CAGR。不过，由于上证综指每年的 ROE 相差不大，因此在只取一位小数点的情况下，算数平均 ROE 和净资产的理论 CAGR 都是 12.4%。如果我们放到 2 位小数点，会发现这两个值分别是 12.39% 和 12.37%，略有不同）。

也就是说，上证综指在以上 15 年里，理论上会产生的净资产增长是每年 12.4%，利润和股息也应该相去不远。但是，上证综指自己反映出来的净资产年均增速却是 7.7%，利润和股息则是 9.1% 和 9.0%。那么，这之间相差的大约 4 个百分点，去了哪里？

导致 4% 消失的 3 个细节

上证综指实际反映出来的内在增长速度，与根据 ROE 计算出的潜在增长速度，存在大约 4 个百分点的误差（对于净利润、净资产和股息，这个数字会稍有不同）。为了搞清楚这大约 4 个百分点去了哪里，我们需要思考 3 个细节：成分股的调整、新股的纳入、股息。这其中，后 2 个细节导致了这 4 个百分点的误差。

首先，我们需要解决一个问题：为什么我们要搞清楚这 4 个百分点去了哪里？有些人也许会问，反正上证综指的真实增长是 8% 到 9%，搞清楚根据企业财务回报理论上能够取得的、剩下的 4 个百分点去了哪里，有什么意义？

其实，搞清楚这 4 个百分点去了哪里，是大有意义的。因为对于实际投资来说，我们可以不买上证综指本身，而是购买它的成分股，甚至可以购买其中比较好的成分股。因此，虽然这 4 个百分点在上证综指中消失了，但是只要投资者够勤奋，而不是只买一个完美复制指数走势的指数基金了事，那么我们还是可以把这消失的 4 个百分点赚回来的。

下面，就让我们来看看，可能导致这 4 个百分点消失的 3 个细节。

第一个细节是指数的成分股构成。对于一些股票指数来说，成分股的构成并不是像人们通常以为的那样，完全根据各个股票的客观情况来制定。其实，对于不少股票指数来说，指数的编制者是可以调整成分股的。这种调整至少可以包含两个方面：成分股的具体构成，以及每个成分股的权重。

当股票指数的成分股构成和权重存在人为调整的空间时，股票指数就不再是一个机械的数字结果，而可能包含人的主观判断。

在实际投资中，我们会发现，一些股票指数会在股票火热时把高估值的热门股调入指数或者增加权重，反之则会把低估值的冷门股踢出指数或者降低权重。毕竟，火热或者冰冷的行情，不仅会影响投资者，往往也会以相同的方式影响指数编制者（有些时候会是相反的方式，比如按股息率高低计算的红利指数）。在这种主观判断之下，股票指数的长期基本面增长速度，赶不上成分股财务报表反映出来的基本面增长速度，也就十分正常了。

但是，对于上证综指来说，这一现象却不存在。首先，上证综指是一个全市场指数，包含了所有股票，基本上不存在对股票的选择问题。其次，上证综指又是一个以股票总市值为加权因子的指数，因此也不存在成分股权重被人为调整的问题。因此，这第一个细节，成分股调整，并不是消失的 4 个百分点的原因。

导致上证综指的 4 个百分点消失的很大一个原因，来自第二个细节：新股计入指数的时间。在 2020 年以前的很长时间里，IPO 的新股会从第 11 个交易日开始计入上证综指。由于期间 A 股有炒新股的传统，许多新股上市的前十几个交易日都是涨停状态，之后则慢慢下跌，因此这个"第 11 个交易日起新股计入上证综指"的规定，对于上证综指来说非常不利。

有鉴于此，上证综指在 2020 年进行了改革，规定新股上市以后 3 个月到 12 个月，方可计入指数。因此，这第二个细节，将来对上证综指的负面影响会慢慢消失。

对于新股纳入的问题，有一位名为 xavier 的网友给我留言，进行了补充描述，说得很有道理，xavier 认为：上证指数纳入新股感觉有点像公司并购，当纳入的股票估值高于指数整体时会抬高指数估值（摊薄基本面），反之则会增厚基本面（增厚基本面、降低估值）。所以早期高估值的上证纳入低估值的票未必是坏事，但之后情况反转就不一样了（这也解释了上证综指在后来的低估期里，基本面增长更慢一些的原因）。

造成上证综指成分股实际财务回报率和指数长期基本面增长之间的 4% 的缺口的第三个细节，则来自股息。

上证综指采用了我们常见的股票指数编制方法，并不包含股息和股息再投资带来的收益。在以上 15 年的时间段里，在每个年度的年底，上证综指的股息率的均值为 1.9%。这 1.9% 是由企业的 ROE 所产生，并且分配给股东的利润，但是并不包含在上证综指里。

有鉴于此，上证综指的编制者从 2020 年开始，新发布了上证综指全收益指数，它等于上证综指加上股息。在 2021 年年度（从 2020 年 12 月 31 日到 2021 年 12 月 31 日），上证综指全收益指数的表现比上证综指好了 2.2%。而这 2.2%，正是上证综指"消失了的 4 个百分点"中非常重要的一部分。

结语

以上，就是关于上证综指为什么在长达 15 年的时间里，一直在 3000 点附近的详细分析。从中，我们可以得到三个结论。

第一，上证综指之所以在 15 年里一直在 3000 点附近，并不是因为指数的基本面不增长，而是因为估值下跌抵消了基本面增长。

这个估值的下跌幅度非常巨大（70% 左右），导致其实比较优秀的基本面增长，被估值下跌完全掩盖。

第二，无数成熟市场股市的经验告诉我们，估值的下跌是有尽头的，但是随着人类科技的发展，基本面的增长却没有尽头。一旦上证综指的估值停止下跌，甚至开始上涨，投资者会看到一个和这 15 年截然不同的上证综指。

第三，上证综指过去反映出来的基本面增长，大约在 8% 到 9% 之间，但是这并不是期间上证综指所包含的成分股的真实基本面增长。其成分股的真实基本面增长，大概在 12.4% 左右（当然，未来随着中国经济越来越发达、经济增速中枢下行，这个数字会略有下降）。造成这种差额的原因，主要来自上证综指已被更改了的新股编制方法，和不包含股息的制度设计。对于勤奋的上证综指投资者来说，他们完全可以在这 15 年中，取得 12.4% 左右，而不是 8% 到 9% 的年均增长率。

由此，投资者可以看到，在采取了正确的方法以后，股票仍然是基本面增长非常快的资产。我们切莫因为看到"上证综指都 15 年了还在 3000 点"，不去详细的分析背后真正发生的事情，就以为股票不值得投资。话说回来，要是股票真的不是一种好投资，那么巴菲特一生万倍的投资业绩又从何而来？

第 3 章　大宏观的视角

迈过资本市场的 K-Pg 界线

有人说，投资不需要看宏观，这话说对了一半。

一方面，投资确实不需要天天盯着宏观经济的数据看。对于投资来说，宏观大局就像是天气预报，出门前看一眼就行了，走在路上每 5 分钟抬头看一下要不要下雨，而不去看路上的车流，是要给车撞的。

另一方面，投资也绝不能不懂宏观。这里说的宏观，不是宏观经济每个月的数据，而是宏观的大趋势。

为什么巴菲特是这样成功的投资者？一半的原因是美国股票市场的成功。为什么中国有一批成功的企业家和价值投资者？因为他们赶上了改革开放以来几十年的大发展。

在时代面前，个人就像沙粒一样渺小。看懂时代的发展，把握社会的变化，才是投资中最重要的大宏观，这宏观之大，远非宏观经济数据的涨跌所能比拟。

迈过资本市场的 K-Pg 界线：投资者需要预知时代的剧变

在地质学中，有一条非常有名的线，叫作 K-Pg 界线，也叫白垩纪－古近纪界线（Cretaceous-Paleogene Boundary）。在全世界几乎所有地方，只要地层没有被破坏，我们都可以找到这条界线。在多数情况下，K-Pg 界线是由一层薄薄的岩石组成。那么，这一条窄窄的地质线，有什么特别的地方？

首先，把 K-Pg 界线和其他地质分层区别开的一个重要特征，是这条界线中铱元素的含量，比正常地层高出了数百倍。在地球表面上，铱元素是比较罕见的。但是在宇宙中，小行星上的铱元素则比较丰富。

其次，现代检测方法告诉科学家，K-Pg 界线形成于大约 6600 万年前。与此同时，在 K-Pg 界线出现以后，地球上 75% 的动物和植物都灭绝了，其中包括所有的非鸟类恐龙。也就是说，所有的非鸟类恐龙的化石，都出现在这条薄薄的地质界线以下。

通过几十年的研究，现代古生物学界基本认定，是一颗小行星对地球的撞击，形成了遍布全球的 K-Pg 界线。这个小行星撞击形成的陨石坑，位于今天墨西哥尤卡坦半岛，叫作"希克苏鲁伯陨石坑"（Chicxulub Crater），直径数百公里。

当这颗富含铱元素的小行星撞击地球以后，弥漫的尘埃在地球上缓缓落下，席卷全球的大火、海啸、尘埃和阴霾，让这个星球上绝大多数的生命死亡，其中许多种类就此灭绝。有研究显示，在K-Pg 界线出现以后，所有体重在 25 公斤以上的四足类动物（除了少部分冷血类四足动物，如海龟）都灭绝了。

恐龙时代结束以后，在 K-Pg 界线之上，一个新的时代展开了。地球由此从白垩纪进入了古近纪，哺乳动物、鸟类和爬行动物的进化进入到关键时期。一个曾经由恐龙为主导的世界，终于让位给了新的生命种类。

这条细细的 K-Pg 界线，常常会引起我的许多感慨。是的，在那几亿年的时光里，所有非鸟类恐龙的一切故事，都被埋藏在这条细细的 K-Pg 界线以下。所有当年的生命变成了化石，一个新的时代则在这条细线之上展开。随着哺乳动物在这个世界上慢慢繁衍生息，在六千多万年以后的今天，才有了我们人类社会的、在古生物学动辄以千万年计算的视角下看来只是一瞬间的精彩纷呈。

在资本市场上，我们同样会看到类似 K-Pg 界线的分界线。在这些资本市场的 K-Pg 界线出现以前，资本市场由于某些原因创造了繁荣。但是，在这些界线以后，金钱的世界变得完全不同。在这条界线以前的金融组织，无论多么庞大与不可一世，只要不能适应这条界线所带来的变化，在之后的世界里，就会完全丧失之前的优势。而对于投资者来说，学习如何应对，甚至跨越资本市场的

K-Pg 界线，也就成为生死攸关的大事。

让我们来看一看，资本市场上曾经出现过的那些或大或小的"K-Pg 界线"，看看在这些界线出现以前和以后，金融投资者们的生活都发生了怎样的变化。

在 2007 年以前，美国和一些欧洲的金融机构，高度依赖的底层资产是美国个人房地产贷款的、超级复杂的衍生品。这些衍生品给这些"不看底层资产就买入衍生品"的金融机构，带来了超高的利润率。

但是，在美联储持续加息、房地产贷款持续累积、房地产贷款审查越来越不严格等多重因素作用下，基于美国房地产市场的、超级复杂的全球衍生品市场，终于在 2007 年到 2008 年迎来了崩溃。在 2008 年这条资本市场的 K-Pg 界线以前，生活得多姿多彩的全球金融机构，在 2008 年以后破产者有之，股价下跌 90% 以上者有之，被迫贱价出售者有之。

在 2020 年到 2021 年，A 股市场出现了以抱团股泡沫（又称白马股泡沫，主要发生于 2020 年）和新能源股泡沫（主要发生于 2021 年）组成的股票泡沫。在这些股票泡沫中，一个共同的特点是，市场上大部分股票表现不佳，只有符合市场热点的一小部分股票表现优异，甚至可以说异常优异。对于符合市场热点的股票来说，上百倍的 PE 估值非常常见。而在此之外，许多股票只有十多倍的 PE 估值，却也无人问津。

但是，在 2022 年初的 K-Pg 界线出现以后，市场发生了巨大的变化。之前高估值的股票，开始变得难以吸引投资者的注意。当市场发生了巨大变化之后，之前重仓这些股票的股票投资者，以及依靠交易这种特殊风格获利的数量化投资者，他们的投资业绩就开始变得和往日大为不同。

在房地产市场，事情也是一样。在 2020 年以前，中国的房地产市场经历了十多年的高速发展。在那个年代里，对于房地产开发商和房地产投资者来说，日子无比幸福。曾经有一句话概括了那个时代的精髓："当一种资产只涨不跌的时候，身在其中的人们只需要做一件事，就是加杠杆。"

但是，随着 2020 年地产行业"三道红线"的出台（即剔除预收款项后资产负债率不超过 70%、净负债率不超过 100%、现金短债比大于 1）。房地产行业持续近 20 年的顺风顺水终于开始停滞。在 2020 年的 K-Pg 界线以后，高杠杆突然成了地产商和地产投资者的巨大包袱。

在 2015 年到 2016 年以前，内地市场上 P2P（点对点贷款）行业的发展，经历了七八年的好日子。在那个时期，P2P 机构可谓处于黄金期，它们从市场上募集资金的增量，远远超过它们需要支付给客户的资金。因此，即使这些机构从借出贷款中获取的利息，实际上无法弥补自己的运营成本、坏账成本和客户的利息成本，它们的经营也可以毫无困难。

但是，在 2015 年到 2016 年的 P2P 行业 K-Pg 界线出现以后，问题开始接踵而至。一方面，对于行业的监管开始加强，《网络借贷信息中介机构业务活动管理暂行办法》在 2016 年出台。另一方面，累积的需要支付的客户资金和利息越来越多，而借出的贷款中不少开始收不回来。同时，P2P 行业在经历多年发展以后，增长速度开始下降，严监管的压力又导致这种速度变得更慢，这导致"借新还旧"的模式难以继续下去。在 2015 年到 2016 年以后，P2P 行业终于迎来了自己的大清算。

可以看到，每一次在资本市场的 K-Pg 界线到来以前，那些最适应上一个时代的金融机构、投资者，往往日子过得最好。但是，这样的好日子，往往是用把自己打造得最为适应上一个时代作为代价的。当 K-Pg 界线到来以后，市场环境发生巨大的改变，那些最适应上一个时代的人们，往往最不适应下一个时代——"故善吾生者，乃所以善吾死也。"⊖

其实，并不是所有人对于资本市场上的 K-Pg 界线都毫无察觉。在 2015 年，当房地产市场如火如荼时，我在南京见到一位从业 20 年的地产商。他对我说："现在房价动不动几万元一平方米，普通工薪阶层一辈子就只能买套房子，这个价格太贵了，行业不能这么发展，我决定退出了。"早在 2007 年之前的几年，巴菲特就曾经把美国的衍生品市场称为"金融大规模杀伤性武器"，提醒人们注意其中蕴含的巨大风险。

所以，资本市场上无数的历史教育我们，一个基于错误金融逻辑的时代，无论看似多么强大，多么受人欢迎，在资本市场的 K-Pg 界线到来以后，任何时代都会发生改变。当这些短暂的时代消失以后，只有金融的规律会继续运行下去，开创一个又一个新的时代。对于迈过资本市场的 K-Pg 界线，你准备好了吗？

⊖　语出《庄子》。

独董品牌时代来临

我最早直接接触独立董事（简称独董）这份工作，是在许多年以前，有一位朋友来找我，想让我担任一家小型上市公司的独立董事。在此之前，我对独立董事需要做什么事情并不太了解，于是就花了一些时间调研了一下。结果让我大吃一惊，独立董事这份工作看似轻松，背后隐含的责任和风险却一点都不小。

要说工作量，这份工作确实轻松，许多独立董事每年只要参加几次会议就行，甚至不少会议是电话会议，人根本不用到场。同时，这份工作每年也有几万块钱好拿。这钱说多不多，但是因为工作量特别小，所以不少人认为，独立董事的工资就是白捡的。

但是同时，独立董事对上市公司文件的签字，所承担的责任却从理论上和其他公司董事并无多大差别。问题在于，由于独立董事平时并不直接参与公司的运营，其实对公司的了解程度会远远低于一般的公司高管，所以这些签字就很容易沦为闭眼签字。

但是，如果要真把公司了解得透彻到敢于签字的程度，那么独立董事自己必然要花大量的精力对公司进行调研，而这绝对不是几万元一年的年薪能够覆盖的（在2022年以前的市场行情中，上市公司独立董事的薪酬一般在几万元到十几万元年薪之间，不同公司有所不同），这点钱甚至连调研的差旅费用都不够。

风险无限，收益有限

从金融投资的角度来说，当独立董事的薪酬只有几万元到十几万元一年的时候，这份工作就属于一个典型的"风险无限，收益有限"的买卖，和价值投资所主张的"风险有限，收益无限"的投资纪律正好相反。

于是，我对朋友说，我没法来做这个独立董事，因为我搞不清企业的状况，而独立董事是要在重要文件上签字、对公司经营和包含公众股东在内的大量股东负责任的，而我要老是弃权、反对，你们公司肯定又不高兴，毕竟我是你们花钱雇来的。朋友一听笑了："你也太较真了，大家都是这么干的啊，你这几万块不拿白不拿？"

长久以来，在资本市场上，独立董事有个让人尴尬的外号，叫作"独董独董，既不独立，也不懂事"。这个外号道出了不少独立董事的真相：对公司既不十分了解，又碍于情面和每年看似白拿的工资，不好意思保持独立，不好意思在自己不了解的文件上签下反对，或者至少是弃权的意见。

"既不独立，也不懂事"，同时还要承担巨大的责任，独立董事这份工作所包含的风险，就像一个堰塞湖一样悬而未决。但是，在 2021 年的康美药业案件之前，独立董事究竟会有多大风险，人们仍然没有清晰的概念。许多人对这份工作所抱有的态度，仍然是一种"法不责众"的心理——大家都闭着眼睛过马路，我也就不用看交通灯。而在康美药业造假案的一审判决中，独立董事这一职业的风险终于暴露无遗：几名兼职独立董事被判处上亿元的罚款，而他们之前每年的年薪只不过几万元而已。

"懂事"的独董

其实，独立董事这份工作最重要的两个要素"独立"和"懂事"，没有一个是可以轻松完成的。

先说"独立"，独立董事理论上要独立于上市公司，给上市公司提建议、挑毛病、把关，通俗来说很多时候就是要"添堵"。但是，独立董事又是上市公司雇用来的，拿着别人的薪酬，如何能做到真正独立？如果你有足够的操守，做到全然独立，那么上市公司会不会对你端茶送客，另外找一个"不独立"的？

再说"懂事"，相对于只要坚持住自己工作底线就能搞定的"独立"，"懂事"，也就是知道上市公司到底是怎么回事，知道一些可能存在的企业风险点在哪里，更是难上加难的事情。

不少投资者以为，分析上市公司只要看报表就行。实际上，报表能体现的只是一个公司的大致情况，而如果真的要搞清楚公司管理层面这样的细致活，那么即使是天天泡在公司里，也不一定能搞得明白。如果一家公司存心隐瞒，那么它有无数的方法可以把想藏的东西藏起来。明股实债、股票代持、抽屉协议、债券综收、虚假库存、关联交易、隐藏担保，如此种种商业和金融上的操作手法，足以让最有经验的投资银行家都无法彻底了解一家公司。

记得我以前在投资银行工作的时候，曾经在一家企业做资产重组的材料。在企业上了足足两个月的班之后，我才发现自己知道了企业的许多隐藏的事情。这些事情不完全是从企业提供的文件里看到的，有的是和办公室主任喝酒的时候聊来的，有的是和大股东的司机吹牛吹来的。后来，我在做投资银行业务的时候就养成了一个习惯，不在企业呆足两个月以上，不轻易认为自己搞明白了企业是怎么回事。

在康美药业的造假案例中，早在 2012 年，《证券市场周刊》就曾经刊登过一篇封面文章《康美谎言》，有兴趣的读者可以找来一看。我记得在这篇文章中，调查者花了大量的工夫，去实地考察上市公司的各项资产，去各个部门调取公司的资产凭证等。对于独立董事来说，如果能用这样细致的方法研究公司，才能算得上是"懂事"。

"三低"变"三高"

"既不独立，也不懂事"，如此情况必然需要改变。可以预见的是，2021 年的康美药业处罚案中对独立董事的巨额处罚，会成为独立董事行业的一个分水岭。

在康美药业处罚案以前，由于独立董事的风险到底能有多大，人们并不清楚，因此独立董事行业出现了一种"低劳动强度、低关注度、低薪"的"三低"特征。也就是说，劳动强度低，许多独立董事也乐得不做具体调研的事情，每年只开几个会就了事。关注度低，也就是说投资者也不认为独立董事有多重要，一家上市公司的独立董事是谁，大家也不怎么在乎（老实说，我以前看企业的时候，也基本不会研究独立董事是谁）。由于劳动强度低、关注度低，因此工资也就低，许多上市公司的独立董事每年少则几万元，多也就十来万元，甚至不够独立董事单独进行监督工作。

而在康美药业的天价独董处罚案之后，资本市场大受震动。之前独立董事的"三低"现象，在将来也许会变成一个新的"三高"格局，即"高工作量、高关注度、高薪酬"。

在新的格局里，独立董事不再完全作为摆设，而是需要实际监督上市公司工作。同时，投资者也会对他们报以更高的关注度，像刘姝威女士这样曾经以发现蓝田股份造假闻名的财务会计专家，她所担任独立董事的上市公司也就会被投资者认为更加可信。最后，由于独立董事的工作量、风险和市场重要性都大幅增长，那么薪酬的上升也就在情理之中了。

随着独立董事从"三低"向"三高"转变，独立董事的品牌化时代必然到来。好的独立董事会凭借自己的专业和信用，成为品牌的象征，受到投资者的信任、上市公司的追捧。到那时候，也许一家上市公司的品牌形象代言人，也会有独立董事的一席之地。

新资讯时代对投资的负面影响

在当今这个信息时代，大多数人都能拥有智能手机或者笔记本计算机，可以轻易接触到各类新闻、资讯和数据。各种信息被以更加便捷的方式整理起来，人们只要动动手指就可以得到这些信息。

同时，在新资讯时代，读者和资讯提供者之间，开始有了直接的互动。不同于以前的报纸编辑不知道自己的文章有多少人阅读，今天的新媒体编辑可以在发送文章以后的 1 个小时里，就得到详细的阅读数据。同时，资讯平台也会把更受人们欢迎的资讯，推荐给更多的投资者。

在这个新资讯时代，数据与信息的优化与整理，让人们感觉到自己获取信息的能力变得更加强大。但是，当信息过于泛滥时，它却会对人们的投资造成难以察觉的损害。

基金数据普及带来的问题

我的一位好朋友，有知有行科技公司的创始人孟岩，曾经说过一段他早期的创业史，描述了丰富的数据是如何害了投资者的。

在很久以前，孟岩搞了一个网站，叫"财帮子"。这个网站给投资者提供各类基金的数据，比如最近的基金哪只表现更好之类。在许多年以前，这些数据还不像今天一样唾手可得，因此财帮子网站也为投资者提供了有效的数据帮助。

但是，在财帮子网站流行开以后，孟岩发现一个问题：当投资者更清楚地知道哪些基金最近表现更好以后，他们的投资收益并没有上升，反而下降了。

原因很简单，当人们可以借助数据更清楚地知道最近哪只基金表现更好以后，他们追涨杀跌的动力就更强了，许多人开始卖掉不涨的基金、买入最近暴涨的基金。而有经验的投资者知道，这种交易行为对投资是十分有害的。后来，孟岩就把自己的工作重心，从为投资者提供便捷方便的数据，转向教育投资者如何进行长期价值投资的方向。

在今天的证券市场，随着移动互联网的普及，投资者对信息的获取量，开始变得远远大于智能手机出现之前。现在，随便打开一个财经类 App，只要涉及基金数据的，我们会很容易看到一些诸如"过去一年中表现最好的基金"的排行榜。

对于这些排行榜来说，只要最近股票市场不要太差，我们就很容易看到一些基金，在过去一年里赚了 50%，甚至 100% 还多。原因很简单，对于有几千只股票、上万只基金的证券市场来说，由于每只基金的侧重点都不一样，因此如果只看一年的时间，甚至只看三年的时间，我们会很容易找到一些表现特别好的基金——就像一堆猫咪里，一定有那么一两只纯白色的猫一样。

由于绝大多数投资者使用手机看信息，而手机的屏幕又不如计算机屏幕大，因此这些"一年之内上涨了百分之几十"的基金，占满一两个手机屏幕，是非常容易的事情。在这些诱人的曲线边上，我们往往还会看到一个红色的"买入"按钮，让心动的投资者立即就能找到买入的渠道。

试想，对于金融知识几乎为零的许多普通投资者来说，他们如何能抗拒这样便捷的信息所带来的诱惑？要知道，在 2021 年基金下跌的时候，市场上甚至流传过一个段子："有些在 2020 年被基金大涨吸引而买入的投资者开始询问，查询基金是不是要收费，为什么每次打开看，钱就少了一些？"

其实，信息的便捷并没有错，但是如果这些信息只是告诉投资者，基金过去几年的表现如何，而不分析基金的持仓状态、持有股票的估值、基金经理过去的交易记录、擅长的风格等，那么即使是最专业的投资者，也没法从基金过去几年的业绩里，就知道该买什么基金，又遑论连财务报表是哪三张都不一定知道、把基金净值下跌误认为收了查询手续费的普通投资大众呢？

如果一只基金只是因为赌对了估值暴涨的股票而导致净值翻番，但是一看持仓估值都已经达到百倍市盈率，那么我们又怎么能说，这只基金是值得投资的？

信息过度优选造成的资本市场扰动

当大批投资者都拥有便捷但是营养含量低的数据时，作为一个整体，投资者必然更容易购买短期业绩更好的基金，而这也对整个资本市场造成了扰动。

当一只基金最近两年的业绩大幅超越同类基金时，从经典的投资理念来说，由于这只基金往往是因为自己擅长的投资风格，正好在最近两年有所爆发，因此短期的好业绩，往往反而意味着未来一两年的业绩相对较差的概率更大。许多投资行业的量化分析研究，也都证明了这一点。

但是，对于缺乏金融知识的普通投资者来说，他们并不拥有如此丰富的金融知识，也不会进行复杂而周密的分析。当信息终端告诉他们这只基金过去一段时间表现特别好，而且在这条信息的边上就是一个红色的"买入"按钮时，许多人所做的事情很简单：他们会跟风买入这只基金。

如此大规模的跟风买入，必然造成热门基金的规模暴涨。我们经常看到的"爆款基金大卖数百亿"的新闻，就是明证。而对于基金经理来说，一般是很难在短期更改自己擅长的投资方法的。

在得到了大量的申购资金以后，大部分基金经理的做法，是把得到的钱继续投入自己原来看好的投资方向。由于这些资金的涌入，这些投资方向的股票就更容易上涨，由此继续带动持有这些股票的基金业绩上升，反过来进一步刺激了只看短期业绩数据的投资者的申购。

这样，一个典型的"资本市场正循环"，就在铺天盖地的数据普及中形成了。而根据投资中的反身性理论，正向循环会扩大到平时市场波动难以达到的地步，然后在商业规律的地心引力作用下，转入反向循环的过程，从而导致之前冲入的投资者遭受亏损。

互动媒体时代的新问题

基金表现数据的大规模普及所导致的投资者行为趋同，还只是新资讯时代普通投资者受到的干扰的一部分。在当今智能手机大量普及、人人都可以拿出手机刷几篇财经分析文章的时代，互联网行业所崇尚的"唯流量论"，也在给投资者带来不小的问题。

在传统媒体时代，一篇文章的阅读量大小，和是否放在媒体头条，是没有直接关联关系的。也就是说，对于报纸、杂志、电视等传统媒体来说，当天的头条新闻是什么，是由编辑根据自己对新闻的重要性进行选择的。

当然，这种选择也会考虑到这篇文章阅读量大不大，但是阅读量并不是唯一的考虑因素，文章的质量如何、对社会的影响大不大、是否有足够专业性、是否当时不被市场欢迎但是过几年以后看非常具有远见，这些都会是传统媒体的考虑因素。

但是，在今天的媒体时代，我们可以将其称为"新媒体时代""新资讯时代"，或者更准确一点说是"互动媒体时代"，事情开始变得不一样。

在今天，由于绝大多数读者开始通过智能手机阅读资讯，资讯网站和手机 App 由此可以很轻松地收集每篇文章的点击量、阅读完成量等一系列数据，而互联网行业的宗旨又是"唯流量论"，也就是着重追求数据统计阅读量的大小，其他基本不问，因此在"互动媒体时代"，财经分析的文章也开始出现和前述基金短期业绩表现类似的趋势：一篇文章看的人越多，就越容易出现在手机 App 推送的头条，也就越容易被更多的人看到。

由于读者的阅读量和文章的被阅读量互相影响，新资讯时代，或者说互动媒体时代的一个显著特征，就是偏见变得更加容易在人群中流传，而这对投资带来的负面影响是非常明显的。

想象一下，在 2021 年，当新能源类股票出现泡沫，许多股票估值高达上百倍，甚至几百倍市盈率时，许多人在这个泡沫中赚到了钱。这时候，传统媒体的资深编辑，可能更愿意在报纸头版放上《新能源类股票泡沫明显》这样的文章，因为他已经在过去几十年的职业生涯中，看到过无数次类似的泡沫。他并没有被泡沫冲昏头脑，在市场过热的时候写这样一篇文章，是有其社会意义的。

但是，这样一篇文章，会受到广大投资者的喜爱吗？显然不会，人们更喜欢听和他们理念相仿，而不是相反的观点。当许多人在一个股票泡沫中赚了大钱的时候，没几个人想听到相反的观点，而一篇名为"新能源类股票还能更上一层楼"的文章，则会更容易得到更高的点击量，以及更高的阅读完成率。

而这样一篇有更好阅读量的文章，在新资讯时代，也就更容易被推送给更多的读者，从而影响更多的人，造成金融市场更大的价格偏离。

结语

在中国历史上，有一句名言，叫作"阳春白雪和者寡，下里巴人拥者众"。这个典故出自《宋玉对楚王问》，意思就是说，阳春白雪很少会有人喜欢，而下里巴人则容易被众人所拥簇。

在投资行业中，真理往往掌握在少数人手中。而对于绝大多数投资者来说，由于专业知识和经验的限制，他们更容易被金融偏见，而不是真理所影响。在新资讯时代，当这种偏见更容易形成一股洪流时，对投资所带来的影响也就不言而喻。

在今天的新资讯时代，一方面投资者可以更容易得到更多的数据与资料，对于少部分有心仔细分析、认真辨识的投资者来说，这种获得数据和资料的便利性，会让他们的投资更加出色。但是另一方面，恰恰是更加吸引人的数据和言论，会更容易影响最多的投资者，从而使得金融市场的偏见周期变得更长、更极端，对于作为一个整体的投资者群体来说，也变得更加具有伤害性。这种新资讯时代对投资带来的负面影响，是聪明的投资者所必须认识和学习的。

消失的柜台营业员

对于熟悉20世纪80年代生活的人们来说，他们一定不会忘记，曾经有一个职业非常普遍，也让不少人羡慕，那就是商店的柜台营业员。

在那个刚刚开始改革开放的年代，当一个人的工作是柜台营业员的时候（那时候基本上都是国有企业），他（她）的地位常常受到人们尊敬。站在柜台后面的营业员，是顾客和商品之间的中介，到商店买东西的顾客得非常友好地说："同志，请帮我拿一下那个商品好吗？"而乐意不乐意拿，或者至少乐不乐意给个白眼，全看柜台营业员的心情。

但是，对于今天的人们来说，"柜台营业员"这个工作几乎已经淡出了我们的视野。在今天，绝大多数的商店和超市都采用开放式柜台，人们可以自己挑选喜欢的商品，最后只要拿到收银台结账就好了。几乎没有什么地方还在雇用营业员帮顾客从柜台上拿下商品，甚至有些先进的超市，连收银员都打算取消，改用自动柜员机结算。

为什么"柜台营业员"这个工作消失了？这背后最大的原因，就是经济的发展和商品的极大丰富。

在 20 世纪 80 年代，当商品的供给还不丰富时，一个雇员的成本和因商品没有被妥善保管而带来的损耗相比，是微乎其微的。在这种情况下，雇上一两位营业员站在顾客和柜台之间，保证商品不因为顾客的挑选而损坏，就是一件划算的事情。

但是，在经济高度发达的今天，同样的事情就开始变得不划算了。当一个柜台营业员的工资，已经大大高于顾客挑选商品可能带来的损坏时，站在商品和顾客之间的柜台营业员，也就失去了经济价值。

同样的经济发展，还导致了顾客挑选商品所带来的损耗率下降，而这也是导致"柜台营业员"这个工作消失的原因。当物质供给并不丰富的时候，到商店购物的顾客因为囊中羞涩，就理所当然地对商品挑了又挑、选了又选。这样来回挑挑拣拣，自然容易让商品出现损耗——毛巾会因为反复触摸变脏，杯子和碗碟可能会被失手打碎等。

　　但是，当今天的顾客变得有钱了以后，人们就不太会对商品挑挑拣拣。当一线城市里不少白领一个星期的工资，就能买齐20世纪80年代结婚必备的三大件时，花费太多的时间在商店里对商品的质量挑挑拣拣，也就变成了一件不划算的事情。要知道，在20世纪80年代，人们结婚普遍要备上冰箱、彩电、洗衣机，俗称三大件。没有三大件就结婚，就和今天没买房就结婚一样，总是感觉哪里不对。按照今天的价格，和当年品质类似的三大件（单门冰箱、黑白电视和双缸洗衣机），加在一起估计也就两三千元，只要月薪能过万，白领们一周的工资也就差不多能买下了。

　　随着经济的发展，商品质量的提升也导致了"柜台营业员"这个工作的消失。在20世纪80年代，商品的质量往往良莠不齐——熊猫牌收音机就是比一般收音机耐用，有些小厂生产的塑料喝水杯重量既轻质量又差。而由于生产标准化程度不高，即使是同一个品牌、同一个型号的产品，质量有时候都会不一样。由于商品的质量相差甚远，人们总是习惯自己挑挑拣拣，去寻找质量更好一点的商品。

　　而在今天，大规模精细化的生产导致商品质量普遍提高，人们很少再需要像几十年前那样拍一拍电视机的后盖才能收到画面（这在当年是个经典动作），同一个品牌、同一个类型的产品质量也几乎没有差别。人们可以在京东商城上直接下单买个手机，而不用管

送给自己的这台手机质量有没有特殊的问题——只要是从正规渠道
购买，几乎所有的手机都一样完美。在这种情况下，站在柜台后面
帮人们挑选物品的营业员这份工作，也就没有了存在的价值。

有意思的是，今天在一些特殊的商店里，柜台后面的营业员仍
然存在，典型的一个例子就是珠宝商店。今天，当你去许多商城一
楼的珠宝大厅时，一排排闪亮的柜台后面，往往站着几位西装笔挺
的营业员，帮顾客挑选珠宝。他们的工作恰如几十年前随处可见的
柜台营业员那样，只是今天的柜台更加锃亮，柜台营业员的形象也
更有气质，服务态度也要好得多。

为什么今天的珠宝柜台，仍然有营业员管理？原因很简单，今
天珠宝的社会地位，恰如 20 世纪 80 年代普遍的商品那样：商品的
价值相对营业员的工资来说很高；顾客每次得花很多钱，所以更在
意品质，更喜欢喜欢挑挑拣拣；每件珠宝都和别的珠宝不一样（当
然这并不是因为制造工艺的问题，和当年商品质量参差不齐略有区
别）。几乎完全同样的经济逻辑，导致今天的珠宝柜台，仍然保留
了柜台营业员的职位。

不仅仅是柜台营业员，随着社会经济的发展，许多当年的工作
都成为了历史。比如，六七十年代的农民，到了冬天要趁枯水的时
候下河挖河泥，今天的人们都不知道还有这样糟糕的工作。从前人
们常常在家里做衣服做饭，时间长了剪刀和菜刀变钝，又没有好的
磨刀石卖，就有人专门走街串巷帮人磨剪刀和菜刀，悠长的"磨剪
子锵菜刀"的吆喝声回荡在城市的大街小巷。而在今天，几乎没人
在家做衣服，变钝的菜刀也只要自己在家里用磨刀棒划拉一下就能

搞定，很多人甚至根本不做饭，经常吃外卖，家里连菜刀都没有。早期的股票交易员们要用手一笔笔地去计算机上下单，最早的证券公司营业部甚至有工作人员专门负责接收投资者填写的纸质单子，而今天，电子程序接管了无数交易员的工作。

沧海变桑田，乾坤自今古。我们的社会一路前行，改变了无数的职业。昔日最荣耀的职业，帝国的皇帝，今天早已不复存在，将军们手中的长枪硬弩也被扔进了历史的尘埃。但是，正是在这些消散的职业的基础上，更多、更好的工作被创造出来，而我们的社会也由此一步步走向明天。

为什么现代人的字普遍越写越丑

在社会的经济变化中，我们的社会往往在不经意间，发生缓慢但是持久的变化。当我们仔细思考这些细小的变化时，会发现每一个细小变化的背后，都有着经济发展水平、科学技术和人文环境的逐渐变化。

在这些变化面前，人类社会如大江东流，浩浩荡荡、一去不再返。而如果我们执着于过去的经济、社会，认为未来新出现的改变就是不好的，那么就往往会犯下固步自封的错误。这正如著名作家王蒙先生在《别用你的尺子，丈量别人的生活》中所说的："上一代人对下一代人的消极评价，究竟有多少是靠得住的？有多少是以己度人度量出来的？"

社会的变化多如牛毛，这里就让我们来探讨一个小变化：为什么今天人写的字，普遍越来越丑了？

今天的人写的字越来越丑这个事情，基本上是不容争议的。一代代的小学生写字越来越难看，但小学生至少还会写字，走上社会的年轻人，甚至往往提笔忘字，字都不知道该怎么写。这还只是说用钢笔、铅笔或者圆珠笔写的硬笔字，要说起毛笔字来，那年轻一代简直是糟糕透顶。今天会写毛笔字的人寥寥无几，王羲之的真迹《兰亭序》拿出来，甚至会受到不懂行的年轻人耻笑："这是什么书法作品啊，涂涂改改的，是次品才拿出来卖的吧？"

许多老一辈上了年纪的人，看到这种现象，往往摇头叹息，努力教训子孙们："字是人的脸面啊，哪有字都写不好，还能做好事情的？"一些听话的孩子想想好像也有道理，就努力练字，家长也花上无数的钱给孩子报培训班，试图练出一笔好字。可惜，大家努力了半天，结果却收效甚微，今天人们的字，普遍来说仍然是越写越丑。就拿我自己来说，只有签名能凑合看看，其他的字就随它去吧。

其实，"社会越进步，经济越发达，大家写字越丑"这个事情，我早在大学时代就发现了。我年轻的时候是在英国赫尔大学上的本科，那时候就发现，英国人普遍写字非常丑，往往还不如在中国学了英语书法的学生写得好看。等我到了牛津大学读研究生的时候，教我课的老师有好几位年纪都已经六七十岁了。我心想牛津大学世界排名前几，里面的老教授写字应该很好看了吧？传说中的花体字英语书法应该不在话下吧？结果接触下来大失所望，不少老教授的字，写得仍然是很丑。

在去英国上学之前，我是在国内接受的基础教育。那时候的学生普遍被老师和家长教育："字写得好是天经地义的优秀品质！"我呢，想当然地也这么觉得，然后就觉得自己写字差是天资迟钝，这辈子翻不了身做不了好学生了。结果到了英国，上了几年学，尤其是在看到牛津大学的老教授写字也那么丑的时候，我心里就想：是不是从小受到的教育错了？是不是大家写字丑，是经济发展导致的必然结果？

现在，从中国经济的发展来看，"经济越发达字普遍写得越丑"，确实是一个普遍规律。我们也许可以相信，等中国经济发展到人均 GDP 水平和英国比肩的时候，许多人的字恐怕也就再也好看不到哪里去了。

那么，为什么我们的社会会出现"经济越发达字普遍写得越丑"这个奇怪的现象呢？难道随着经济的进步，人们的教育水平不是应该越来越高吗？我们不是应该有越来越多的时间来练字、越来越多的老师来教书法吗？其实，这个现象背后的原因很简单，主要的原因只有两个：一个是浅层次的，一个是深层次的。

从浅层次的角度来说，随着经济的发展，各种手机、计算机等电子设备越来越多，人们越来越多地使用键盘输入文字，或者干脆抓起电话来讲话，写字的机会变得越来越少。结果用进废退，字写得也就越来越差。有道是"虽然我写字写得像狗爬，但是有本事让王羲之跟我比打键盘啊"，说的就是这个道理。

但是，生活中写字场景少，只是导致大家普遍字写得越来越丑的浅层理由。许多现在已经没什么用的东西，仍然被人们发扬光大，甚至做得越来越好。以西装、高跟鞋为例，虽然这些服饰以其昂贵、不舒适（谁穿谁知道）闻名于世，但是人们仍然对它们趋之若鹜，几万元一套的西装、几千元一双的高跟鞋比比皆是。

为什么这些实际作用非常糟糕的服饰，仍然受到现代人追捧，甚至做得比一两百年前更加精细、更加奢侈？因为这些服饰在今天，虽然不实用，但是仍然有很强的传达信息的作用。它们能够为它们的主人，向外界传达一个"我很专业、我很职业、我很干练、我很有魅力"的信号。

从信息论的角度来说，任何可以传递信息的事情，都是有价值的。而西装和高跟鞋这些实际使用价值非常糟糕的服饰，它们在新时代的作用有增无减。它们已经从一种普遍的装束，变成了商业精英、职场达人们向外界传达自己能力的信息载体。为了传递更好的信息，人们自然会选择越来越高级的西装和越来越昂贵的高跟鞋。

从信息论的角度来说，写字的好坏，在几百年前是一件非常重要的事情。一个住在广东的官员，可能一辈子都见不到几次住在北京的上司。从广东到北京，路坐轿子水行船，可能要一两个月才能到。那么，一个广东的官员，如何能让北京的上司对他有好印象，从而保证仕途通达？你猜对了，靠写一笔好字。同理，生意人之间互相的印象、老丈人对女婿的印象等，不少时候都只能靠写字传达。

所以在以前，有"见字如见人"的说法，意思就是字写得好看，别人自然对你印象好。其实，"见字如见人"这个说法并没有什么科学依据，只能说明这个人在写字上很下功夫，如此而已。北宋年间，号称"六贼之首"的大奸臣蔡京，就写得一笔好字。而南北朝时，宋朝的开国皇帝刘裕，虽然统一了中国南方，又北伐中原，在历史上留下盛誉美名，但是字却写得非常之丑——主要因为他小时候没受过太多教育，长大以后又主要靠南征北战打事业，写字写得再好看也讨不了什么巧。

在古代交通不发达、电话电子邮件不发达的时候，人和人之间的信息传递，几乎完全靠写字。而如果想要别人对自己有个好印象，写一笔好字，就是再划算不过的选择了。于是，人们纷纷投资于写字，字也就越写越好。

而到了现代，随着经济的发展，飞机、高铁、电话、网络越来越畅通，早上从上海去北京开会，下午从北京飞深圳，晚上再见个客户，甚至约个越洋视频会议，都变成了非常轻松的事情。这时候，写字得好坏对于维持个人形象的作用急剧下降。

于是，在社会和经济的逐步演变中，"写一笔好字"这种传统的技能，就逐渐被大家抛弃了。这并不是因为人们不重视传统文化、不能欣赏美的东西，而是因为这种技能，已经逐渐丧失了它的社会价值。

其实，当社会和经济逐渐发展、演变的时候，不同的技能、行业、公司、科技，它们的价值都会不停地发生改变。士兵们不再以弯弓射箭作为杀敌的本领，女人们也不再以会织补衣服作为贤良淑德的象征。这时候，作为投资者来说，不应该固守过去时代的痕迹，甚至应该抛弃那些被道德化的痕迹（比如字如其人，言下之意就是字丑人就差），而是应该找到适合新时代的事物。唯有如此，才能与时俱进，不断寻找最优秀的商业与投资价值。

垄断：历史悠久的商业恶疾

在韩国商业巨著《商道》中，作者崔仁浩记载了一个 19 世纪初的商业故事。当时，朝鲜商人林尚沃带着大量的人参到北京销售。林尚沃试图涨价，要一个比往常更高的价格，结果遭到了北京商人们的联合抵制，一斤人参都卖不出去。

在危急关头，林尚沃想起了高僧石崇大师教给他的"死"字，采取鱼死网破的打法，不仅不降价，反而开始焚烧人参。由于北京的人参市场严重依赖朝鲜的供给，林尚沃烧了人参就意味着北京的商人们无货可进、无钱可赚。结果，林尚沃的举动引起了北京商人们的恐慌，最后只好以一个比往常高得多的价格，买下了剩下没烧毁的所有人参。

在这个两百年前的商战故事中，林尚沃和北京商人们都利用了自己的商业武器：垄断。北京商人们联合起来，垄断了全部的人参买方市场。而后来成为一代朝鲜巨商的林尚沃，则利用自己在供给方的垄断，最终逼迫买方投降。对于两者来说，其实离开了对方都没有第二个买家或者卖家作为替代。

在商业社会中，"垄断"从来都是一个让人惊心动魄的词。这个词之所以夺人心魄，并不是因为它能带来更高的效率、更好的商品，给人们带来更高的生活水平，而恰恰是因为它能够以非市场化的手段，强迫交易对方接受一个不合适的价格，从而造成社会财富的非公平性聚集。

在 19 世纪中后期的美国市场，垄断再次成为公众的众矢之的。在当时，经过独立战争以后上百年的工商业发展，美国已经出现了大量的大型工商业企业。但是，许多企业很快发现，好好做产品、以平价卖给老百姓、热情地参与市场竞争，并不是赚钱的最好方法。赚钱的最好方法，是搞垄断。

具体来说，当一家公司能控制整个行业中占绝大多数的市场份额时，它就可以利用自己的垄断地位，要一个高价。当任何一家小竞争对手试图以更亲民的价格销售产品时，垄断企业就可以利用自己的规模优势，在这家小公司能触及的每个角落，都以更低，甚至不要钱的价格进行倾销。

最后，小公司的资金实力决定了它一定无法和垄断企业抗争，迟早会倒闭。而可怜的消费者只会面对两个局面：要么小公司死了，只能高价买垄断公司的商品；要么小公司试图卖出低价，但是由于隔壁垄断公司的价格更低，大部分人还是会去买垄断公司的商品，变相帮助垄断企业达到目的。

最后，从长期来说，受损的仍然是消费者。当垄断公司把竞争对手消灭以后，很快就会把价格提高到一个利润丰厚的水平。而这时候民众再想去找之前那家小公司，就已经找不到了——那家公司早已倒闭多时。

19 世纪末 20 世纪初，美国的一些行业已经遭到严重垄断。在当时，美孚石油公司控制了全国 90% 以上的炼油企业和输油管道，美国钢铁公司一度控制了全国钢铁产量的 65%。在垄断企业的压榨下，工人的待遇极低，民众被迫用高价购买商品。在激怒了全社会之后，《谢尔曼反托拉斯法》终于在 1890 年颁布，这部法律和之后的多部法律一起，对垄断这种商业行为进行了限制。

有意思的是，随着社会的不断进步，垄断这种商业行为，可以采用许多不同的方法。

最基础的垄断是天然垄断，也就是说垄断者占据了一些独占性的资源，比如矿藏、山林、水资源，然后对不得不使用这种资源的人要一个高价。进一步的垄断则是利用大规模的生产优势，利用商品倾销，压倒所有敢于冒头的竞争对手进行垄断。

在人类进入科技时代以后，商业垄断也开始有了新的形式。比如，芯片公司利用高投入生产出性能优异的芯片，然后利用极度廉价的运输成本运到全球各地，让竞争者几乎无法生存；网络购物平台利用自己巨大的网络效应（指的是一种"买家越多卖家就越多，卖家越多买家就越多"的正向循环），让竞争对手难以谋利，甚至逼迫商家在自己的平台和别人的平台之间二选一；即时通信平台通过自己巨大的市场占有率，让竞争对手无法存活等。

对于垄断这种商业形式，受损的不仅仅是当时消费者和其他群体的利益。其实，垄断的损害，在短期来看是当时利益的损失，在长期来看则会大规模扼杀商业创新。比如，在 19 世纪末 20 世纪初，当电灯作为一种新型照明方式被普及时，原有的燃油灯公司，就开始利用自己的垄断地位，试图扼杀这种新型的技术。

对于垄断来说，期望商业社会能够自我修复，是不现实的。实际上，商业社会如果能够自我修复、战胜垄断，那么垄断也就不会成为一种商业社会的恶疾。在对抗垄断时，政府之手和法律法规，是社会自我修复的关键因素。只有对垄断这种商业恶疾进行积极的治疗，我们这个社会中成员的整体幸福度，才能达到更高的水平。

第4章 像企业家一样思考股票投资

股票，这个价值投资最依赖的工具，究竟是什么？有人是说筹码，有人说是交易的标的，也有人说是没用的"虚拟资产"，只有房地产才是真正实打实的"实际资产"。

在民间，不少人一听到对方说自己是做"股票投资"的，立即会理解为"哦，你就是个炒股票的"，进而演化到"这人就是个骗子""不务正业""好端端一个人干啥不好怎么做这个"上面去。

其实，股票的真实意义，是一家家真实存在的企业。正是这些企业，撑起了我们今天这个全球最大的经济体（按购买力平价计算）。没有股票所代表的企业，就没有改革开放以来几十年的中国经济奇迹。

那么，对于想投资股票的我们，怎么能不懂企业呢？

别"玩"股票

唐代的义净法师曾经写过一首《西域取经诗》，我非常喜欢。这首诗的原文是这样的：

晋宋齐梁唐代间，高僧求法离长安。

去人成百归无十，后者安知前者难?

路远碧天唯冷结，沙河遮日力疲殚。

后贤如未谙斯旨，往往将经容易看。

翻译成今天的白话文，这首诗的意思大概就是说，过去到印度取经的僧人，是多么艰难。出发时成百的团队，多年以后回到长安城，只剩下十个不到。旅途天高路远，风冷日酷。精疲力竭以后，倒下成为道旁的尸骨，就再也回不到故土。后来的学佛之人啊，如果体会不到当年取经的这份辛苦，往往就会把修行看得太容易了！

义净法师对佛教的这份感叹，确实道出了佛教的一个现象。就是太多的人以为，佛教只是拜佛求平安、拿贡品换保佑。实际上，按照南怀瑾先生在《禅海蠡测》中所写的，"禅道深邃，克证难期"，佛法道义之深，又如何是没有体验过求法过程中各种艰险的

115

人，所能轻松掌握的？

其实，股票投资也是一样。我碰到过许多人问我："我想玩玩股票，请问看什么书好？""我就想花一点时间，学些入门的股票投资技巧，请问有没有书介绍？"实际上，股票投资之难，虽然远没有佛经那么深奥，但也绝不是一个简单的技术。其对知识宽度和深度的要求，对人性的控制和把握的要求，对分辨事物重要与否的能力的要求，远远超出任何一个入门者所能承受的范围。

所以，我经常对想要玩股票、想要学点知识入门的人说，还是不要轻易尝试"入门"了吧。这个行业的难度，其实一点都不亚于外科手术。如果你觉得自己生病的时候应该去医院找医生，而不是自己在家里划拉个口子，自己给自己开刀，那么你也不应该对自己直接做股票投资抱有太大的信心。当然，拿一点小钱，抱着学习、而不是盈利的思想去做股票投资，也未尝不可。但是在这种情况下，你必须做好长期难以盈利的准备。

让我们简单地来看一下，做股票投资需要的条件，大致有哪些方面。

首先，你得理解金融市场的方方面面，知道各种交易的知识和规则。比如你要知道一家上市公司什么时候可能出老千，什么样的人会出老千。要知道一家公司退市、私有化的概率有多大，万一退市会对你的持仓造成怎样的伤害。同时，你得深读证券行业的数百部法律法规，至少对其中的梗概有详细的了解，这样你才能明白这个市场的框架。

然后，你得对会计、企业管理有深入的了解，这样才能看懂企业的公告在说什么。一个会计项目的调整大概有何意图？一个企业的收入构成是否真实准确？这些都需要学习。接下来，你要对商业社会有深入的认识，知道各种公司的竞争环境，知道各种行业的特性。而由于一个行业往往受到文化政治、自然科学、物理学、生物学等一系列因素的影响，你又要对政府、社会、国际政治、自然科学等有所涉猎，至少需要知道其中的主线。

你要知道政府会在什么时候做出怎样的决定，知道科技在未来会向哪个方向发展，是否会对你的股票带来影响。而由于你不太可能知道每个细节，因此你又需要极强的抓重点的能力——你需要在听到两件事情以后的几秒钟里，本能地判断出哪件事更重要。而这种抓重点的能力几乎是天生的，后天很难培训。

现在，你还需要一颗极为强大的心脏，因为有时候一只股票的走势，可能几年的时间都和你的判断相反。这并不一定说明你的判断是错误的，只是胜利可能需要许多年的等待。这恰如当年到印度取经的高僧，需要多年的艰苦跋涉才能抵达目的地一样，你的正确判断常常也需要许多年才能被市场验证。

而在最终的胜利到来之前，你需要承受的是别人都赚钱、你却赔钱的困窘。你明知道自己是对的，但所有人都赚得比你多，甚至大家都在赚钱，你却在赔钱。你所信奉的真理，被价格的波动无情地踩在脚下，甚至你自己都会丧失对自己的信心。而更可怕的是，这种信心的丧失，有时候可能是正确的——你也许真的从一开始就看走了眼。

最后，你一定还需要一个极度支持你的资金提供方。你的丈母娘不会因为别人都买了房子，而你还在股票中苦苦挣扎而挖苦你；你的妻子不会因为你错误的选择而数落你，最后在大吵一架以后把你的股票卖掉，拿钱去买一个号称保本高息的金融产品；而如果你的钱来自证券公司的借款，那么一旦你的账户净值跌破平仓线，系统就一定会把你的持仓卖掉。如果是这样，那么之后哪怕股票价格反弹得再多，也将与你无关。

以上所写的，也只是我想到的几个在股票投资中会碰到的问题。实际上的困难，比以上寥寥数笔所写的多得多。其实，从2006年在投资行业工作至今，每天花五六个小时研究投资之道、全年无休、接触过了各种类型的投资者（我的工作习惯是每天工作时间不长，但是几乎没有周末和节假日），我也不敢说自己对这些困难，都能做到完全的克服。每过一两年，当我审视两年前的自己时，总能发现当年稚嫩可笑的地方。对投资行业的敬畏之心，一直让我感到战战兢兢，如临深渊，如履薄冰。

但是，当我去书店闲逛时，却每每在书架上看到一排排的书，标题写着"股票投资入门""一本书让你从股票入门到精通""新手也能战胜股票市场""股票投资如此简单""轻松投资几年翻几倍"。这些书往往用大红色作为底色，吸引着人们的目光，向大家保证只要花几十元买本书，你就可以简简单单、轻轻松松地做股票投资，甚至从此走上财务自由的康庄大道。

每当看到有人说"我想花一点点时间玩玩股票""反正平时闲着也是闲着，学点投资入门知识，就当作做游戏""学个投资的入门技术就行了"，我就会对他们的投资前途感到担忧。股票投资不是一个好玩的游戏，行情屏幕上跳动的代码不是赌博的筹码。这其中滚动的，都是真实的金钱，是那些需要辛劳和汗水才能挣来的金钱，是那些可以给饥寒者衣食、让病困者求医的金钱。一个对自己和家人的生活负责任的人，又怎能贸然加入这样一个复杂的市场，拿自己的金钱做游戏中的筹码？

股票投资没有入门，市场永远不会因为一个投资者是新手，就会对他有所怜悯。对于大多数人来说，平平淡淡地工作挣钱、消费生活，至多在基金里挑一些靠谱、踏实的当作储蓄的另一种方式（但这事也需要不少技巧），才是生活的正道。

每当念及于此，我就会想起石悦先生在《明朝那些事儿》中写过的一段文字。

"在这变化无穷的战场上，要想成为真正的军神，你必须在一次次的残杀中幸存下来，看着周围的人死去，忍受无尽的痛苦，在战争中学习战争，努力获取那不为人知的奥秘和规律，经历无数次失败，有勇气从无数士兵的尸体上站立起来，去打败对手。

"这才是真正的名将之路，一条痛苦、孤独、血腥的道路，在这条路上，能信任和依靠的人只有你自己。但只要你走到终点，光荣和胜利就会在那里等待着你。无论是徐达、常遇春、王保保还是后来的戚继光、袁崇焕都是这样的名将，他们就是这样成长起来的。他们完全有理由为自己的成长经历而骄傲和自豪。

"所以当不成名将的各位学员，你们完全不必为此而悲伤失望，因为这工作不是一般人能干的，甚至可以说，不是人能干的，诸位普通学员，还是回去做老百姓吧，那才是快乐的生活。"

我想，这段话也适合每个打算只花一点精力、入门玩玩股票的人深思。

用商业的思维做交易

不知从几时起，价值投资慢慢被贴上了"长期持有不动"的标签。其实，价值投资完全不是持有不动，甚至在合适的时候，价值投资也可以非常频繁地做交易。但是，这其中究竟怎样交易，却是大有讲究。这里，就让我们来看看价值投资中非常重要的一种交易模式：用商业的思维做交易。

说到交易，许多投资者都喜欢这个词，似乎交易代表了变动，变动就会有机会。实际上，没有准备的交易是非常糟糕的，它和赌博其实并没有差别——都是下一个注，然后指望随机的变动居然能确定地给自己赚到钱。

在陆宝投资的刘红女士写的《通盘无妙手》一书中，记录了一位上海滩著名的老中医秦老先生，在2005年时曾对股票交易做出的评价："每天殚精竭虑想赚钞票，久坐伤肾，久思伤脾，久视伤血劳于心。"在日常生活中，我们也经常能见到家庭关系被交易股票，或者说炒股票弄得鸡犬不宁，甚至在一些宣传语中，我们还能看到"教你炒股的是骗子"这样的描述。

其实，股票本来是商业的凭证，交易本来是价值投资的利器，交易股票本来可以让我们发财致富、衣食无忧，为什么突然会变成了中医口中的致病之举、家庭矛盾里的导火索、宣传语中的诈骗术？原因无它，在于不知道如何交易股票而已。

在从本杰明·格雷厄姆到巴菲特的价值投资体系中，"市场先生"是一个非常重要的概念。价值投资者的对手盘是市场先生，也就是整体股票市场的拟人化称呼。这位市场先生有时候热情非凡，有时候又垂头丧气。

那么，价值投资者怎样可以从这位对手身上赚到钱？利用市场先生的弱点，当他情绪高昂的时候卖给他，反之则从他手上买入。这一买一卖之间，尽是交易之道。由此可见，有些人认为"价值投资者一定就要长期持有不动"，实在是大错特错。

以上所说的"对市场先生低买高卖"，只是格雷厄姆和巴菲特对价值投资的交易之道的简单表述。这个表述过于简单，以至于不少人又把这种交易误解成了"价值投资只是在一个标的上高出低进，赚市场波动的钱"。实际上，以上所说的只是价值投资交易方法的核心精神。把这种精神拓展开，我们就会得到一种全新的交易思路：以商业的思维做交易。

简单来说，以商业的思维做交易，指的是把自己所有的持仓股票，看成自己的一个个生意，同时把自己的整体持仓看作一个企业集团。然后，我们就要随时参考市场的报价，在这些生意之间来回倒腾。这些倒腾有 3 个目的：第一，通过卖差公司、买好公司，改进企业集团的整体质量；第二，通过低买高卖，增加企业集团的整体价值；第三，通过分散投资，优化企业集团的稳定性。

对于价值投资的交易来说，以上这 3 个交易目标，都会增加投资组合的商业价值，也就是让我们的整体持仓这个大企业集团，变得越来越好。尽管任何一次在公开市场进行的交易，都不会当场增加投资组合以交易价格衡量的市场价值，但是只要商业价值不断增长，那么市场价值在长期的增加，是必然会随之发生的事情。

那么，怎样在不同的商业之间权衡？让我们来看一个小例子。这个例子不包含以上所说的第 3 点，也就是整体持仓的分散性与稳定性，但是却诠释了第 1 点和第 2 点，也就是企业的质量和价格。

假设你拥有一家运营正常的蛋糕店，隔壁还有一些别人的裁缝店，两种店带来的利润都是 5 万元每年，相差并不多。平时每个店的交易价格，也都在 50 万元左右，也就是 10 倍 PE。日子过得太太平平，街坊邻居既需要蛋糕，也需要修改衣服，大家相安无事。

慢慢地，也许是在媒体的宣传下，做蛋糕慢慢成了社会上一件流行的事情。这时候，有几个年轻人打算创业，他们找到你，想以 100 万元的价格买下你的蛋糕店。尽管 100 万元对应的 20 倍 PE 并不算太高，但是你现在有 3 个理由，可以支持你把蛋糕店卖了。

第一，你卖了蛋糕店，可以跑去买下两个裁缝店（这里我们不考虑裁缝店不肯卖的情况）。第二，做蛋糕成了市场热门，竞争会开始变大，单店的利润在长期看可能是逐步下降的。第三，电商行业的发展导致实体服装店慢慢变少，人们通过网购买的衣服越来越多，而网购衣服买到手之后发现不合适的比例，比在实体店更高，导致裁缝店的修改业务也缓慢上升。

在这种情况下，卖了一家蛋糕店、买入两家裁缝店，是一个大幅增加投资组合整体价值、把年利润从 5 万元变成 10 万元的好机会。同时，这个交易又会让投资组合的长期商业展望变得更好。尽管以 100 万元的市场价卖出一家蛋糕店、同时买入市场价也是 100 万元的两家裁缝店，并没有给你赚到现钱，但是在长期，市场价格一定会跟上商业价值的变化。

需要指出的是，当价值投资者以商业的思维做交易时，他并不一定要同时达成更好、更便宜、企业组合更稳健这 3 个目标，而是只要显著地改善 1 个或者 2 个目标，同时没有给其他目标造成显著的伤害，或者造成的伤害明显小于带来的改进就可以。

比如说，在资本市场上，同一家公司位于不同市场的股票价格，可能会在长期变动巨大。这时候，尽管来回交易同一家公司的股票，既不会改善企业的质量，也不会降低企业集团的波动性，但是却会增加账面价值。如此，也就不失为一桩划算的买卖。

以中国神华为例，这家中国最大的煤炭企业，其 A 股（代码 601088）和 H 股（代码 01088）的股价，经常显示出巨大的差异。在 2007 年 10 月 14 日，中国神华的 A 股对 H 股的比价（经汇率调整，下同）为 1.76，2008 年 9 月 7 日大跌到 1.14，同年 10 月 26 日又暴涨到 1.97，2009 年的 1 月 4 日再次下跌到 1.14，同年 7 月 12 日上涨到 1.44，在一年半以后的 2010 年 7 月 11 日下跌到 0.89（也就是 A 股比 H 股便宜）。之后，在 2012 年的 5 月 27 日，这个数字又上涨到 1.16（也就是 A 股又比 H 股贵），在 2014 年 1 月 12 日则下跌到 0.83，而就在短短一年半以后的 2015 年 7 月 12 日，这个数字又上涨到了 1.77。到了 2019 年的 1 月 13 日，中国神华 A 股和 H 股的比价又一次跌回了 1.15，而在 2021 年 7 月 11 日，这个神奇的比价又一次回到了 1.61。

在以上所述的时间里，中国神华并没有出现经营上的致命问题。同样一家公司，同样稳健的经营，代表了同样权益的股票，在不同的时间和市场，居然可以表现出如此巨大的价格变动。对于价值投资者来说，面对如此巨大的商业机会，岂有不交易之理？

在《孙子兵法》中，有一句话这样描述胜利者和失败者的差别："胜兵先胜而后求战，败兵先战而后求胜。"对于投资这件以金钱为军队、以市场为战争的事，价值投资者绝对不是不做交易，而是不轻易做、不会无准备而做。当我们以商业思维交易的时候，下单的同时就已经赚到了钱，之后的市值变化只不过是水到渠成而已。而对于那些心存侥幸的赌博式交易者来说，他们所面对的，大概就是"败兵先战而后求胜"的窘境吧。

投资需要注意的三个估值维度

在投资中，投资者为购买到的资产所付出的估值，是一个永恒的、决定投资回报的重要因素。尽管在市场走入牛市的时候，比如2020年，市场上有一种声音是"估值不重要""买股票就要买高估的，因为高估的股票更热门"，但是在长周期里，投资者很快就会发现，估值永远不会不重要。

那么，在投资的时候，投资者应该如何来衡量估值？首先，衡量估值的具体方法有许许多多，指标之多如过江之鲫，比如PE、PB、PS（市销率）、PCF（市现率）、DCF（现金流折现法）、DY（股息率）等。在金融工具书里，投资者能找到关于这些算法的详细介绍，这里不再赘述。

这里，我想聊的，是投资中，应用估值方法的三个维度。这三个维度，分别是绝对的估值维度、相对自身历史的估值维度以及相对其他所有资产的估值维度。

首先，让我们来看绝对的估值维度。对于一种资产来说，估值究竟是多少合适，其实很难衡量。以一只股票来说，估值如果是 10 倍 PE，那么肯定不能算贵，但是 10 倍 PE 也可以下跌到 6 倍。而 30 倍 PE 的股票虽然不能算便宜，但有时候涨到 50 倍也不是不可能。所以，绝对估值只是衡量投资标的估值的第一个角度，投资者很难用一个绝对精确的数值，比如 15 倍 PE 我就买、30 倍我就卖，来做长期的投资规划。

让我们看看现实投资世界中的例子，就会知道这种波动有多大。以工商银行的 A 股股票为例（代码 601398），按 Wind 资讯的数据，在 2007 年左右，其 PE 估值一度达到 40 倍以上，而 2020 年则降至 6 倍，2014 年甚至一度降至 4.5 倍。而在 2020 年非常红火的贵州茅台（代码 600519），其 PE 估值曾一度达到 50 倍，但在 2014 年，这个数字曾经一度低于 10 倍。对于在 2020 年追逐贵州茅台的投资者来说，了解当年曾经的另外一种估值水平，是十分有必要的。

这种估值的差距，在香港市场甚至更加明显。中国中车（代码 01766）的 PB 估值，在 2015 年一度高达 8 倍，而在 2020 年则下降到 0.6 倍，只有最高水平的 7.5%。而汇丰控股（代码 00005）的 PB 估值，在 2020 年的低点附近只有 0.4 倍左右，但在 2005 年曾经一度高达 2 倍，是 2020 年最低点的 5 倍。

一个资产的绝对估值，虽然不能被精确地运用在交易决策上，但是投资者仍然应该对其有一个大概的了解。比如说，10 倍以下 PE 肯定是便宜的价格，而 60 倍以上肯定是太贵的价格。有了这个大概的衡量，投资者就要进入下一个阶段，即衡量投资标的相对自身历史上的估值水平。

在绝对估值水平的基础上，衡量一个资产是否低估，另外一个对比的标杆，则是其相对于自身历史上的估值水平，是处于下限、还是上限。这种相对于自身历史水平的参考，可以给投资者在绝对估值水平高低之上，再加上一重考虑。

以香港市场的腾讯控股为例，按 Wind 资讯提供的数据，从 2006 年到 2020 年，PB 估值的较高区间大概在 18 倍到 20 倍，较低区间大概在 6 到 9 倍。对于这样一家发展迅速的互联网大公司来说，如果投资者一定要按比较低的估值，比如 1 到 2 倍市净率来考量，那么可能永远都找不到买入的机会。

再以香港交易所（代码 00388）为例，这家公司可以说是拥有香港市场的独家垄断牌照，其从 2005 年以后 15 年中的最低 PB 区间，大概在 6 倍左右。这时候，考虑到公司的牌照特殊性，以及交易所类公司净资产对衡量公司价值并非"1 比 1"的关系，那么投资者在考虑香港交易所这只股票的时候，就可以用其自身历史估值区间，而非绝对估值水平，作为一个参考。

需要指出的是，在衡量一只股票的长期历史估值区间时，PB，也就是市净率估值，是最容易参考的指标。

这里不是说 PB 估值有多么高效，对于一家证券交易所、一家科技公司、一家钢铁公司和一家港口公司来说，同一个 PB 的数字会代表完全不同的估值状态。前两者属于典型的轻资产公司，而后两者则是重资产公司。在企业竞争力相差不大的时候，前两者的估值明显要比后两者高。

但是，在衡量相对自身历史估值的时候，PB 估值有其最重要的优势：稳定、容易获得。对于基于盈利的估值来说，PE 估值变动太大，企业盈利好的时候 PE 可以很低，差的时候 PE 可以到几百倍，甚至几千上万倍。DCF 估值手段则在去除了 PE 估值的缺点之外，还有一个计算复杂的问题——计算每年的基于 DCF 的估值，是一件非常费力的事情。在处理一只股票的分析时，这样做还有可能，但是当要处理一堆股票时，DCF 估值运算量大、变量多导致衡量不准的缺点，就会暴露无遗。这可能也是巴菲特说，自己虽然很看重 DCF 估值的手段，但从来没有仔细算过哪家公司的 DCF 估值的原因。

由于 PB 估值的这种稳定、容易获得的特性，在衡量一家企业相对于自身历史上的估值时，PB 估值也就成了首选的利器。只是要注意的是，投资者需要意识到，利用这种估值方法需要对公司的净资产、经营模式、盈利景气程度有所判断，不能刻舟求剑就是了。此外，一些其他估值手段，比如历史多年股息率（也是我非常喜欢用的一个指标），也值得投资者仔细参考。

在衡量完一个资产的绝对估值水平、相对自身历史上的估值水平以后，投资者就要进入到第三个维度：相对其他所有资产的估值维度。

比如，如果一家质量还不错的公司 A，绝对估值水平不高、相对自身历史估值水平很低，那么它是不是就一定值得购买？答案是不一定。如果隔壁有一家可比公司 B，绝对估值水平更低、相对自身历史最低水平还打 5 折（这种看似极端的现象，在金融市场上并不罕见，2020 年的香港市场就出现过类似的例子），那么为什么我们还要购买公司 A？

相对于前两个估值维度，第三个维度，即相对其他所有资产的估值维度，是最考验投资者水平和功力的。第一个维度只需要会计算估值方法就可以，第二个维度只需要多计算几年的数据就可以，但第三个维度则需要投资者对各种资产、各个行业的股票、各个类别的基金，都相对比较了解，才能做出对比的判断。如果说第一个和第二个维度需要的计算量分别是 1 和 2，那么第三个维度需要的计算量以及基础知识储备，可能会是 100 甚至 300。

造成衡量第三个维度估值水平特别难的原因在于，不同的资产、不同的公司之间，有时候，甚至很多时候，根本没有可以套用的比价公式。如果说，在同行业里的公司估值还相对容易做类比的话，不同行业之间的企业，甚至股票和债券、可转债和衍生品之间的估值对比，就非常困难。因此，这种对比，需要投资者有大量的经验和判断。与其说它是一种科学，不如说它是一种艺术。

在投资者充分考虑了估值的三个维度，即绝对估值水平、相对自身历史估值水平和相对其他资产估值水平以后，投资者对一种资产的估值，尤其是相对其资产质量所对应的估值水平，就能做到心里有数。在此基础上进行投资，也就不容易落入高估值的圈套里，并且容易从低估值中获利了。

净资产是衡量价值的一把好尺

在股票投资中，投资者需要一种标准，也就是一把尺子，来衡量自己投资组合的回报率究竟如何。那么，我们应该用哪种指标作尺子？在 2019 年以前，巴菲特给出的答案都是"用投资组合的综合净资产做衡量的尺子"。

那么，为什么要用投资组合中各个股票的净资产加总，做投资组合价值的衡量尺子，而不是市值、总资产、企业收入、企业利润或者股息？为什么巴菲特在 2019 年以前大约 70 年的职业生涯中，都用净资产作尺子，却在 2019 年发生了变化？作为现在的中国投资者，我们究竟应该学习巴菲特在之前 70 年中的做法，还是最近几年改变了的做法？用净资产这把尺子，又会有哪些局限？

这里，就让我们一一进行分析。

市值不是一把好尺子

对于一个投资组合来说，它的价值究竟是多少？许多投资者会说，这还不简单，市值是多少就是多少啊？打开账户，系统会自动告诉我价值是多少，这有什么好问的吗？

这里，让我们来看一个例子。上港集团是中国最大的港口公司，上海港也是世界上最大、最先进的港口。在 2013 年 8 月 22

日，这家公司的股价是 2.55 元。在半个多月以后的 9 月 10 日，股价是 6.79 元，是之前的 2.7 倍。

如果市值是投资组合价值的最好衡量标准，那么对于一个满仓上港集团的组合来说，它的投资价值在短短半个多月里，增加了 170%。而对于上港集团这样一个超重资产公司来说，它的价值绝不可能在半个多月里，有如此巨大的变化。很显然，用市值做衡量投资组合价值的尺子，实在是太糟糕了。

其实，由于市值等于商业价值乘以估值，而估值常常来自市场随意的报价，因此用市值作投资组合价值的衡量尺子，就等于把自己投资组合的价值，交给整个市场来评判：别人说我行我不行也行，别人说我不行我行也不行，市场疯了我的组合价值就跟着一起疯，市场蔫了我的投资组合价值就一起蔫。

显然，用别人的观点来衡量自己组合的长期价值，认为这样的价值会在半个多月里变成原来的 2.7 倍，即使公司本身的资质几乎毫无变化，如此荒谬的事情，是专业而聪明的价值投资者绝不会做的事情。

但是，对于投资组合的价值，我们又不能陷入一种虚无主义，说"我觉得这些股票好就是好"。下面，我们就来看看，当采取财务报表中各项指标进行组合价值衡量时，为什么许多指标都有自身的问题。

总资产和总收入难作标准

对于财务报表的各项指标中，总揽全局的就是总资产和总收入。但是，当一个投资组合用总资产和总收入来衡量时，却会出现非常明显的问题。

对于总资产来说，有些企业是高杠杆运营的，有些企业则是低杠杆运营的。这也就意味着两家企业，如果净资产、净利润这些衡量企业内在价值的财务指标都差不多，但总资产却可能会显示出巨大的差异。

举例来说，根据 2020 年的年报，长江电力（代码 600900）的归属母公司所有者净资产是 1721 亿元，归属母公司所有者净利润是 263 亿元。同时，宁波银行（代码 002142）的两项指标分别是 1185 亿元、151 亿元。可以看到，这两家公司的净资产、净利润，相差并不是太大。但是，在同一期年报中，长江电力的总资产是 3308 亿元，宁波银行则是 16 267 亿元，相差了大约 5 倍。

所以很显然，用总资产做投资组合的价值衡量标准，是不合适的。这种"企业价值差不多但是总资产相差 5 倍"的情况，会让投资者在卖出长江电力、买入宁波银行以后，瞬间看到总资产暴增，但是投资组合的真实价值并无太大变化。

对于总收入来说，事情也很类似。一些企业存在高周转率的特点，同时另一些企业周转率则很低。如果我们以总收入衡量投资组合的价值，那么这两种企业将很难被一把尺子所衡量。

举例来说，上述例子中的长江电力是一家周转率很低的公司，而以物流为主业的顺丰控股（代码 002352）则是一家周转率很高的公司。在 2020 年年报中，长江电力的归属母公司所有者净资产、归属母公司所有者净利润分别是顺丰控股的 305%、359%，而总收入只有后者的38%。很显然，和总资产一样，总收入也不是一个很好的衡量价值的指标。

净资产、净利润与股息

在市值、总资产、总收入都不好用的情况下，有三个指标比较直接地反映了投资组合的价值，这就是净利润、净资产和股息。

严格来说，投资者在衡量自己投资组合的价值时，需要同时考虑净利润、净资产和股息这三个指标，因为它们从会计原理上代表了企业赚到多少钱、攒下来多少钱和分给股东多少钱。但是，这三个指标中，最好用的则是净资产。

先说股息，股息这个指标最大的问题，就是企业的净利润可能相差不多，但是派息意愿却可以差别很大。以比较极端的例子，巴菲特自己的公司伯克希尔·哈撒韦为例，这家公司从来不给股东派息，从股息的角度来说投资价值甚至是个零，但是公司本身却其实非常优秀。

相比之下，净利润和净资产是两个非常好的指标。首先，它们不会像市值那样受到市场情绪的干扰。其次，它们不会像总资产、总收入那样，因为企业性质的不同而有巨大的差异。最后，它们也不会因为企业的分红意愿而改变。

但是，相比于净资产，净利润则是一个次优的指标。主要的问题，来自净利润在两个财年之间可以发生巨大的改变，但是净资产则往往变动不大。

举例来说，中国平安（代码601318）这家保险公司，在2007

年、2008 年和 2009 年的净利润，分别是 151 亿元、7 亿元、139 亿元，中间发生了巨大的跳跃。但是，这三个财年中归属母公司股东的净资产则分别为 1072 亿元、788 亿元、850 亿元。

因此，相对于净资产而言，净利润这把衡量投资组合价值的尺子，偶尔会变得很不准确。而对于尺子而言，稳定而准确的尺子，一定要好于不稳定但是准确的尺子。

净资产的优势与局限

综合以上的讨论，净资产应该来说是衡量企业价值最适合的尺子。它不受市场情绪的干扰，大体上反映了企业价值的变动，也不会因为企业性质和分红意愿的不同而变化，同时它又比净利润更加稳定。

这种优秀而稳定的性质，使得巴菲特把净资产作为自己投资组合价值的衡量器，并且一直沿用到 2018 年。在 2018 年及之前的伯克希尔·哈撒韦公司的年报中，每个年报的开头部分，巴菲特都会列出公司持仓净资产的数值。

但是，正所谓"尽信书，则不如无书"，任何可以量化的指标都只可能是企业真正价值的近似值，而不可能是绝对值。对于净资产这项指标来说，也有许多的问题。把这些问题综合起来，我们可以把它们简化成一个问题：净资产是否有效？

对于企业的账面净资产来说，许多因素可能会导致其无效：过于宽松的资产折旧政策，对资产减值项目估计不足，糟糕的应收账款，被高估的无形资产，错误被资本化的研发费用等。甚至有些投资软件在计算企业净资产时，没有刨除永续债、优先股这些实际上并不属于普通股股东的项目。

同时，对于不同资质的企业来说，净资产产生利润的能力也并不相同。有些企业可能不需要太多的净资产，就能生产出优秀的利润，有的企业可能净资产很多，但是实际利润却很糟糕。这时候，投资者所需要做的，就是手动或者主观地，对企业的净资产进行把控。尽量挑选好的、扎实的、优质的、长远看来有前途、不会被时代淘汰的企业净资产，避免那些账面有效、实则无效的净资产。

而对于巴菲特来说，在2019年以后，由于不少美国企业，尤其是高科技企业（比如巴菲特当时所重仓投资的苹果公司），并不再依赖净资产作为企业报表的基石，而是把负债用到极致，同时把利润分配给投资者，因此净资产就不能再成为一个恰当的价值衡量尺。所以，聪明的巴菲特也就放弃了这把尺子：尽管他在之前已经用了70年。顺便说一句，这种放弃自己长达70年的习惯、在90岁高龄仍然能不断随时代变化的能力，是巴菲特之所以能成为一代股神的原因。我们这些后辈的投资者，又怎能固守自己的思维，不学习时代的变化呢？

但是，在当前的中国市场，以上这种"净资产不再是财务报表中重要组成部分"的情况，还并不普遍，投资者也就仍然可以用净资产作为价值的优秀衡量工具。如果有一天，中国最优秀的上市公司，报表上的净资产都像苹果公司、穆迪公司那样接近于零，甚至是负值，那么净资产这个指标，也就失去了衡量企业价值的能力。

自古以来，在我们中国人的成语中，既有"不以规矩，不能成方圆"的说法，又旗帜鲜明地反对"刻舟求剑"。尽管在现在的情况下，净资产已经是能够反映企业价值的最优秀的尺子，我们仍然不能执着于一把尺子，而忘记企业价值这个任何尺子都无法准确衡量的指标。毕竟，投资组合真正的价值，也就是那无法被任何数据准确定义的商业价值，才是投资者应该追寻的终极意义。

从 4 个例子看价值投资不应偏好或者便宜

对于价值投资来说，买得又好又便宜是投资者们追逐的目标。但是，究竟是买得好更重要，还是买得便宜更重要？许多投资者为这个问题争论不休。而我却以为，这种争论完全是没有必要的。

执着于买"好"的资产，还是买"便宜"的资产，本身并不重要。重要的是，当时的市场情况究竟怎样，自己对资产的认知能力、对风险的承受能力怎样等。而不论买得好，还是买得便宜，只要做得对，都可以赚到不少钱。反之，如果以为自己买得好，实际上买得差，或者以为自己买得便宜，实际上买得贵，那么赔起钱来，效果都差不多。这里，就让我们来看几个例子。

先说买得好，香港市场的申洲国际（代码 02313）是一家纺织企业，主要给服装销售公司做服装代工生产。从行业上来说，服装代工并不算一个太好的生意——至少在企业刚起步还没有建立规模优势的时候是如此。这个行业中企业的比较优势，只能在企业规模足够大、品牌效应足够强、能够以足够大的力量不断提供研发支持和技术改进的时候，才会变得比较明显。

在企业足够大、比较优势足够明显以前，服装代工行业是一个残酷的行业，不同的代工企业生产几乎相同的东西，在效率、质量、价格和成本上展开残酷的竞争。但是，申洲国际却在这竞争中，通过勤劳、严谨以及不停地技术改进脱颖而出，赢得了大量的服装行业客户，如优衣库、H&M等，证明自己是一家好公司。而它的股价也就从2005年上市时的1.67港元，在15年以后增长到2019年底的113.9港元，上涨了大概70倍（数据根据Wind资讯提供，并为复权价，下同）。

但是，同属于服装大行业的思捷环球（代码00330），却提供了一个反例。在2007年以前，凭借旗下高速扩张的ESPRIT等品牌，思捷环球的股价从1993年的2港元，一路上涨到2007年底的84港元。但是后来，随着公司业绩的下滑，思捷环球的股价又在2019年底跌到了1.57港元（均为复权价，下同）。

再看便宜，在2008年10月27日，长城汽车H股（代码02333）的股票，在金融危机中遭到投资者恐慌性的抛售，根据Wind资讯的数据，当时长城汽车的PB估值跌到让人感到匪夷所思的0.19倍。不过，市场慢慢反应过来这个估值的不合理之处，在5年以后的2013年底，长城汽车的PB估值涨回到3.7倍，而这期间的复权股价，也从0.12港元涨到了11.14港元，涨幅十分吓人，大概有100倍。通过简单地估算（股价增长＝净资产增长 × 市净率增长）就可以看出，这其中通过估值得到的增长大概有20倍，而基本面得到的增长只有4倍多。

　　长城汽车的例子，是买到了正确的"便宜"。但是，当买到错误的"便宜"时，事情就会变得十分糟糕。根据 Wind 资讯的统计数据，2008 年 11 月 10 日，在金融危机中饱受重创的花旗银行（代码 C）的市净率估值，达到 0.48 倍。对于许多内地投资者来说，银行 0.5 倍市净率似乎是一个非常优秀的估值水平。但是，花旗银行随后的股价，却从 11 月 10 日的 102.5 美元（复权价，下同），跌到 2009 年初的最低 8.9 美元，跌幅超过 90%。即使到了 2019 年底，其股价也只不过有 79.4 美元。花旗银行在 2008 年全球金融海啸中遭受的重创，让它当时便宜的估值，成为一个典型的价值陷阱。

　　今天的价值投资者在选择"好"还是"便宜"的时候，面对的只是钱上的盈亏。而在历史上，当面对一种抉择时，决策者往往要赌上自己和亲戚们的身家性命（动不动就诛杀九族）。而对于任何一种抉择来说，在任何时候坚持同一种方法，都是愚蠢的。这里，再让我们来看两个故事。

　　楚汉争霸时期，刘邦和项羽在荥阳对峙（今河南省内）。此时，刘邦一方面自己在荥阳拖住项羽的主力军，一方面派韩信攻打下了赵国（今山西一带）、齐国（今山东一带），并且劝降了燕国（今河北到辽宁一带），对项羽形成了大包围。

　　韩信攻下齐国以后，项羽立即派出使者武涉，劝韩信叛汉。武涉对韩信说："当今二王之事，权在足下。足下右投则汉王胜，左投则项王胜。项王今日亡，则次取足下。足下与项王有故，何不反汉与楚连和，三分天下王之？"⊖意思是，今天天下的局势，就在你

　　⊖　文出《史记·淮阴侯列传》，下同。

韩信的一句话。你何不反叛汉朝，和刘邦、项羽一起三分天下？

　　而另一个齐国的策士，名叫蒯通，也找到韩信说："今足下戴震主之威，挟不赏之功，归楚，楚人不信；归汉，汉人震恐：足下欲持是安归乎？"意思是，今天韩信你功劳之大，震动天下。有这么大的功劳，你在楚汉两边哪一边当臣子，别人都难以安心，怕你反叛、推翻他们。有这么大的功劳，你除了独立，和楚汉三分天下，你还能怎么样？"夫功者难成而易败。时者难得而易失也。时乎时乎，不再来。愿足下详察之。"时机只有这么一次，你要决断啊！

　　接下来的事情，大家想必都耳熟能详了。韩信是个好人，对劝他的人说："夫人深亲信我，我倍之不祥，虽死不易。"意思是，刘邦对我太好了，我不忍心背叛他，死都不会改变。结果，楚汉战争一结束，刘邦就夺了韩信的兵权，数年之后又把韩信软禁到洛阳，最后被吕后、萧何所杀。

　　韩信当反刘邦而不反，棋错一着，悔恨终身，只空留下"鸟尽弓藏，兔死狗烹"的千古之谈。到了几百年以后的隋末唐初，却有另一个选择反叛的李密，因为反叛引来杀身之祸，而如果他不反叛的话，大概率会活得很好。

　　李密为隋朝末年名将，在作战失败以后，投奔了唐王李渊。李渊对李密这个名将的到来十分高兴，封以高官厚禄，还把自己的表妹嫁给李密。但是，李密不甘人下，表面投降，实则怀有二心，最终叛乱。由于力量不足，叛乱很快就被李渊的军队扑灭，李密也死于战场。

　　如果从刘邦和李渊、李世民父子在后来对功臣的态度上看，刘汉一朝杀功臣是比较多的，不仅韩信，如彭越、英布、陈豨、韩王信、臧荼、卢绾等功臣，都遭到斩杀（其中卢绾逃往匈奴，死于塞外）。而李唐一朝，对功臣则好得多，李世民的凌烟阁二十四将中，被处死的只有两人（侯君集和张亮）。如果李密不反叛，那么大概率会成为凌烟阁第二十五将，最后死于非命的概率也只有大概1/10而已。

　　千年之后回头再看，韩信当反，而李密不当反。可惜，今日说来容易，当时局中者迷。韩信执着于不反，最后死于妇人之手，年仅三十五岁。李密执着于造反，结果兵败被杀，死时不过三十七岁。史书不过寥寥数页，却让人读来无限唏嘘。

　　所以说，法无定法，契机者妙。运用之道，存乎一心而已。历史上的战与不战、反与不反，从来都没有定式。而今天的价值投资者们，也不应该执着于应该"买好公司不要在乎估值"，或者是"就要买得便宜"，而是应该根据自己的能力、资金的性质、仓位的配置，以及市场在当时出现的机会，实事求是地在"好"和"便宜"中，选择当时最适合的那个因素。该买得好就买得好，能买得便宜就买得便宜，哪个有把握就做哪个，没把握的则统统抛弃掉。如此，才是价值投资的正道。

成长股投资的 5 个问题

　　在价值投资的诸多方法中，成长股投资是重要的一部分。成长股投资中最著名的投资大师，估计就要数菲利普·费雪（Philip A. Fisher）。在国内市场，诸如陆宝投资的王成等优秀的投资者，也在通过投资成长股获得长期回报。

另一方面，对成长股进行投资也容易产生一些问题，让不审慎的投资者蒙受亏损。这里，就让我们来看一看，成长股投资中容易遇到的 5 个主要问题。

估值过高

成长股投资中最容易遇到的问题，可能就是估值容易过高。一般来说，成长股的估值往往都比增长更慢、估值更低、行业更成熟的股票（这里称为价值股）估值要高。而过高的估值，一定会削弱投资者未来的盈利能力。

成长股的估值长期性偏高，可能主要由两个因素导致。第一，相对于价值股来说，成长股的想象空间更大，由于市场无法准确估计成长股的空间到底有多少，因此在乐观情绪的作用下，经常会给出过高的估值，正所谓"没有业绩，没法估值，所以可以随便炒作"。第二，成长股的故事往往比价值股更加激动人心，由于其业务变动往往更大，也更容易占据较多篇幅的媒体版面，导致市场更容易忽视价值股，而给成长股更高的估值。

在高速增长的预期之下，我们经常会看到一些成长股泡沫。在这些泡沫中，超高的估值给投资者带来了巨大的伤害。在 2000 年美股科技股泡沫中，纳斯达克指数的 PE 估值曾经远远超过 100 倍。在 2015 年的创业板泡沫中，根据 Wind 资讯的数据，创业板指数（代码 399006）的 PE 估值最高也曾达到 137 倍。而在 2015 年 6 月 5 日达到最高点 4037 点以后，创业板指数在 6 年半后的 2022 年 1 月 6 日仍然只有 3127 点：在泡沫中追逐成长股的投资者付出了巨大的代价。

不过，估值过高的问题可能是成长股投资中最好解决的，因为投资者只要保持冷静，不要一时冲动付出太高的价格就可以。相比于估值过高的问题，下面要说的如何准确判断成长股具备商业竞争优势的一些问题，更有挑战性。

错把热门股当作成长股

对于初级的成长股投资者来说，他们常常犯下的一个错误，就是错把市场上最热门的一些股票，当作成长股进行投资。

一般来说，资本市场上总是有一些热门的股票。这些股票最大的共性，不是业务都一定有巨大的发展，而是股票价格一直在上涨。因此，人们生硬地编出一些理由，来解释这些股价的上涨。那么，怎样的理由才能解释股价的快速上涨呢？当然是一个成长的好故事，尽管这个故事可能不是真的。

我以前在证券公司做分析师的时候，经常要和投资者讨论某些股票为什么上涨。有时候我分析了半天也找不到理由，只好对投资者说，对不起，大概就是正好市场热点轮到了，这个公司实在找不出什么支持股价上涨的原因（其实很多时候上市公司公告也会说，本公司最近没什么事情，股价为啥上涨我们也不知道）。

但是，每当我这样说时，绝大多数时候我都会得到"你的工作怎么做的，为什么上涨都搞不清？"的回答。当然，偶尔也会有一两位聪明的投资者，对我真实而无聊的答案给出正面的评价。

记得在2015年时，曾经有一家机场公司的股票价格暴涨，连翻了好几倍。但是，机场这种重资产、高壁垒、高成熟度的公司，除非是刚开始发展的经济体，否则一般很难变成一只成长股。不过，既然有成长的股价，那么市场一定会找到成长的故事，哪怕编一个也行。

在这家机场公司飞涨的股价之下，当时流行的一个故事是，因为这个机场对旅客们提供免费的Wi-Fi接入服务（2015年的4G、5G网络还不像今天这么普及，很多人会到处找免费的Wi-Fi），因此这家机场在提供Wi-Fi服务的同时，会得到大量的用户数据，从而变成一只有科技属性的超级科技型成长股。很明显，这个故事是编出来解释热门股票的，这家机场公司的股价在后来也徘徊了许多年不再增长。

而在2021年的电池股泡沫中，事情则稍有不同。在当时碳中和的大背景下，2021年的电池行业公司确实有巨大的业务量增长。但是，在股价的暴涨下，市场却开始给这种增长加上一些不切实际的预期。比如，有些分析认为，电池将来会在电网级的储能中占据主要份额。

但是，投资者只要仔细分析，就会发现电池这种化学储能方式，完全无法承担电网级储能的主要任务，最多只能起到一些辅助作用。电网级的储能依靠的，主要还是抽水蓄能之类载量巨大的储能方式。这种在2021年电池股泡沫中出现的"给成长股加戏"的分析，本质上也是一种"给热门股硬找超级成长逻辑"的现象。

当然，对于有经验的投资者来说，他们往往不会受到市场信息的扰动，对于那些明显"把股价暴涨的热门股当成长股"的简单拼凑，可能具备一定的免疫力。在这时候，投资者对于成长股的分析，就要试图避免另外 3 个商业上的问题。

行业缺乏壁垒

对于那些真正的成长股，而非"股价暴涨的热门股"来说，它们面临的第一个商业问题，是行业缺乏壁垒。

"行业缺乏壁垒"，其实并不是说成长股容易缺乏壁垒，而是在商业社会中，大多数行业都不容易建立壁垒。比如，一家汽车公司并不能阻止消费者购买另一家汽车公司的汽车，而一家电影院也无法阻止消费者下次尝试另一家电影院。甚至对于手机信号运营商这样原本拥有垄断客户能力的公司，政府也出台了"携号转网"这样的方式来打破它们的壁垒，从而刺激商业竞争。当把传统的汽车公司面临的"低壁垒问题"，交给成长性更好的新能源汽车公司时，这个问题并不会因为汽车动力系统的改变而消失。

对于非成长型公司来说，缺乏壁垒的问题也普遍存在。但是，由于投资者对这些公司预期通常不高，同时估值也给得低，因此也就不太容易失落——反正行业里的公司都勤勤恳恳地赚一个合理的利润就是了。

但是对于成长股来说，对成长的强烈预期，往往在公司成长的早期，会掩盖可能缺乏商业壁垒的行业内在逻辑。当成长型公司成长到一定地步以后，强烈的预期遇到了在成熟期没有商业壁垒的现实，成长股的股价表现常常会一落千丈。

不过，如果投资者能够找到一只既有成长性，又有某些性质的商业壁垒的成长股，那么简直可以说是中了头彩。比如，对于有强烈网络效应的腾讯公司、亚马逊公司，巨大的成长性和强烈的商业壁垒，让这些公司的早期投资者纷纷获取了几百几千倍的惊人回报。

竞争过于激烈

成长股的第二个商业问题，在于公司之间的竞争往往比传统型价值股更加激烈。

对于一个没有太高增长的传统型行业，由于它往往缺乏让人激动的商业故事，不会产生太多传奇，因此也就不太容易有新的资本试图进入这些行业。尽管这些行业可能也没有太多的竞争壁垒来阻止新的竞争者进入，但是新的资本就是想不起这些行业来，或者即使想起来也觉得"不够心跳"。要知道，只要是人就会从众，即使是金融行业的资本掌管者也难以免俗。

但是，对于一些新出现的行业，或者高速增长的行业，它们的商业故事充斥媒体，影响着无数手握资本的人。于是，在过去几年里，我们看到共享单车、共享充电宝、共享办公室、社区团购、线上买菜、互联网约车、新能源汽车、智能手机等行业，不约而同地招来了一波又一波的新进入者，产生了惨烈的竞争。

对于成长型公司、成长股来说，这种竞争带来的影响是惨烈的。一方面，过度的竞争会降低当前的资本回报率；另一方面，对于几乎任何行业来说，资本退出都比进入要难得多。当大量资本涌入一个行业以后，这个行业的长期回报率就会被拉低。即使后来大家发现赚不到钱，想把资产卖掉、全身而退，也是一件困难的事情（想想看是买 10 万辆共享单车容易，还是卖 10 万辆共享单车容易）。

对于新进入的资本来说，既然退出不了，不如留在行业里竞争，或者说留在行业里"卷"，哪怕接受一个更低的利润率也要撑下去。如此，成长股的成长性带来的优势，就容易被激烈的竞争抵消掉一部分。

成功来自规划还是运气

成长股研究中第 3 个常见的商业问题，在于需要判断成长股的业绩增长，到底是来自运气，还是来自聪明的商业规划。

与墨守成规、多年如一日的价值型公司不同，对于成长型公司来说，公司的管理者需要判断行业未来的发展。处理器的未来是多线程还是单线程？太阳能板的未来是多晶硅还是单晶硅？电池的未来是磷酸铁锂电池还是三元锂电池？投资市场的下一个风格阶段是价值型还是成长型？如此种种，都需要各个公司做提前的预判。

而正所谓"农有水旱，商有得失，工有成败，仕有遇否"⊖，任何人都无法保证自己的判断永远不出错，而许多正确的判断，也往往带有一些运气的成分。

⊖　语出《列子》，意指事情有成有败。

　　问题在于，当一个成长股的管理者，对企业未来的发展阶段做出了正确的判断，从而抓住了几年的行业成长周期时，我们如何能知道这种判断究竟来自聪明、科学的商业规划，还是恰好来自运气？光听企业管理者自己怎么说肯定不行，因为很少有人会承认自己的商业规划正确来自运气好。而如果不依靠听企业自己怎么说，我们又如何才能做出准确的判断？

　　从另一个角度来说，即使一家成长型公司在上一个商业决定中做出英明的决策，也很难保证它不在下一个决策中做出错误的决策。由于成长股的成长性往往需要依赖企业在动荡的商业环境中，不断做出正确的决策（想想曾经错失智能手机市场份额的诺基亚公司、丢掉中国网络购物市场的亚马逊公司、误判了中国教育培训行业发展的新东方公司），因此成长股的投资也就变得难上加难。

　　尽管成长股投资会遇到以上所说的 5 个主要问题，但是不可否认的是，成长股投资仍然是价值投资中非常重要的一环。从工业革命开始以后的几百年里，人类社会取得了过去几千几万年都没有取得的、非凡的经济成就，这种巨大的变化伴随着超级的社会经济成长，以及无数在其中受益的成长型公司。

　　"千淘万漉虽辛苦，吹尽狂沙始到金。"对于聪明的成长股投资者来说，只要能尽量解决以上的 5 个问题，即过高的估值、成长股和热门股之间的混淆、稀有的行业壁垒、过于激烈的竞争、理智规划与运气之间的区别，那么，受以上 5 个问题困扰较少的成长股（一点困扰都没有一般不太可能），就经常能给投资者带来不错的回报。

好公司不好找

在证券投资中，不少投资者以为，只要能找到最好的公司，然后不用管买入估值的高低，只要一直持有下去，就可以获得成功。

尽管在历史上，有一小部分成功的投资案例确实是这样做的，一些天赋异禀的投资者依靠一两只股票获得了一辈子的投资成功，比如巴菲特对可口可乐公司的下注，孙正义对阿里巴巴的下注等，但是在绝大多数情况下，这种"只管买好公司不问价格"的投资方法，会遇到一个巨大的问题：好公司其实并不好找。

要知道，世界上的公司万万千千，而阿里巴巴和可口可乐却没有几个。和不少投资者所理解的不一样，找到长期意义上的好公司，其实是一件非常考验商业眼光的事情。

"找到最好的好公司"这件事情如此之难，比在投资中找到一个低估值、一个好价格，要难上许许多多倍。反过来说，如果一个投资者连低估值应该买、高估值应该卖都没法判断清楚，那么他如果宣称自己的能力能够看准未来长期里的好公司，这种商业上的断言是否夸大其词，也就要打一个问号了。

首先，和绝大多数人理解的不一样，好公司并不是一个恒定不变的概念，并没有哪家公司会永远超凡脱俗地"好"下去。

要知道，人类的社会起起伏伏，每个优秀的历史节点都是依托于当时的环境所存在的。当环境改变时，那些看起来在当时最优秀的历史节点，也就会走向平凡。而对于一家好公司来说，它也往往是正好站在历史节点上最鼎盛的公司。当它所处的社会和商业环境改变的时候，在一个时期再好的公司，也会慢慢发生变化。

从商业的角度来讨论这个问题可能让人感觉有点绕口，这里我从冷兵器发展史的角度来做出类比的阐述。

在许多武侠小说中，作者往往描述了一种宝刀宝剑，只要能得到它就能统一武林。但是，在真实的冷兵器发展史中，最好的武器其实是不存在的。所谓最好的武器，其实只不过是最适合当时社会生产力和战场环境的武器。而当战场环境改变时，最适合的武器也会随之发生变化，恰如那些最好的公司一样。

举例来说，在日本的武器史上，武士刀无疑是最著名的武器，这种轻薄的刀剑，以其锋利闻名于世。但是，在中国的历史上，这类轻而锋利的刀剑却并不著名，取而代之的都是"某人可以用几十斤大刀"这样的描述。在明朝末年的萨尔浒之战中，明军主帅之一的刘綎，外号刘大刀，《明史》记载："綎所用镔铁刀百二十斤，马上轮转如飞。"

这种刀上的区别，其主要的原因在于，日本历史上炼铁工业相对缺乏，因此需要大量炼铁能力支撑的重型铠甲也就没有普及开来。于是，轻薄、锋利的刀对于无甲目标杀伤力更强，武士刀也就成为日本的国粹。

而作为东亚第一强国，中国历史上的铠甲比日本要发达得多。据《三国志》记载，早在三国时代，在一次征战时，曹操的部队就曾"列铁骑五千为十重陈，精光耀日，贼益震惧"。

在面对中国古代的重型铠甲时，只有两斤重的武士刀无疑力不从心，因此更重的武器就得到了更多中国武将的喜爱。反过来，这种重型刀剑在日本却没有市场，重量的增加带来的对无甲或者轻甲目标的杀伤力并不会增加多少，但是同时带来的速度下降却会让使用者的灵活性大打折扣。

所以说，宝刀并不可以独自成为宝刀。只有最适应某个战场的刀，才是当时最好的刀。随着战场的改变，宝刀也会不停地变化。

而中国历史上的武器，也随着环境的变化而不断改变。在春秋时代，战争的规模更小，贵族文化导致战争的手段相对更加礼让，因此"车"这种兵器被更多地用在战场上，于是"戈"这种今天难以见到的冷兵器，也就成为主流的武器。

而当马镫被发明出来，骑士开始单独骑乘马匹作战时，长矛和剑就成为骑兵的标配，戈则被历史所遗忘。随着时代的迁移，机械化部队慢慢取代了骑兵。但是，即使在机械化车辆极其发达的今天，在山区崎岖地形巡逻的士兵，仍然会依靠马匹。这并不是因为他们追求复古，而是因为在山区的地形中，马匹仍然是在当地地形条件下，最适合的战斗工具。

从上面的几个小例子中，我们可以看到，在历史上，真正"最好的兵器"是不存在的。所谓最好的兵器，只不过是在当时那个社会环境中最适合的兵器。而对于企业研究来说，事情也是一样——最好的公司永远是在当时历史环境中最幸运的公司。永远最好的公司，是不存在的。

现在，让我们从商业的角度来仔细看一看，为什么最好的公司不好找？

首先，最优秀的公司往往也是最倒霉的公司，因为所有的竞争对手都想抢走它的饭碗。在商业社会中，大多数公司兢兢业业，却只能赚到一个合理的利润率。而当有些公司因为某种原因，能够赚到更高的利润率时，追逐超额收益的资本往往会一拥而上，纷纷建设新的产能、提供类似的服务。最后，这些原本能赚到更高利润率的公司，往往会遭到巨大的竞争挑战。

比如，当海底捞作为一家管理十分出色的火锅店，提供了极度热情的服务，让顾客感到十分意外和惊喜以后，这家公司的营业模式很快就被竞争对手学去。当我在楼下一个名不见经传的烤肉店，受到不亚于海底捞的超级热情的服务时（甚至有点更加热情），我明白这种依靠热情的服务模式，已经被海底捞的竞争对手们努力模仿。毕竟，谁愿意和钱过不去？

而在快递行业，当顺丰公司率先提供了各种各样领先于行业的优质服务以后，许多快递公司都对顺丰所能收到的更高的利润率感到眼红。于是，顺丰所开发的各种优质服务也开始被竞争对手抄袭，比如京东快递提供的礼貌的高端服务，中通公司所设计的和顺丰类似的微信终端提醒系统等。

在手机 App 行业，许多科技公司也开始做同样的事情。当一家公司发现做网络贷款可以赚到不少利润时，许多手机 App 都开始做同样的事情：使用者从每一个 App 上都可以借到钱。在 2021 年初我看到的一个截图中，当时主流的大概 50 个手机 App 终端，其中大概有一半多，都可以提供贷款服务。可想而知，在充分竞争的情况下，同样商业服务的利润率必然会下降。

有的投资者也许会说，好的企业家精神是优秀企业的巨大竞争优势，因此找到好的企业家就能找到好公司。的确，最优秀的企业往往需要最好的管理者。但是，并不是最好的管理者就一定能创造出最好的企业。

比如，我们如何能认为，苹果公司在商业领域所取得的成功完全来自史蒂夫·乔布斯的天才？难道全美国那么多企业，管理者中真的没人比乔布斯更优秀吗？

其实，更可靠的事实应该是这样的：乔布斯作为一个很优秀的管理者，恰巧碰到了一个非常优秀的商业机会。而这个非常优秀的商业机会，又是由当时的美国社会所组成的。当社会发生改变时，这些机会将会变得无法再次复制。而当这种机会缺乏时，早生 20 年，或者晚生 20 年的另外几个和乔布斯一样具有天赋的企业家，就不太可能再创建同样伟大的好公司。

而当一个行业出现大发展的时候，我们也往往能看到一家在风口浪尖上的公司发展得非常好。但是，我们需要明白的是，这种好是来自行业的大发展。当行业的发展进入成熟期以后，好公司的利润率又会开始下降。

在 1925 年，当中国的航运事业才刚刚起步时，在四川创办民生实业公司的卢作孚先生，迎来了行业的大发展。通过勤奋的工作和地道的商业风格，到了 1935 年，经过 10 年发展的民生实业公司，迅速统一了长江上游航运市场，被时人称为"崛起于长江，争雄于列强"。

但是，到了一百年以后的今天，充分竞争的全球航运市场已经很难让任何一家公司享受如此丰厚的利润和高速的发展——客户永远在两家公司的报价之间做比较，而长期利润率的抬升也就变得不那么容易。

所以说，找到最好的好公司，不管多少价格只要有钱就买，继而长期持有，固然是投资中的第一妙法，但是天才的作业并不好抄，而最好的公司也并不好找。试图这样做的投资者，必须考虑自己的商业洞察力够不够，万一看错了又该怎么办，如此才是更加稳妥的投资方法。

不过话说回来，并不是每个宣称自己在寻找好公司的投资者，都真正在"寻找好公司"。每当市场出现泡沫时，比如20世纪美国的漂亮50泡沫、科技股泡沫等，人们都宣称自己找到了最好的公司，因此不用在乎买入这些公司的估值，其实往往并不是因为他们真的苦苦寻觅多年，"恰好"在股价大幅上涨以后找到了最好的公司，而是因为公司的股价上涨，他们找到了短期最赚钱的股票。这二者之间的差异，值得理性的投资者仔细品味。

游戏驿站事件：一场没有赢家的股市投机

在2021年初，美国股票市场上游戏驿站公司的股价暴动，引起了广泛关注。而这个堪称经典的投资案例，也许会在多年以后用血淋淋的事实告诉人们：做空交易与投机做多这两种交易方法，都不是长期盈利的正途。

先让我们来看看，游戏驿站公司的股票暴动是怎么一回事。

游戏驿站公司（GameStop Corporation，代码 GME）是一家美

国游戏零售公司，在全世界范围内经营着数千家游戏零售店铺，公司股票在美国上市。

从基本面来说，这家公司平平无奇，街边游戏零售店是一个在 21 世纪 20 年代的互联网世界里，比较过时的游戏销售方式。但是，游戏驿站公司也没有走到太糟糕的境地，仍然在勉强支持。关于公司的基本面，美国香橼研究公司认为，每股价值大概最多不会超过 20 美元。在之前的多年时间里，这家公司的股价也都在几美元到十几美元之间晃荡。

但是，正是这样一家并没有什么想象力，也没有什么严重丑闻的平凡无奇的公司，它的股价却在 2021 年初突然掀起了滔天巨浪。以个人投资者为主的一些美国投资者，开始突击买入这家公司的股票，公司的股票价格开出现了超越基本面的上升。到了 2021 年 1 月 21 日，游戏驿站公司的股票价格已经上涨到了 43 美元。

随着股价的上涨，越来越多的投资者开始在论坛上讨论这家公司的股票。在美国的几个社交论坛上，人们无比关注这家公司的情况，尽管公司发表公告称，基本面并没有什么值得关注的改变。

疯狂的市场热度，造成游戏驿站公司的股票价格进一步上涨，2021 年 1 月 22 日，也就是周五，股票价格收于 65 美元。经过一个周末的热烈讨论，25 日周一收于 77 美元，26 日周二收于 148 美元。

在股票价格上涨的同时，做空的投资者也开始出现。由于游戏驿站公司的股票价格已经远远高于公司本身的内在价值，因此对于经常通过做空公司股票赚取利润的投资者来说，这是一个不可以忽略的做空标的。一些美国知名的机构投资者，尤其是一些以交易手段多样化著称的对冲基金，开始在做空游戏驿站公司的头寸上下注。

但是，做空的交易显然没有挡住游戏驿站公司股价的进一步飙升，而论坛上热烈的讨论，甚至把游戏驿站公司的股票价格上涨，上升到了一个对美国金融制度进行反思的高度。一些做多的投资者宣称，他们并不是在单纯地做投资，而是在对做空游戏驿站公司的那些华尔街的金融投资机构宣战。

在这里需要交代的一个背景是，在美国，尤其是在 2008 年全球金融危机导致许多人失业、生活水平下降以后，华尔街和它的金融投资机构们，在之后的许多年里，在美国社会的声誉有所下降。不少影视片都以嘲讽，甚至谴责这些金融机构为题材，许多人也对金融机构有所不满，2013 年上映的《入侵华尔街》(*Assault on Wall Street*) 就是其中的一个典型。

于是，一个原本简单的股票投资，由此在社交网络上衍生成了一个"正义"对抗"邪恶"的运动。或者说，更像是一个金钱的游戏。在"对抗华尔街金融坏人"的口号下，游戏驿站公司的股票变成了情绪的宣泄点，其股价也开始飙升——有什么比又有股票上涨带来的利益、又能让人感到自己在"履行正义"更有意义的事情？

在 26 日周二收盘于 148 美元之后，游戏驿站公司的股票价格继续飞涨，27 日周三的收盘价达到了 347 美元，28 日盘中最高价格达到了 483 美元。要知道，游戏驿站公司的基本面只值大概最多 20 美元，而 28 日的最高价居然达到了基本面的数十倍之多。

在游戏驿站公司股票的这个经典案例中，我们可以看到两种投资者：一种是不顾基本面因素追入的投资者，我们可以把他们称为"投机做多者"；而另一种则是在游戏驿站公司的股票价格上涨到几倍于公司基本面价值之后，冲入场内做空的投资者，这里将他们成为"基本面做空者"。

遗憾的是，在这样一个"投机做多者"与"基本面做空者"的大碰撞中，没有一边的投资者会成为这场赌局的赢家。而这与许多价值投资大师长期以来的谆谆教诲不谋而合：在证券市场上，既不要投机炒作，也不要以做空谋利。

这是为什么？首先，让我们来看看"基本面做空者"错在哪里。芒格曾经在公开场合不止一次地反对投资者做空，理由有两点：第一，做空交易盈利的时候，最多只能赚100%，但是亏损的比例却可以是无限大。第二，做空标的保持非理性的时间，可以比做空者保持不破产的时间要长，甚至长得多。

第一个问题很容易理解，在游戏驿站公司的例子中，如果我们假设游戏驿站公司的内在价值是10美元，那么在30美元借入股票做空的投资者，当股票价格跌到10美元的时候，不计算手续费、借入利息等费用，也只能盈利20美元，也就是开始做空价格的66%。而即使股票价格跌到0美元，盈利幅度也只有100%。但是，当游戏驿站公司的股票最高上涨到483美元的时候，做空者的亏损却是453美元（还不计算各种费用），是30美元投入价格的15.1倍。

做空交易糟糕的性价比，和以做多为主的价值投资完全不同。

当投资者以 10 元的价格买入一家公司的股票时，他最多的亏损就是 10 元，也就是 100%，而最多的盈利却可能是无数倍。

对于芒格所说的第二点，当某个标的的交易价格已经高于其基本面价值时，一定有某些非理性的因素在起作用。而对于非理性因素来说，基本面的价值是多少往往并不重要，因为非理性的交易者根本没有把基本面价值计算在内（否则他们就不会出一个高价去买入）。

在游戏驿站公司的例子中，如果我们假设公司的价值是 10 美元，那么当一个投资者愿意以 30 美元的价格买入 10 美元的东西时，他一定没有意识到买到的价值只有 10 美元（否则他根本不会出 30 美元）。而既然他不知道自己 30 美元的出价是错误的，他的心中既然根本没有 10 美元的价值这个"锚"，那么他为什么不能出 100 美元，甚至 300 美元？

所以，对于游戏驿站案例中的"基本面做空者"来说，他们对基本面的判断也许是正确的，但是却陷入了一个糟糕的金融交易结构中。这个结构让他们可能在短期蒙受巨量的损失，而即使公司股票价格最终回到他们预判的位置，这些投资者也会因为无法扛住过程中保证金追加的要求，而不得不半途退出。

在游戏驿站公司的股票交易事件中，根据媒体的公开报道，美国一些著名的对冲基金，就在巨大的压力下，最终放弃了游戏驿站公司股票的空头仓位、认亏出局。这与芒格多年前对做空交易可能带来的风险的描述完全一致。

其实，在金融领域，这种"看对了基本面，但是因为其他原因无法熬到最后"的金融现象，并不只出在做空交易这一个领域。在价值投资领域，以及许多商业领域，如果没有足够雄厚的资本、能够忍耐足够长久的时间，那么哪怕投资者看对了事情，也不一定能熬到最后。

说完了"基本面做空者"所犯下的错误，我们再来看游戏驿站事件中，"投机做多者"又犯下了什么错误。

游戏驿站公司股票的投机做多者似乎没有犯下什么错误。在"打倒华尔街邪恶的金融机构"的口号之下，一些以美国个人投资者为主体的投资者在社交网络上团结起来，奋不顾身地买入游戏驿站公司的股票。即使他们的买入价格已经高于公司内在价值许多许多倍，但是上涨的股票价格似乎告诉大家：你们做得对。

但是，世界上永远没有不需要添加燃料就能永远运转下去的永动机，一个力气再大的人也不可能拽着自己的头发，就能把自己从地上拔起来。如果利用资金优势买入股票，如此交易就能获利的话，那么投资这件事情也就太简单了。

记得曾经有个故事，和游戏驿站事件中，"投机做多者"们的交易行为如出一辙。

在香港股票市场上，不少小公司的股票成交量非常小，每天只有几万几十万港元成交，和内地 A 股市场动辄几千万上亿的每日成交量不可同日而语。有一次，有个不明此道的内地老板，拿了几亿元去香港，让证券公司的交易员替他去买一只自己看好的股票。

下单以后，老板就看见那个股票每天都在上涨，心中甚是欢喜，觉得自己判断得非常正确，周末就请交易员喝酒。交易员欲言又止了许多次以后，终于忍不住对老板说："这只股票上涨的唯一原因就是你在让我买入，而现在你想卖掉它兑现，是万万不可能的事情，一切都只是纸上财富而已。"

在游戏驿站公司股票的暴动中，事情也是一样。游戏驿站公司的股票价格上涨的唯一原因，是"投机做多者"在买入。作为一个整体，他们不可能在卖出的时候，赚到比买入时投入的更多的钱。

而与此同时，游戏驿站公司原来的股东正在乐此不疲地把多年没赚钱的股票清仓大吉，高频率的交易让"投机做多者"不断损失手续费和各种税费，情绪化、不计成本的交易让以捕捉交易漏洞为生的高频交易机构能够从中渔利。

可以预见的是，当"投机做多者"最终从游戏驿站公司的股票上撤出的时候，作为一个整体，他们一定损失惨重。

有人也许会说，在游戏驿站公司的案例中，"投机做多者"的数量成千上万，哪怕这些投资者整体亏了钱，但是一定有人会从这场金融游戏中赚钱吧？

话说的没错，这就像买彩票的人们虽然从整体上亏了钱，但总有几个幸运儿中了千万亿元的大奖一样。问题是，既然如此，这样的投资又和买彩票有什么区别？

要知道，投资之道的魅力并不在于赌博，而是在于能让真正掌握它的人，以确定的概率盈利，过上更好的生活。而如果以买彩票的心态看待投资，那还不如直接去买彩票，来得更加直接，也更加痛快与刺激。

在游戏驿站公司的案例中，"基本面做空者"和"投机做多者"

之间剧烈的对抗，成为资本市场上一时无两的话题。可惜的是，这两种投资方式，都有其内在的缺陷，会让投资者在长期遭到不可预知的风险。而同时承载了这两种投资方式的游戏驿站公司的股票，也将会随着暴涨暴跌的股票价格一起，成为金融史上一个经典的案例，供将来的人们学习与思考。

高 ROE 是如何消失的

在投资中，如果说只用一个指标就能选择出好的投资标的，这无疑是不现实的。但是，巴菲特先生却曾经多次表达出对净资产回报率（Return on Equity，ROE）的高度重视，并且一度表示"如果只看一个指标的话，那么宁可看 ROE"。如果我们仔细观察在内地市场长期表现优秀的公司，比如美的集团、招商银行、贵州茅台等，它们的一个共同特点，就是持续的、多年的高 ROE。

但是，如果投资真的像"买入当前高 ROE 的公司就能带来超额回报"这样简单，那么赚钱就会变成一件非常容易的事情。

实际上，在诸多对"当前股票指标的长期投资回报指导意义"的统计中，我基本没有看到过"当前高 ROE 的企业能够持续战胜市场"的结论。在杰里米·西格尔先生所著的《股市长线法宝》、乔尔·蒂林哈斯特先生所著的《大钱细思：优秀投资者如何思考和决断》等书中，均有统计了此类"股票当前指标对长期回报指导意义"的表格，值得投资者仔细翻阅。

○○　本书中文版已由机械工业出版社出版。

为什么持续拥有高 ROE 的公司容易在长期取得超额回报，但是买入当前高 ROE 的公司却不一定是个捡钱的方法？这其中的差别，就在于一个公司当前的 ROE 水平高，并不代表其在长期（比如未来 10 年）的 ROE 水平仍然高。

一组基于 A 股市场上市公司的统计数据，证明了以上的理论。数据显示，一家公司当前的 ROE 水平对 1 年以后的 ROE 水平有很强的指导意义——今年 ROE 高的公司第二年 ROE 仍然很可能高。但是，当时间维度拉到 10 年的时候，两者之间的关系就会变得很微弱。同时，由于投资者往往为当前 ROE 高的公司付出了过高的估值，因此当长期 ROE 向市场均值回归、估值也随之回归时，超额收益也就不容易产生了。

为简便起见，在这组统计数据中，我使用了摊薄 ROE，即净资产收益率＝归属母公司股东的净利润／期末归属母公司股东的权益。之后，按照初始财年的 ROE 高低，将所有当时上市的股票，由高 ROE 到低 ROE 排序。然后，将这个排序按 100 个一组分成多组，再计算每组的 ROE 中位数，得到初始财年的各组 ROE 中位数。

接下来，我再计算多年以后、同样一组公司的 ROE 中位数，将其和初始财年的数据进行对比，从而验证初始财年的 ROE，对之后的 ROE 有多强的解释能力。

首先，表 4-1 对比了以 2000 年、2005 年、2009 年这三年作为初始财年，然后分别计算 1 年以后、10 年以后的各组 ROE 中位数情况。结果显示，初始财年之后 1 年，即 2001 年、2006 年和 2010

年，其 ROE 分布和初始财年的分布非常相似。但是，初始财年之后 10 年，即 2010 年、2015 年、2019 年的 ROE 分布，则和初始财年大为不同。高 ROE 组的企业，其 ROE 大幅下降。同时，低 ROE 组的企业，ROE 则大幅上升。

用一个简单的指标，可以看出这种高 ROE 组和低 ROE 组之间的差距，是如何被时间抹平的。当简单地用初始财年最高两组股票数据的平均数，减去最后两组的平均数时，2000 年的数据为 13.2%，也就是说前两组股票中位数的均值比最后两组高了 13.2%。在 1 年以后，即 2001 年，这个数字仍然高达 9.4%，但是 10 年以后则低至 2.6%。在以 2005 年和 2009 年为初始财年的统计中，事情也大同小异。

表 4-1　以 2000 年、2005 年和 2009 年为初始财年进行分组，1 年以后和 10 年以后各组股票 ROE 中值变动情况　　　　　　　　（%）

分组起	分组终	2000年	2001年	2010年	2005年	2006年	2015年	2009年	2010年	2019年
1	100	17.9	12.6	9.2	19.4	19.8	3.2	25.9	21.1	9.9
101	200	12.5	9.6	8.6	13.6	13.7	6.9	19.5	19.3	8.4
201	300	10.5	8.2	6.9	10.7	10.8	5.9	16.1	16.5	9.6
301	400	9.3	7.4	7.3	8.6	9.2	7.1	14.0	14.9	8.0
401	500	8.1	6.1	6.7	7.0	7.4	6.9	12.0	12.3	6.5
501	600	6.9	6.1	6.6	5.9	6.3	4.6	10.5	11.1	6.2
601	700	6.1	5.5	7.3	4.4	4.4	6.4	9.2	9.7	5.6
701	800	3.3	2.8	6.1	3.0	3.4	3.1	8.3	9.4	5.3
801	900	0.8	0.7	6.6	1.9	2.2	2.5	7.2	7.8	4.9
901	1 000				1.0	1.2	3.1	6.0	7.1	5.2
1 001	1 100				0.0	0.0	3.8	4.7	6.1	3.6

（续）

分组起	分组终	2000年	2001年	2010年	2005年	2006年	2015年	2009年	2010年	2019年
1 101	1 200				−13.7	1.3	4.9	3.5	4.1	3.5
1 201	1 300							2.5	3.8	3.1
1 301	1 400							1.3	2.2	3.6
1 401	1 500							0.0	0.0	4.5
1 501	1 600							−11.0	3.0	5.5
前两组均值减后两组均值		13.2	9.4	2.6	23.4	16.1	0.8	28.2	18.7	4.1

资料来源：Wind 资讯。

为了让各组股票 ROE 水平随时间演化的情况看起来更清楚，这里以 2006 年作为初始财年进行分组，并且观察了之后直至 2019 财年中，每年各组股票 ROE 中值的变化情况。

在表 4-2 中可以非常明显地看到，随着时间的流逝，各组股票之间的 ROE 水平差别变得越来越小。在 2006 年，前两组股票和后两组股票的数据差足足达到 23.3%，但是在 2007 年~2012 年之间这个数字逐渐从 2007 年的 17.8% 下降到 2012 年的 4.4%。

如果说 2012 年的 4.4% 还是一个略为显著的水平，那么在之后的 2013 年~2019 年里，这个差额再也没有超过 3.0%，最低值为 2015 年的 0.6%。当两组股票的 ROE 差额在 2015 年只有 0.6% 时，几乎可以说显著的差异已经消失了。而此时的时间，只不过比 2006 年过去了 9 年而已。

表 4-2　以 2006 年为初始财年进行分组，之后各年中各组 ROE 中值变动情况　　　（%）

分组起	分组终	2006年	2007年	2008年	2009年	2010年	2011年	2012年	2013年	2014年	2015年	2016年	2017年	2018年	2019年
1	100	22.9	21.8	14.8	14.0	14.2	13.4	8.8	7.6	6.0	3.7	5.6	7.9	6.7	7.1
101	200	16.1	15.9	11.0	11.7	13.0	10.5	9.7	8.9	8.1	6.3	7.2	8.1	8.6	7.6
201	300	13.0	13.2	11.0	11.3	12.7	11.4	9.1	9.4	9.4	8.9	9.2	9.8	9.2	9.1
301	400	10.7	11.9	9.3	9.2	9.6	9.4	6.9	6.1	6.0	6.3	6.8	9.0	7.9	6.1
401	500	9.0	9.8	7.5	9.1	9.7	8.1	7.6	7.1	7.0	5.5	5.0	6.7	6.8	4.4
501	600	7.7	8.6	6.7	7.2	8.1	7.6	6.3	6.0	6.0	5.5	6.3	6.4	6.3	6.2
601	700	6.2	7.4	6.1	6.7	8.2	6.8	6.0	6.5	5.2	4.9	4.6	6.9	6.3	4.5
701	800	4.7	5.9	4.6	4.7	5.9	7.2	5.8	6.3	5.4	5.8	6.7	6.8	5.1	5.0
801	900	3.4	4.2	3.4	3.9	5.8	4.3	3.1	3.9	3.5	3.0	4.2	4.4	3.6	4.7
901	1 000	2.2	2.9	2.1	2.7	5.0	4.5	4.4	4.4	4.1	2.3	3.1	4.9	4.3	3.5
1 001	1 100	1.4	2.2	1.8	3.2	4.0	4.4	6.0	4.0	4.0	3.4	4.8	5.1	4.1	4.9
1 101	1 200	0.3	0.6	0.0	3.1	5.4	5.7	4.7	6.2	4.5	5.0	6.7	6.1	5.5	5.9
1 201	1 300	-7.9	1.4	1.4	1.5	4.7	5.7	5.1	4.6	3.7	3.8	4.0	6.5	4.6	4.2
前两组均值减后两组均值		23.3	17.8	12.2	10.6	8.6	6.2	4.4	2.8	3.0	0.6	1.1	1.7	2.6	2.3

资料来源：Wind 资讯。

为了不错过发现任何一个作为初始财年的年份，其各组企业ROE水平可能对10年以后企业ROE水平的指导意义，表4-3列出了以1997年~2009年各个年份为初始财年进行分组、10年以后（2007年~2019年）的各分组ROE中位数情况。

数据显示，没有在任何一个分组中，观察到初始财年的ROE水平，对10年以后的水平有巨大的指示意义。用最前两组ROE的平均值减去最后两组的平均值，该差额的最高水平，也只为4.2%，最低水平则为0.8%。也就是说，10年前ROE最高的公司和最低公司，在10年以后的ROE差额，都会缩减到区区几个百分点。而在初始财年中，这些分组之间的差别，动辄达到十几、二十几个百分点。

表4-3　以1997年~2009年为初始财年进行分组，10年以后（2007年~2019年）各组ROE中值情况　　　　　　　　　　　　　　　（%）

分组起	分组终	2007年	2008年	2009年	2010年	2011年	2012年	2013年	2014年	2015年	2016年	2017年	2018年	2019年
1	100	10.3	5.9	7.4	9.2	8.4	7.7	8.2	3.6	3.2	5.6	6.4	8.1	9.9
101	200	7.2	6.1	7.7	8.6	7.5	9.1	7.0	8.1	6.9	7.2	8.5	9.5	8.4
201	300	6.6	3.8	5.3	6.9	7.3	6.8	9.0	7.8	5.9	9.2	8.9	7.2	9.6
301	400	5.7	3.9	6.8	7.3	8.0	5.5	7.3	6.5	7.1	6.8	7.4	7.2	8.0
401	500	6.1	5.0	5.4	6.9	6.4	5.7	6.4	6.2	6.8	5.0	6.3	7.0	6.5
501	600	7.3	5.1	5.4	6.6	7.0	6.4	5.8	5.7	4.6	6.3	8.8	7.0	6.2
601	700		5.3	3.7	7.3	5.6	4.3	4.6	6.4	6.4	4.6	6.7	4.9	5.6
701	800			4.0	6.0	6.5	6.2	6.4	6.2	3.1	6.7	5.6	5.6	5.3
801	900				6.6	6.3	5.6	5.6	3.4	2.5	4.2	5.1	6.0	5.2
901	1 000					6.0	5.5	4.4	5.3	3.1	2.9	6.6	3.7	5.2
1 001	1 100						5.7	4.4	4.1	3.8	4.8	6.6	5.3	3.6

（续）

分组起	分组终	2007年	2008年	2009年	2010年	2011年	2012年	2013年	2014年	2015年	2016年	2017年	2018年	2019年
1 101	1 200								4.4	4.9	5.5	4.8	3.8	3.5
1 201	1 300										5.1	5.9	3.9	3.1
1 301	1 400											6.2	5.5	3.6
1 401	1 500												3.7	4.5
1 501	1 600													5.5
前两组均值减后两组均值		2.1	0.8	3.7	2.6	1.8	2.8	3.3	1.6	0.8	1.1	1.4	4.2	4.1

资料来源：Wind 资讯。

有意思的是，尽管 10 年前的高 ROE 公司和低 ROE 公司，在 10 年以后的 ROE 区别微小，但是在表中的十几个财年情况下，这些区别仍然都保持了微弱的正数，没有一个值变成负数。这个数据现象显示了好公司仍然有一定的延续性，10 年前的高盈利能力公司，在 10 年以后大概率仍然是市场上相对较好的公司。

不过，10 年前取得超额 ROE 的公司，在 10 年以后的 ROE 超额水平是如此微弱，往往容易辜负 10 年前投资者为超高 ROE 付出的高额估值。而这，也许就是为什么 ROE 虽然是衡量企业的重要指标，但是许多研究并没有发现它能在各个时间段里，给投资者带来显著超额收益的原因。如果想要通过 ROE 的衡量取得超额收益，那么动态地预测 ROE 在未来 10 年中的变化就变得无比重要。而这种预测能力，必须基于对行业和企业的前瞻、深邃的理解之上。

第5章 好行业与坏行业

从中概股危机中学到的 4 个投资教训

有一句话，叫作"人人生而平等"，似乎只要努力奋斗，就一定会取得让人满意的结果。但是，至少对于企业来说，"每个企业生而平等"是完全不符合实际的。

对于不同的企业来说，由于所处行业的不同，它们的商业地位会有天地之别。有的企业竞争得非常激烈也很难赚到钱，有的企业躺着就把钞票数了。

同时，这种不同行业之间的巨大差别，又不是一成不变的。随着技术的进步，所有的行业都会不停地发生变化：有的越来越好，有的日薄西山，有的干脆消亡。

商业不是短跑

作为世界上最伟大的投资者之一，巴菲特在他的所有投资论述中，经常提到"护城河"的概念，也就是企业相对其他企业的竞争优势。但是，巴菲特却很少提到增长速度的概念——老先生对企业增长速度有多快，其实不太感兴趣。

但是，在资本市场上，我们却经常可以听到人们谈论企业的增长速度。大家追捧增长速度飞快的那些企业，把目光集中在同比百分之几十，甚至百分之几百的业绩增速上。为此，不少投资者还创造了一个词：赛道，或者赛道股。正所谓赛道赛道，跑得快就是王道。

那么，究竟什么是赛道？我年轻的时候，恰巧学过中长跑，3公里大概能跑10分钟，刚好够上个三级运动员（运动员等级里最低的一级），对跑步这项运动略有了解。在长跑这项运动中，是没有"赛道"这个概念的。大家去看看马拉松比赛、10公里跑步比赛，没有人会围着一个足球场边上的赛道来回绕圈。

为什么？因为一个国际标准的足球场，周围的跑道一圈是400米，而一个马拉松的距离是42公里，需要围着足球场绕上一百来圈。不仅观众看着头晕，运动员也会因为实力差距导致首尾相接，让裁判容易做出错误判决。所以，在田径这项运动中，长跑是从来不用赛道的，只有短跑才会使用赛道。

那么，在长跑这种没有赛道的比赛中，最重要的技巧是什么？长跑最讲究的，是匀速、蓄力，最忌讳的是变速跑。在长跑的匀速跑中，人体一直在依靠做有氧呼吸，而变速跑则会在有氧呼吸和无氧呼吸之间切换，导致体能大量消耗。也就是说，运动员要把自己的力量均匀、稳定地发挥出来，不能前3公里跑得飞快，后面体力不支、一败涂地。而如果运动员一上来跑得太快，过早透支了体力，后面一定会输。也就是说，绝对不能把长跑当短跑来跑。

针对这种"在长跑里不能做短跑"的运动特点，人们设计出了两个跑步技巧。一个是在长跑运动中，有时候一个队的运动员会故意排成一排，以此让身后的其他队的运动员想超过时，需要绕开几个身位。对于长跑高手之间的竞争，这种短距离加速是非常要命的事情，哪怕只是前后几个身位的变化。

而在空手道的体能训练中，则有一种"变速跑"的训练方法。简单来说，就是不进行匀速的跑步，而是以慢跑50米、中速跑50米、快速跑50米、步行50米，如此4个阶段循环跑步。对于同样3公里的体能训练来说，这样混入了短跑的4阶段变速跑，会比匀速跑费力得多。对于跑步有兴趣的读者，可以试试这种变速跑，保证比你平时的跑步运动要累上许多。

回到投资来说，如果巴菲特从来没有说过企业增长速度有多重要，但说要多看"长跑"，而我们身边的许多投资者动不动就说赛道、要看"短跑"，那我们应该听谁的？我想这个答案不言而喻。

这就好比没人会认为一个外行做脑外科手术的本事，会比上海华山医院的专家医生更高明一样，对于投资这件事情，我们也应该秉承同样的态度：谁在投资上更成功，当然就应该听谁的。

其实，巴菲特不是没有说过企业的增长速度，只是他从来都认为，这个特征不重要。在对于航空业的描述中，巴菲特就曾经一针见血地指出：虽然航空业是 20 世纪发展最快的行业之一（从没有飞机到全球布满了客机），但是由于客户黏性太差、对价格过于敏感，导致航空行业的投资回报率非常糟糕。

也就是说，当重视企业发展速度的“赛道论”碰上重视企业竞争优势的“护城河论”时，护城河的作用是远远优于赛道所带来的速度的。在商业这场长跑，而不是短跑中，如果企业不能保护自己的胜利果实、不能用护城河把竞争对手挡在门外，那么哪怕一开始跑的速度再快，最后也不过是“为他人作嫁衣裳”而已。

企业的“护城河”优于“赛道”，其实对于孩子的教育来说也一样。在中小学生课业负担过重的年代里，不少家长把孩子的学习当成了一场短跑，只要期中考试、期末考试成绩比别人好，在考试这个赛道上跑得快，就万事大吉。而一旦考试分数不理想，就回家教训孩子。

问题是，那些期末考试考了几个 100 分、拿了三好学生奖状的孩子，如何能在人生的长跑中守住这些短跑带来的胜利果实？难道在他大学毕业、步入社会找工作时，能跟公司的面试官说，请你看一下我小学时候的三好学生奖状？难道他能在 50 岁需要规划人生下半程的时候，拿出自己的大学毕业证搞定这一切？在长期找不到竞争优势时，短跑跑得再快，也只不过是赚一阵吆喝而已。

在最近几年的商业案例中，我们看到无数的例子，说明了商业绝对不是一场"短跑"，以"赛道""增长速度"衡量商业价值的投资方法，非常容易吃亏。从网约车、共享单车、共享办公室、社区团购，到口罩、P2P（个人对个人信贷）、咖啡、奶茶，无数曾经一度高速增长的行业，最后往往变得不是那么美好。

这里，让我们以网约车行业的发展为例，看看这样一个在几年时间里从零增长到普及全国的超高速增长行业，为什么没能给投资者带来丰厚的资本回报。

在第1阶段，网约车行业在中国市场并不存在，人们大多使用传统的拦招方式，在街上拦出租车，偶尔也通过电话预约的方式订车。慢慢地，随着智能手机的普及、手机App的出现、个人定位系统的完善，网约车的发展成为可能。

在第2阶段，一些聪明的企业发现，在大洋彼岸的美国市场，网约车开始兴起，很可能成为一个新的巨大行业。于是，先知先觉的企业开始在中国市场运营同样的业务。在一开始，他们的业务发展得很快，彼此之间的竞争也不激烈——对于这些初创企业来说，这个市场还足够大。

但是，事情很快就到了第3阶段。随着首先加入网约车行业的公司快速增长，他们高速发展的商业故事，就像短跑赛道上的尤塞恩·博尔特一样引人注目。VC、PE投资圈开始流传这些公司一年翻几番的故事，资本开始涌入这个行业。很快，媒体也开始广泛报道这个新的行业，新的财富故事在21世纪又一次上演，就像那曾经广为流传的、在美国西部发现金矿的故事一样。

在第 3 阶段，事情看起来还不算太糟糕。虽然新的加入者源源不断，但是市场还算不太拥挤——毕竟中国市场实在太大了。而媒体的关注和 VC、PE 等资本的注视，则给这个行业带来了源源不断的人气与金钱。

对于许多企业来说，第 3 个阶段是最让人陶醉的时候。这时候，如果聪明的企业和投资者，能够意识到后面两个阶段的残酷，在媒体宣传最热火、资本流入最丰沛时，做到"功成、名遂、身退"，及时把企业卖给渴求投资标的的资本，那么这个短跑的故事就可以画上一个圆满的句号。

但是，世界上毕竟还是"功成不解谋身退"的人更多，也绝少有人肯在第 3 个阶段，也就是最顺风顺水的时候，就收手不干，把短跑得来的商业果实落袋为安。在雷鸣般的掌声与万众瞩目中，现在，网约车行业开始悄然发展到第 4 个阶段了。

在第 4 个阶段，网约车行业逐渐变得拥挤，行业内的公司之间开始展开面对面的竞争。而由于客户黏性太低（消费者可以在上一次打车的时候用一个 App、下一次打车的时候用另一个，没有什么理由阻止人们这么做）、客户对价格太敏感（谁便宜消费者就愿意坐谁的车）、全国性的规模优势难以形成（武汉的车没法接广州的单，甚至南昌的都不行），导致企业很难找到阻挡对手的护城河。在这种情况下，频繁的价格战开始成为最主要的竞争手段。而价格战所直接损害的，自然是股东的资本回报率。

而促使价格战愈演愈烈的，是不断加入的新资本。尽管圈内的竞争已经开始让人感到不悦，但是人们总是喜欢报喜不报忧，"竞争带来好大压力"这件事的传播速度，远远不如之前第 3 阶段的"这个行业可好了"来得快速。同时，行业里的企业在对媒体吐苦水的时候，也远远不如宣传自己取得的成绩那样积极。

结果，对于新涌入的资本来说，网约车行业似乎仍然是那个一年翻几番的、不可错失的赛道行业，他们没有意识到事情已经从第 3 阶段变到了第 4 阶段。不断有新的钱涌入这个行业，原有的公司不断得到资金，以供价格战继续下去，而新的企业也不断成立，继续卷入竞争。

在第 5 个阶段，人们终于发现大事不妙。网约车行业的天花板已经隐隐出现，全国所有的城市都覆盖了密密麻麻的网约车，而企业之间的竞争有增无减。在赛道、增速已经成为过去式的时候，行业里的企业徒劳地想寻找自己的竞争优势，也就是护城河。结果，他们发现，这个行业的护城河并不深。

对于网约车行业的公司和投资者们来说，他们在第 5 个阶段才意识到的"护城河不深"的问题，其实在第 1 个阶段就应该分析清楚。如果一家企业，或者投资者能够在第 1 阶段就意识到"护城河不深"，那么他要么在第 1 阶段就选择不进入这个行业，要么在第 3 阶段趁形势一片大好的时候溜之大吉。否则，当事情已经发展到第 4、第 5 阶段时，这场难有赢家的短跑，也就不容易给运动员发出奖牌了。

所以，对于商业来说，短跑固然让人向往，跑得快固然让人激动，但是跑得远却更加重要。毕竟，商业永远不是一场短跑。而那些拿长跑当短跑的企业与投资者，终究不是这个赛场上最专业的选手。君不见，在观众席上，年近百岁的沃伦·巴菲特和芒格，正用他们看穿过无数商业的目光，审视着一个个商业的马拉松大赛。

从中概股危机中学到的 4 个投资教训

从 2021 年初到 2022 年初，在海外，主要是在美国市场上市的中国概念股（简称中概股）遭遇了一次空前的危机。首先，让我们来看一看，在这场从 2021 年春天延续到 2022 年春天的中概股危机，有多么严重和惨烈。

参照 Wind 资讯编制的"万得中概股 100 指数"，我们可以看到这次中概股危机的程度。万得中概股 100 指数选取了在海外上市的中国概念股中，最有代表性的 100 家公司。

根据 2022 年 3 月 13 日的数据，这个指数中总市值最大的 10 家公司，分别是阿里巴巴、百度、蔚来、携程网、贝壳、哔哩哔哩、腾讯音乐、微博、唯品会、富途控股（一家国际互联网证券公司）。在之后的 90 家公司中，也不乏像爱奇艺、新东方、雾芯科技（一家电子烟公司）、虎牙直播、搜狐、趣店（一家消费金融公司）、好未来（一家教育公司）等知名的公司。

在 2021 年 2 月 16 日，万得中概股 100 指数触及自身的最高点，7851 点。而在这个指数的基日，2015 年 12 月 31 日，指数的基点则是 1000 点。这意味着在短短的 6 年中，万得中概股 100 指数上涨了 685%。

但是，从 2021 年 2 月 16 日到 2022 年 3 月 11 日，在不到 13 个月的时间里，万得中概股指数从最高点 7851 点，暴跌到了 2118 点，跌幅达到 73%。这也将这个指数从 2015 年底到 2022 年 3 月 6 年多的时间里的涨幅，缩小到仅有 112%。

应该来说，纵观万得中概股 100 指数，其中的成分股公司在国内市场大多都属于新兴行业，而且在各自的行业中也都有自己的一席之地，许多甚至是自身行业中的佼佼者。但是，恰恰是这样一个指数，却也遭遇了金融市场难以避免的危机，而这是许多投资者没有想到的。

在这场危机中，许多投资者损失极其惨重。这里，就让我们来看看从这场中概股危机中，我们应该吸取哪些投资教训。

投资中的"非金融因素"需要得到重视

在资本市场中，不少投资者喜欢说，既然我是一个投资者，我就只管金融的因素，至于金融以外的因素我不去思考，因为那些超越了我的专业范畴。但是，这次中概股危机却告诉我们，投资中的"非金融因素"，是投资者无法忽略的。

在这次持续了一年多的中概股危机中，许多因素是金融以外的。比如，政府为了给学生减负在政策上对教育类公司的限制，监管机构和市场对于互联网企业规模过大所导致的垄断的担忧，俄罗斯和乌克兰冲突导致的国际金融资本外逃，美国监管机构对中概股在美国上市地位的影响等。

可以说，以上这些因素跨越了民生、政策、社会和国际政治，很多都不是纯粹而传统的金融因素。但是，在投资中，这些非金融因素和金融因素一起（也就是企业的利润、报表、股票估值等）对股票的价格造成了巨大的影响。

在中概股投资中，甚至账户的安全性也是需要投资者考虑的。和中国内地市场的股票一级托管⊖不同，国际上许多证券市场使用的是二级托管⊖。

在这种情况下，中国内地市场的投资者从来不需要担心证券公司倒闭的问题，证券公司即使再资不抵债，他们的持仓安全性也都由登记结算公司保证。而在国际市场，当投资者购买中概股的时候，他们需要留意自己使用的证券公司的安全性。

也就是说，对于中概股投资者来说，如果证券公司倒闭，那么他们的账户也会受到牵连。在电影《大空头》中，这种现象曾经得到过清晰的描述。在这种时候，即使投资者的投资做得再好，这种和投资决策本身不相关的账户安全因素，也会让投资者蒙受考虑不周而导致的损失。

所以，正如《荀子》所言："上不失天时，下不失地利，中得人和，而百事不废。"对于这次中概股危机来说，投资者也许需要学到的最重要的一个教训就是，投资永远不只是一种金融工作。

警惕高增长

在这次中概股危机中，许多下跌的股票是之前投资者眼中的热

⊖ 指客户的证券明细账目直接托管在登记结算公司。

⊖ 指投资者的股票和证券不直接托管在登记结算公司，而是托管在证券公司，证券公司持有的证券再托管在登记结算公司。

门股，主要的原因来自它们的高速增长。但是，这种增长普遍蕴含了两个主要的问题。

第一个问题，来自有些企业的增长，是没有伴随着利润同步增加的。在新兴行业，一个由来已久的商业概念是，只要增长速度足够快、早日能成为行业龙头，那么盈利是迟早的事情。在一些历史上最成功的企业身上，比如谷歌公司、亚马逊公司，我们确实可以看到这一逻辑的兑现。但是，"只赚吆喝不赚钱"的增长逻辑并不是永远好用。

对于新兴行业来说，当行业发展顺风顺水时，一级市场投资者能够给公司持续注资，这时候企业的盈利能力似乎并不重要，只要增速足够快就行。但是，行业一旦遭遇逆风，这种"有名无实"的高增长，就会导致企业的股价受到严重考验。

同时，不盈利的高增长往往是依靠补贴客户得到的，而这种补贴的行为也同时使高增长的可持续性存疑。如果客户只是因为价格低才购买高增长企业的商品，那么当高增长企业给出的补贴结束、希望盈利的时候，这种增长还能保持多少？

在乐视网公司泡沫、网约车行业补贴大战等一系列经典商业案例中，我们就能看到这样的现象。乐视网公司曾经依靠大量的硬件补贴，获得了巨大的增速和市场份额，高额补贴下的商品变得很有市场竞争力。但是这种增速在补贴结束以后，立即消失不见。

而在网约车补贴大战中，乘客并没有因为某个平台给出高额补贴就留在某个平台，他们在各个平台之间跳来跳去，寻找性价比最高的约车平台，因为网约车平台的客户黏性和客户转移成本，实在是太低了。

高增长可能伴随的第二个问题是，行业处于成长期时的高增长，不能必然代表行业成熟以后的高利润率。但是，许多不审慎的投资者，却经常会把二者混为一谈。

对于任何行业来说，都曾经有过成长期，几乎每一个今天的成熟行业，当初都曾经是新兴行业，恰如每一个北京胡同大爷当初都曾经年轻过。但是，每一个曾经年轻过、成长过的行业，在将来的成熟期是否能够享受高利润率、维持高 ROE（净资产回报率），则是由每个行业自身的特质决定的，这和之前行业增长速度有多快可以说是毫无关系。

把当前的高增长当成长期高 ROE 的同义词，是投资者容易犯下的大错之一。比如，在 2020 年前后，连锁火锅、剧本杀都是内地市场中高增长的行业。但是，这两个行业同样面临着客户转移成本太低、黏性太低的问题。当这两个行业从新兴走向成熟时，行业的参与者很快就发现，这两个行业的利润率和它们之前的成长速度，并不在一个维度上。

估值仍然很重要：热情最高的时候往往也最危险

在中概股危机中，投资者需要学到的另一个重要的投资教训，就是估值仍然是投资中非常重要的考量因素。当市场最热情、给出的估值最高的时候，往往也最为危险。

在市场最为热情的时候，对于那些上涨的股票，我们常常可以听到最为美好的赞美之声。与此同时，投资者也会付出最高的估值。而当价格一旦开始下跌，虚无的赞美之声突然转变成质疑与谴责（这在资本市场太容易发生了），高估值所带来的风险突然就变得现实起来。

以万得中概股100指数为例，这个指数在2022年3月13日的成分股中，总市值前10的公司，在2021年2月16日，也就是危机开始的时候，根据Wind资讯提供的数据，其PE（前溯12个月）和PB估值分别如下：阿里巴巴（代码BABA）为29.8倍、5.0倍；百度（代码BIDU）为32.0倍、4.3倍；蔚来（代码NIO）为-89.9倍、78.6倍；携程网（代码TCOM）为-69.5倍、1.6倍；贝壳（代码BEKE）为-144.7倍、10.7倍；哔哩哔哩（代码BILI）为-130.4倍、40.7倍；腾讯音乐（代码TME）为80.8倍、6.6倍；微博（代码WB）为36.4倍、5.2倍；唯品会（代码VIPS）为31.9倍、6.0倍；富途控股（代码FUTU）为239.3倍、35.1倍。

可以看到，仅仅这10只股票的PE估值中，低于40倍的仅有4家（在PE估值体系中，负数是最贵的）。同时，这10家公司的PB估值平均值高达19.4倍，中位数也高达6.3倍。而万得中概股100指数余下的90家成分股，估值的情况也大同小异。对于任何一位谨慎的投资者来说，如此过高的估值，都是值得警惕的，无论基本面的预期有多么好。

投资仍然需要注意防守

在资本市场中，有一句老投资者都会认同的名言："任何极端的事情，当初看起来都不会发生。而只有到它们真的发生以后，人们才会发现一切都顺理成章。"在 2021 年到 2022 年的中概股危机中，投资者最需要明白的，可能就是这一点：在投资中永远应当重视对风险的防范。

在中概股危机发生之前几年，尤其是 2020 年，随着股价的上涨（同时也不可避免地伴随着估值快速抬升），投资者中开始弥漫一种情绪："买股票就是买成长""买股票就是买未来"（言下之意当前的估值不用看）、"贵的股票有贵的理由，便宜的股票不能碰""怕高就是苦命人"，等等。

伴随这些情绪的则是飙升的股价：在整个 2020 年，万得中概股 100 指数上涨了 83%，从 2020 年底到 2021 年 2 月的最高点又上涨了 29%，一年多一点的时间里的累积涨幅达到 136%，如图 5-1 所示。

图 5-1　万得中概股 100 指数走势与估值

资料来源：Wind 资讯。

所以说，在 2021 年 2 月开始的中概股危机告诉我们，在股票投资中，防守仍然是非常重要的一环。这种防守会体现在许多方面，包括企业选择上的防守、估值的防守、资金属性的防守等。估值的防守不必多说，以下略微展开对另外两个防守因素的讨论。

对于企业选择来说，投资者不应当把所有的仓位都压在高速增长、盈利能力尚且不强、行业格局不稳固的企业上，也可以适当考虑一些估值合理的，像机场、港口、电力、污水处理、银行、旅游等相对稳固一些的行业和企业。这些企业也许是重资产公司，也许经营效率没有那么高，也许行业增长乏力，但是它们的优势在于，企业的护城河非常明显，可能发生大幅超预期变动的概率很小。

比如，当爱彼迎（Airbnb）公司的民宿业务做得不错以后，飞猪也可以很快跟上——和社交软件不同，打车和民宿生意的网络效应都没有那么强，客户黏性相对糟糕很多。但是，中国核能电力公司的发电生意却没人能抢走，落在上海机场地盘上的飞机也不会仅仅因为杭州萧山机场给的服务费用更低，就去杭州降落。而当一家公司签下一个 20 年的 BOT 垃圾发电项目以后，只要经营不出大乱子，它就可以稳稳当当地烧 20 年的垃圾。

就资金属性而言，投资者则应当拒绝可能因为短期价格下跌导致需要提前还钱的任何杠杆。同时对于基金管理者而言，他们需要甄别基金收到的资金的属性，尽量选择长期投资者，尽量多发行有较长锁定期的基金产品，以此为自己的资金属性加上足够的安全垫，确保投资组合能够度过最寒冷的冬天。要知道，无论是成长股投资、价值股投资、高增长投资还是低估值投资，对于任何一种投资风格来说，春夏秋冬都是会交替到来的。

结语

以上 4 点，即重视投资中的非金融因素、警惕高增长、重视估值和重视投资中的防守性，就是我认为在 2021 年到 2022 年的中概股危机中，投资者应该学到的 4 个投资教训。

当然，对于以上的 4 点教训，投资者也不应当从另外一个方面来理解，就是因为过于重视风险，因而对于任何新兴行业、估值略高一些的公司，都变得无比谨慎，以至于不敢投资，甚至不屑于研究、不屑于投资。如此，则未免变得"弃有着空病亦然，还如避溺而投火"，又走入另一个极端了。

毕竟，在投资的历史中，仍然有许多伟大的投资者，比如软银的孙正义、硅谷的红杉资本等，在新兴行业的投资中斩获了高额的投资回报。而也正是一个个新兴行业，正在一步步让我们的社会变得更加美好。对于暴跌之后的中概股来说，其中那些优质的公司如果能解决上市地位的问题，那么暴跌之后产生的低估值，又何尝不会是一个好的投资机会？

2C 预制菜：企业竞争优势来自何方

在 2021 年和 2022 年，直接面对消费者的预制菜（2C 预制菜）[○]开始成为消费行业的一个新的发展方向。对于这样一个新的消

　○　2C 来自英文，即 To Customer，直接面对消费者。

费行业分支，我们应该如何找到企业的竞争优势。

2C 预制菜兴起的来源

首先，我们需要定义 2C 预制菜行业的具体范围。对于预制食品来说，其涵盖的范围非常广泛，简单来说只要是对食物进行加工处理的，比如超市里的牛肉干、麦当劳所售卖的炸鸡，都可以算是预制食品。

而在 2021 年和 2022 年兴起的 2C 预制菜，则是预制食品中的一个小分支，特指将一些食材进行预处理，以便消费者只要在家里进行简单的加工，而不需要经过传统家庭厨房的各道工序，就可以吃到和一般家常菜相差无几的菜品。

其实，早在 2C 预制菜之前，2B[⊖]预制菜早已大行其道。不少餐厅出于节约成本、写字楼无法使用明火、统一各门店口味等多种考虑，早已大量使用预制菜。

由于消费者对预制菜往往有"不新鲜、防腐剂多"等印象，因此餐饮企业往往不会在门店里公开宣传自己使用 2B 预制菜。但是，对于聪明的消费者来说，预制菜在 B 端的存在已经是一件显而易见的事情——总不会有人认为，红烧牛肉可以在点餐以后的 10 分钟里就能做好吧？

而在 2021 年～2022 年里的这场 2C 预制菜行业井喷，则可以看作是 2B 预制菜行业的一个延伸。在 2021 年～2022 年，很大程度上是由于疫情的影响，不少消费者降低了到餐厅吃饭的频率。出

⊖ 2B 即 To Business，直接面对企业。

门虽然少了，但是人们对于吃的追求并没有下降，甚至随着经济的发展而得到了加强。因此，2C 预制菜顺理成章成为消费者的新选择，众多敏感的资本也就蜂拥进入这个新行业。

同时，社会发展大背景下的小家庭化和精细分工化，也导致预制菜对于 C 端消费者的吸引力越来越大。

一方面，更小的家庭单位导致能够在家做饭的人员减少，而不少中式菜品往往需要漫长的烹饪时间。以苏东坡发明的东坡肉为例，苏东坡曾经这样描述东坡肉的做法："净洗铛，少著水，柴头罨烟焰不起。待他自熟莫催他，火候足时他自美。"其中的要诀，就是"小火、长时间"。对于当代越来越多的小家庭来说，白天无人在家做饭，无法投入所需要的"长时间"，是自己做饭的一个大障碍。

另一方面，更加精细的社会分工，也导致能够掌握做饭技巧的年轻人比例越来越低。对于 60 后和 70 后来说，做饭似乎是家常便饭，只是厨艺高低有区别，不存在会不会的问题。对于 80 后和 90 后，做饭的技能就开始变得稀松起来。而对于 95 后和 00 后，很多人开始认为，做饭是一个"基本没人会"的技巧。

在以上描述的这些大背景下，加上起始于 2020 年的新冠肺炎疫情的助推，2C 预制菜终于在 2021 年和 2022 年步入了一个高速发展的阶段。那么，对于其中的企业来说，它们又应当如何寻找自己的商业竞争优势？

糟糕的消费者黏性

对于企业竞争优势来说，最好的一种竞争优势，来自较高的消费者黏性。举例来说，巴菲特所重仓的苹果公司，就依靠苹果手机的安全性和生态系统建立了很高的消费者黏性——喜欢这个特性的顾客很难接受其他品牌的手机，或者转投到安卓系统手机。

对于 2C 预制菜来说，消费者黏性则非常微弱。没有任何条件会制约消费者在品尝完 A 公司的预制菜以后，下一次试试看 B 公司的预制菜。一些聪明的消费者，还会在做了几次预制菜以后，自己照猫画虎，学习这个菜的制作方法。

更糟糕的是，消费者在吃了几次某个口味的预制菜以后，甚至会有尝试新鲜菜品的冲动。这和民宿行业所遇到的情况是类似的，人们总是愿意在旅行的时候试试看新的民宿，而不是像商旅客人那样，为了省事经常选择同一酒店下榻。

普通的品牌优势与低廉的模仿成本

当然，对于预制菜菜品做得比较好的企业来说，仍然会赢得一些消费者的品牌认可。虽然由于转换成本超低，导致这种消费者认可不容易被转换成消费者黏性，但是由于预制菜的 SKU（Stock Keeping Unit，指产品单品）太多，因此消费者在信任了一个品牌的预制菜后，会倾向于选择同一品牌的预制菜。

但是，2C 预制菜的这种品牌优势，并不应当被理解为是一种非常强大的品牌优势，而更像是一种普通的品牌优势。其中的原因主要有两点：过多的 SKU 与多变的口味，低廉的模仿成本。

首先，正是由于预制菜的 SKU 实在太多，同时各个消费者的口味差异太大，因此很容易导致某个消费者在品尝完 A 公司的剁椒鱼头觉得不错以后，再次尝试了 A 公司的卤牛肉，发现不合自己的口味，然后转而尝试一下 B 公司的卤牛肉。对于 SKU 如此众多的预制菜行业，2C 预制菜企业很难像可口可乐公司、蒙牛公司那样，做出一个适合所有人的大单品。而过多的 SKU，必然会给竞争对手留出插入的空间。

其次，预制菜的菜品难以申请专利保护，生产过程也缺乏壁垒（牛奶企业会依赖的原产地优势、科技企业依赖的技术优势，预制菜企业基本不存在这些优势），因此即使 A 公司做出了一款成功的预制菜，也很难防止 B 公司的抄袭。

而当消费者发现 A 公司的 400 g 咖喱鸡售价 39 元，B 公司的 410 g 咖喱鸡售价 36 元的时候，什么因素能阻挡消费者去尝试一下 B 公司的咖喱鸡？反正就算不好吃，也只不过损失一顿饭而已——缺失的消费者黏性在这里再一次发挥作用。

无法炫耀的使用场景

在消费行业，企业高资本回报率的一种重要来源，是"炫耀型使用场景"。也就是说，消费者购买这种商品，目的并不主要在于其使用功能，而在于其品牌炫耀功能。

比如，高端白酒、钻石、奢侈品包，这些常见的高价商品，往往售价远高于其制造成本，原因就是消费者的主要购买意图，并不是其使用价值，而是告诉别人我这个东西很贵，从而在社交中赢得心理优势。至于贵的东西到底有什么用，只要开口问这个，你就落伍了。

但是，对于 2C 预制菜来说，炫耀型的使用场景则基本不存在。绝大多数 2C 预制菜的消费场景，都是家庭的日常餐饮，在这种场景下预制菜的使用价值决定了一切。而即使是为数不多的家庭宴请场合，预制菜的品牌也难以成为餐桌上的主角，高端白酒往往才是这种场合的炫耀型商品。

可以依赖的区域规模效应

对于 2C 预制菜行业来说，企业最容易依赖的一个竞争优势，就是规模效应。而且，对于这个行业来说，这种规模效应还是规模效应中比较好的一种：区域型规模效应。

简单来说，规模效应指的是企业越大，每件商品的生产成本、广告成本就越低，竞争力也就越强。在有规模效应的行业中，大企业容易比小企业获得更高的资本回报率。芒格就曾经说过，规模效应是企业竞争优势分析中最容易找到的效应之一。

对于 2C 预制菜行业，巨大的中央厨房投入，每天海量的购买需求，前置运输仓的投入，一定量的广告支出和随之而来的品牌效应，以及海量的 SKU 单品研发需求，这些都在考验企业的资金投入，给敢于投入重金的企业带来规模优势，同时给资本投入过少的企业带来竞争压力。

同时，规模效应也分成两类：全市场规模效应，和区域型规模效应。这两者的区别，主要是产品的运输半径。

比如，芯片行业就属于典型的全市场型规模效应，把一百万个芯片从美国市场运送到中国市场，运输成本相对于产品价值几乎是零。因此，芯片行业的规模优势就可以拓展到全市场，乃至全世界。

而对于啤酒和水泥来说，由于产品过于沉重，因此规模优势往往是区域性的。一个区域里的龙头哪怕再强，也难以通过本区域的产能，对另一个区域的企业产生威胁。一个区域的龙头企业只有通过收购当地的企业，才能在另一个区域扎下脚跟。

对于 2C 预制菜来说，有两个因素导致其很容易呈现出区域型的规模优势效应。

首先，为了让消费者有"可以媲美家常菜的口感"，2C 预制菜往往都是以新鲜菜品或者包含部分新鲜的菜品为主，因此对运输的时效性要求较高，运输半径往往较短，在许多情况下还需要冷链运输。因此，一家企业在本地建立的规模效应，很难和另一家企业在另外一个地区建立的规模效应发生直接的冲突。

其次，中式餐饮变化太多，从大的来说有鲁菜、川菜、粤菜、闽菜、苏菜、浙菜、湘菜、徽菜等八大菜系，从小的来说则有时候相隔两三百公里的两个城市，做饭的口味就有区别。比如上海本帮菜就偏甜，淮扬菜则重鲜。这种巨大的地区差距，导致即使不考虑运输成本，一个区域的预制菜产能也很难对另一个区域带来竞争压力。

总结来说，对于 2C 预制菜这个在 2021 年和 2022 年兴起的新兴消费行业来说，企业如果想要获得高资本回报率，那么从消费者黏性、品牌优势、生产壁垒、高端和炫耀型使用场景等几个方面入手，是不容易找到长期的竞争优势的。唯一比较容易依赖的长期竞争优势，是区域优势。

面对这种商业格局，2C 预制菜企业在发展的时候，应当重点考虑如下的商业战略：避免全国铺开、全渠道竞争，放弃试图通过使用先发优势完全占领市场、挤走竞争对手（糟糕的消费者黏性让这种尝试很难成功），避免通过高额广告投入打造高端品牌，而把精力放在重点区域，通过高性价比逐渐累积好口碑，尽量巩固本地区的区域型规模优势。由此，2C 预制菜企业就可以建立比较稳固的长期竞争力。

新兴行业中的"劣币驱逐良币"

在科技行业，有一个被奉为圭臬的商业规律：新技术常常不会创造全新的行业，而是被用来对传统行业进行改造和革命，从而使得传统行业变得更加有效率。

但是，在 2020 年前后的几年里，这个商业规律似乎不太起作用。一些被新的技术和商业模式改变的传统行业，却爆出了巨大的问题，而这些问题在之前并不存在。这又是为什么？是什么导致本应提高生产效率、市场效率的技术手段，以及那些重新以更高效率组织商业活动的新商业模式，在改革传统行业时，却落下了一地鸡毛？

在 2020 年的秋冬天，长租公寓行业集中出现了问题。一时间，许多长租公寓公司或破产倒闭，或经营困难，导致大量的租客和房东受到巨大损失。一时之间，社会反响十分巨大。

从本质上来说，长租公寓并不是一个糟糕的商业模式。一直以来，租房市场都存在无序和混乱的情况。租客拖欠房费不付者有之；冒充房东的中介机构同时把房子租给两拨人者有之；乱改房子违规出租、一间小公寓房里住一二十人者有之；至于租客退房以后，房东找各种理由不退押金者更是常见。

对于这样一个比较散乱和无序的行业，一些新兴的科技公司，利用自己的网络平台作为租房的中间平台，一方面能够保证租客可以得到标准化、按规章打理过的房子，一方面可以让房东不为催收租金烦恼，这本身是一个创新的商业模式。

当一个新的商业模式可以对旧的、混乱而零散的行业格局进行整合的时候，从理论上来说，这个新的商业模式是有其价值的。而由于创造了新的商业价值，其中的企业只要有序经营，也可以活得很好，就像封建社会逐步取代奴隶社会那样简单。但是，在真实的市场上，情况却不是这样。

在长租公寓行业，许多本该一手收钱一手交房、安稳收取中间费用的中间平台，却把生意做成了一地鸡毛。这些公司一方面对房东许诺以高于市场平均水平的租金，一方面以低廉的价格把房子租给租客，换取租客一次性支付长期的租金。但是，在拿到租金以后，这些公司却不把钱立即支付给房东，而是把大部分的钱留下来，进行进一步的市场拓展。

简单来说，这种一手高价收房、一手低价租房的生意模式，在长期是并不赚钱，而且要亏本的。但是，当这种公司与一家正规经营、慢慢累积利润的长租公寓公司相遇时，后者的竞争力，却远远不如前者。

让我们假设有两家公司 A 和 B，A 公司稳健经营，每个月以 4000 元的价格从房东手上收房子，以 5000 元租给房客，留下 1000 元的利润进行发展。同时 A 公司自己并不截留任何资金，收到 1 个月 5000 元的房租，就立即付 4000 元给房东，收到 12 个月房租就立即付 12 个月给房东。

而同时，B 公司每个月以 5000 元从房东手上收房子，只要租客付 4000 元，但是每次要求租客付 12 个月的房租，却只付给房东 1 个月的房租，将其中 11 个月的房租截留下来自己用。也就是说，B 公司每做 1 单 12 个月租期的生意，就可以收到 4.8 万元现金，却只用支付 5000 元，留下 4.3 万元进行发展。

当 A 公司和 B 公司竞争时，在长期胜出的必然是 A 公司，因为 A 公司可以一直留存利润。但是，A 公司的短期发展能力却远远不如 B 公司，因为 A 公司每签下一单生意，在第一个月的当时，只能得到 1000 元进行发展，而 B 公司却可以得到 4.3 万元。更重要的是，由于 B 公司给房东的价格和给租客的价格，都比 A 公司更优惠，因此市场上绝大多数的客户，都会选择 B 公司。

如果我们假设市场上有 10 个客户，只在第一个月有 1 个客户选择了 A 公司，9 个客户选择了房租价格更加优惠的 B 公司，那么在第一个月里，A 公司只会有 1000 元进行拓展，B 公司会有 43 万元。依靠这 43 万元，B 公司可以在第二个月里碾压 A 公司，在第二个月出现的 10 个客户中拿下不止 9 个，而是 9.9 个客户。以此类推，A 公司会迅速丢掉所有的市场份额。

　　在这种情况下，出问题的并不是长租公寓这个新兴的商业模式，而是这个行业中"劣币驱逐良币"的商业状态。当一步一个脚印前进的 A 公司，遇到依靠损伤自己长期利益进行扩张的 B 公司时，A 公司完全不是 B 公司的对手，其市场影响力可能连后者的 1% 都不到。

　　也就是说，在这种"劣币驱逐良币"的市场竞争环境中，不是做大的公司最终出了问题，而是只有那些一开始就出了问题的公司，才能够做大。

　　在武侠小说中，常常有正派武功和邪派武功的对决，而以上这种商业之争恰恰和这种对决十分相似。正派武功内功悠长、注重根基的培养，在长期既能达到天人合一的武术境界，又能延年益寿、鹤发童颜。相反，邪派武功依靠逼迫出自己的内力、损害自己的身体，在短期发出惊人的爆发力，虽然日久天长必然不支，但是却能一时取胜，扰乱武林。

　　当 B 公司持续膨胀了相当长的时间以后，由于它总是以 5000 元的价格付给房东，只用 4000 元的价格将房子租给房客，同时加上巨量的推广费用，它的资金缺口必然越来越大。这种资金缺口一开始还能依靠找投资者投资、上市融资，以及依靠迅速扩张获得的资金来做寅吃卯粮的支撑，但是时间越长，资金的缺口就越难以弥补。

　　最后，当 B 公司轰然倒下时，留下的是一地鸡毛。租客交了房租给平台，但是房东不再能从已经严重失血的平台收到钱，于是房东试图赶已经交了钱的租客，让他们搬出房子。由于租住房子的人多半经济并不宽裕，而不少房东也是贷款买房，靠房租还贷款，因此往往双方都受损十分严重。

当"劣币驱逐良币"的商业竞争格局出现以后，我们经常会看到，那些精打细算量入为出的长租公寓企业，完全竞争不过那些高价收房、低价租房、"我死后哪管它洪水滔天"的长租公寓企业。当"只有出问题的企业才能做大"以后，我们也就会发现，那些真正做大的企业，许多都出了问题。

而对于那些试图精打细算做长久生意的企业来说，它们消失的原因还不仅仅是竞争对手的直接竞争。来自商业收购的金钱诱惑，也是让它们消失的原因之一。

当在竞争中彻底落败以后，在竞争对手，或者是投资公司拿着大把的现金来收购这些落败的"良币"企业时，又有多少企业家还能坚持自己的创业初心，不把已经落败的企业卖掉，赚个至少还能糊口保本的钱？

其实，在2020年前后的几年里，在许多用科技手段改造了传统行业的新兴行业中，我们都能看到这种"劣币驱逐良币"的现象。

以P2P（点对点网络借贷）行业为例，这个行业试图用互联网的平台撮合手段，将需要资金的人和愿意借出资金的人，以传统市场难以达到的高效率，在网络上撮合起来，并且从中间抽取一些提成作为自己的利润。

从本质上来说，P2P不是一个糟糕的主意。这种网络借贷平台，实际上和民间常见的个人互相借贷，并没有本质区别，而且效率比后者还要高得多。但是，当"劣币驱逐良币"的市场现象出现之后，事情就变得和长租公寓行业中发生的情况完全一样了。

当两家公司同时提供 P2P 网络借贷撮合服务时，一家"良币"公司量入为出、精打细算，以低价吸收资金、高价放出资金，甚至只做单纯的撮合服务，借出的资金立即就到借入资金者的手上，中间不囤积任何资金；另一家"劣币"公司则大包大揽，高价吸收资金、低价放出资金，甚至还用资金池囤积本来不属于自己的资金，而不实际借出资金。当这两家公司展开竞争时，"良币"公司就完全不是"劣币"公司的对手。

最后随着竞争加剧，市场上最大的公司几乎被"劣币"公司所霸占。而坚持稳健经营的"良币"公司，要不就是市场份额丢光、被淘汰出局，要不就是被"劣币"公司高价收购。如此场景，与长租公寓行业几乎如出一辙。

在经过多年的折腾以后，到了 2020 年底，高峰时期的全国五千多家 P2P 公司，终于彻底清零一家不剩。从 2007 年第一家 P2P 公司拍拍贷成立算起，13 年的时间，宣告了一个网络新兴行业的落幕。

在其他一些新兴行业中，我们也能看到这样的现象。在共享单车行业中，一些企业挪用使用者的押金进行扩张，结果最后自己虽然短时间做到了巨大的规模，但终于因为入不敷出、资金链断裂而问题频出，大量的使用者无法退出押金，也难以再享受到往日的服务。

而作为一个全新的组织模式，共享办公室行业也出现了"劣币驱逐良币"的现象。不顾自身利润率而疯狂扩张的共享办公室公司，在驱逐了谨慎的商业对手以后，不少也陷入了经营的困顿之中。

需要指出的是，并不是所有的新兴行业，都出现了"劣币驱逐良币"的现象。也就是说，"劣币驱逐良币"并不是一个一定会发生的现象，而是它一旦发生，往往难以凭借商业社会自身的规律将其自动消除。

以网络约车行业来说，这个行业本身也存在出现"劣币驱逐良币"的可能。头部的网络约车公司也可以挪用客户充值的钱进行扩张，碾压竞争对手，最后在将竞争对手都拿下以后自爆身亡，就像长租公寓行业出现的问题一样。

但是，这个行业中的龙头公司都没有选择这样做，而是选择了相对稳健一些的经营方法，当资金出现缺口的时候也往往使用融资、上市、削减补贴，而不是挪用资金的方法进行资金补充。于是，"劣币驱逐良币"的行业魔咒，并没有在这个行业的身上体现出来。

需要指出的是，"劣币驱逐良币"的商业现象，就像"商业癌症"垄断一样，往往难以自愈。一旦行业中出现企业进行"劣币"式的商业扩张，即使牺牲长期的生存可能也要达到短期扩张目的，那么对于那些希望长期做生意的"良币"企业来说，依靠自己的力量，往往难以抵御。

这时候，如果不加以干预，那么遭到"劣币驱逐良币"现象的行业，往往会在几年以后变得一地鸡毛——不是行业里的头部公司经营不善出了问题，而是只有出问题的公司才能做大，才能成为行业里的头部公司。希望这些行业自愈，往往是不现实的，因为"良币"公司在"劣币"公司的打击下几乎毫无还手之力。这时，从维护商业社会稳定和社会福利的角度考虑，政府的规章制定和市场监管，就变得极其重要。

月饼行业高额利润率的来源

在消费行业中，有一种寻找高额利润率的商业规律，来自"送礼型消费"。一旦某种消费品被赋予了"送礼"的属性，那么顾客在购买的时候，就会更加注重品牌，而不是实际的消费品性价比。当顾客更注重"品牌能够拿得出手"，而不是"性价比足够好"时，拥有这种品牌的商家，也就容易赚到更高的利润率。

这种"送礼属性导致高利润率"的情况，在全球市场经济中都存在，而在中国重视"人情"和"面子"的社会中则更加突出。在关于中国社会的研究中，"关系（Guanxi）"一词是西方学者经常用到的词汇，用来表述中国社会对人情、面子、人脉网络等因素尤其重视的社会状态。

其实，在巴菲特的早期投资中，喜施糖果就是一个非常有名的送礼型消费品。这种糖果主要被美国西海岸，尤其是加利福尼亚州当地的人们在节日的时候，用来馈赠给爱人，借以表达爱情。因此，无论喜施糖果怎么涨价，每年节日的销售都不错。

有意思的是，这种"送礼型商品"往往带有极其强大的本地属性。比如，中国人基本无法理解这种喜施糖果所代表的特殊意义——情人节的时候买个好时巧克力不也一样嘛？这就像加州的美国人无法理解茅台酒和五粮液所承载的意义一样——喝法国红酒不也是喝嘛？

在脱离了本地社会从长期的历史发展中所形成的文化载体以后，对于异地的消费者来说，"送礼型商品"的"送礼"属性就开始下降。当脱离了本地文化的异地消费者，开始从性价比的角度试图理解这种商品时，他们就无法理解到从送礼的角度理解这种商品的消费者，为什么愿意付出那么高的价格。

在中国市场，月饼行业也是一个非常小众但是很有意思的"送礼型行业"。在中秋节，人们总有送月饼的习惯。这时候送的月饼，好吃不好吃自然重要，但是品牌是否知名，也成为在一些商业活动、馈赠师长等比较重要的场合下，人们觉得自己的礼物拿不拿得出手的重要因素。

在中国资本市场，月饼是个比较小的行业。尽管高度发达的现代食品工业，让有实力的食品生产厂家大多可以做出口味类似的糕点，但是想让消费者在中秋馈赠的时候，认可所送月饼的品牌，仍然是一件不太容易的事情。而这种消费者心理，也就让拥有知名品牌的月饼企业，能够获得相对比较高的利润率。

在内地资本市场，以月饼为主营业务的上市公司只有广州酒家（代码603043）、元祖股份（代码603886）等少数公司。从上市以来，广州酒家的摊薄净资产回报率在2017年到2020年的4年中，分别为20.0%、19.7%、17.5%、18.3%，而元祖股份在上市以后5年，即2016年到2020年的摊薄净资产回报率，分别是11.7%、16.7%、17.9%、16.6%、20.0%。

对于一般企业来说，8%～10%的净资产回报率就可以算得上健康，15%的净资产回报率则可以算得上是优秀。而对于月饼企业来说，净资产回报率则往往在 15%～20% 之间。由此可见，"送礼属性"对企业经营带来的正面影响，确实不可小觑。

在财务报表中，我们可以明显看出月饼的送礼属性。巴菲特曾经说过，喜施糖果每年绝大部分的销量，都在节日期间。而对于月饼企业来说，事情也是一样。

以元祖股份（全称是上海元祖梦果子股份有限公司）2020 年的财报为例，1～4 季度公司的总收入分别是 3.14 亿元、5.21 亿元、10.29 亿元和 4.39 亿元，当季度归属母公司所有者净利润则分别是 -0.31 亿元、0.56 亿元、2.68 亿元和 0.07 亿元。说公司基本只靠中秋节所在的第 3 季度吃饭，并不为过。

对于广州酒家公司来说，事情也是一样。在 2020 年 1～4 季度，公司的当季总收入分别是 5.21 亿元、4.23 亿元、16.2 亿元和 7.24 亿元，归属母公司所有者净利润则分别是 0.12 亿元、-0.01 亿元、3.49 亿元和 1.04 亿元。

月饼行业的"送礼属性"，让行业内树立了优秀品牌形象的公司，能够赚取超出一般商业回报的高额利润率。但是，任何行业的护城河都不会是永远不变的。从长周期来看，月饼行业的行业壁垒，也有值得关注的地方。

和随时随地都可能需要在商务宴请中出现的白酒不同，月饼是一种时效性非常强的馈赠礼物，这也就导致它在整个"送礼经济"中，相对处于比较弱势、比较容易被取代的地位。

随着经济的发展，人们对节日传统的执念越来越低。比如说，高铁和飞机的发展导致分居两地的亲人，只要想团圆每个周末都可以见面，不必一定等到中秋节。而各种食品的产生，也让月饼这种高油高糖的食品，重要性不再像物资匮乏时代那么重要。因此，月饼的送礼属性，其韧性和强度，也就会随着社会的发展慢慢下降。

当然，从另一个方面来说，这种担忧也可能是多余的。

虽然社会的发展会让月饼的"礼物重要性"越来越低，但是这毕竟是一个非常长的周期的逻辑，而人们同时也会变得越来越有钱，越来越能买得起更贵的月饼。这就像在白酒行业，投资者曾经担忧年轻人喝白酒的频次下降对行业带来冲击。事实证明，这种冲击的力度，并没有完全对冲白酒行业提价能力带来的正面效应。至于这种对月饼行业的担忧，是否真会变成事实，则需要不断审视行业的实时变动才能明白。

从三种常用电子设备看电商对实体店的冲击

中国古语有云，一叶落而知天下秋。当聪明的投资者在分析商业社会的时候，他并不一定需要多么独特的信息来源、多么偏门的情报系统，而是只要注意观察生活，就能发现这个商业社会运行的蛛丝马迹。

对这一点强调最多的，大概是美国的著名共同基金经理彼得·林奇。林奇非常注意观察生活，甚至从妻子的购物轨迹中发现过几只牛股。（比如美体小铺，The Body Shop，在林奇的书里有详细的介绍。）今天，就让我们来看一个现实生活中的例子。看看我们怎样从三种家用电子产品，其不同的销售路径中，看到电商对实体店铺产生冲击的不同轨迹。

在今天的社会，大家只要天天逛街，就会发现每个城市的市中心，往往有一片地方，聚集了几乎你能想到的所有智能手机品牌：华为、苹果、小米、OPPO、vivo、三星等。这些品牌体验店装修靓丽，灯光耀眼，只为了让路过的人们被里面众星捧月一样供奉的几款手机所吸引。

显然，对于智能手机来说，尽管线上销售量占了智能手机相当大的份额，但是线下的展示渠道仍然不可或缺——这些市中心的店面，每年的租金和人工成本可不便宜。

而另一种常用的电子设备，个人计算机在市中心的展示店就要少得多。尽管在工作中，笔记本计算机、台式机仍然是不可或缺的产品，联想、华为、戴尔、惠普、苹果、小米、宏碁、微软等各个品牌之间的商业竞争也非常激烈，但是从市中心的实体展示店来看，个人计算机的展示店数量，就比智能手机要少得多。

不过，个人计算机的展示店虽然少，但至少还存在，装修得也不比手机店差。有另外一种家庭常见的电子产品，几乎就看不到展示店的存在。而有时候即使能在实体店中发现它们，也往往被扔在一个以卖其他电子产品为主的商店的拐角里。这就是路由器，一个几乎每家都有、但是没有企业愿意花什么钱为它做线下宣传的小东西。

手机、个人计算机、路由器，当这三种生活中常用的电子设备的主要销售渠道，都逐渐从线下的实体商店转向线上时，为什么商家在线下的门店投入上，会有这么大的区别？其中的主要原因只有一个: 个性的权重对技术的权重的大小。

对于手机来说, 个性的成分是最大的。每个人都会把智能手机拎在手上, 长得好不好看、大小适不适合自己的手型、材质摸着舒不舒服、造型入不入眼, 这些个性的东西至关重要。而在技术的层面, 手机反正用起来速度差得不是太多, 只要不是手机游戏爱好者, 往往也就拿来用一些 App。而真正的游戏爱好者, 也看不上智能手机处理器那可怜的性能。

而对于个人计算机来说, 个性的东西就要少一些了。个人计算机, 尤其是台式机, 往往是拿来办公、学习用的, 个性展示的部分没那么多, 充其量也就是边框宽窄度、重量、尺寸等几个简单的指标。而个人计算机的用户, 由于其使用场景主要集中在工作、学习等对机器性能要求比较高的环境中, 因此对技术参数的要求相对更高, 大家更在乎处理器的型号、内存的多少、硬盘的型号等。

路由器则是电子设备的另一个极端——这种家庭网络环境中不可或缺的小设备, 几乎没有任何个性的存在。难道会有人炫耀自己家的路由器长得好看吗? 想一想, 上次你拿正眼看你家路由器是什么时候, 你就会明白我的意思。

对于路由器的购买者来说, 技术参数是唯一需要考虑的对象。每个购买者关注的都是路由器的品牌保障、安全设置、Wi-Fi 速度、传播距离等技术参数, 至于路由器长什么样, 可以说一点都不重要。反正大部分人都是把它放在冰箱顶上的, 原因很简单, 那儿地势高、Wi-Fi 信号好, 还不占地方。因此, 商家也就没有什么动力去做路由器的线下展示, 只要在线上把参数详细地列出来, 消费者就会掏钱买单。

从手机、个人计算机、路由器这三个电子产品的线下销售，我们可以总结出这样一个规律：对于电子产品来说，越是需要个性化、越是个体不同的东西，线下的展示就越重要。而技术指标越强、个性越不重要的东西，线下的渠道就越容易被线上取代。

需要指出的是，造成一种商品线上渠道取代线下的原因，还不止"个性和技术属性的对比"这一个因素。其他一些因素，比如生鲜食品的腐败速度、大件商品的运输成本，都会产生影响。不过，对于电子产品来说，"个性和技术属性的对比"是一个特别突出的因素，因为从生物腐败、运输成本等其他方面来说，电子产品之间相差都不多——它们都不会腐败，运输成本也不高。

明白了这个"个体个性和标准技术参数"之间的对比，投资者就能明白，为什么有些线下的行业会受到电商的巨大冲击，有些线下行业则很难被线上电商取代。

比如，衣服和鞋子的个性化太强（尤其是中高端产品），合不合身、合不合脚、搭配好不好看，在线上几乎无解，线下的店往往就还活得不错（在高瓴资本 2017 年投资百丽国际的案例中，张磊就曾表示，百丽的几万家门店是巨大的宝藏。高瓴资本投过不少高科技公司、亚文化创新公司、互联网时尚公司，这些公司参观完百丽后都惊呆了，因为百丽做的这些事情，它们都做不了，太难了！）。而超市里哪块肉新鲜，这事儿几乎没法用线上的数据展示。苗圃的每一株植物长得都不一样，消费者没法说"给我来一棵 3 年的月季，我自己就不选了。"高端餐厅就更不必说，每家高档餐厅的菜谱都不一样，而这些菜具体好不好吃，只有走进去才会知道。

但是，对于零食来说，德芙的巧克力就是德芙的巧克力，每块巧克力都是一样的。线下的文具店对于线上的冲击几乎没有抵抗力，一把 50 厘米的尺子就是一把 50 厘米的尺子，你也不能用一把尺子来搭配自己的新衣服。经济型餐厅的线上冲击也很大，每家麦当劳分店生产的鸡翅基本都差不多。至于洗洁精、洗手液就更不必说，没人在乎它们是不是适合自己的衣着搭配，只要好用就行。

顺着"个体个性和标准技术参数哪个更重要"这条脉络，资本市场的投资者就很容易理解线上电商对线下实体店的冲击，究竟是如何产生，又会如何发展，从而对企业的长期前景进行判断。而对于想在线下开店的投资者来说，理解这种规律，从而能让线下门店远离线上电商的竞争，也是不无裨益的。

从教育股大跌看投资如何预判政策变动

在 2021 年，以教育部成立校外教育培训监管司为标志，国家政策对非公立教育行业（以校外培训为主）给学生与家长带来的巨大压力，开始了减负行动。随着政府政策对校外教育培训、在线教育行业的收紧，尤其是对基础教育阶段校外培训的收紧，教育类股票走出了一波大跌行情。

由于这些股票大多数在中国香港和美国市场上市，而这些市场相对中国内地市场更加成熟，因此股票的基本面逻辑一旦遭到破坏，股价的下跌也就更加可怕。

比如，在美国上市的、以教育培训为主营业务的新东方教育科技集团（代码 EDU），股价从 2016 年 12 月 30 日的 4.19 美元（Wind 资讯提供数据，2021 年 6 月 18 日前复权价格，以下皆同），经过 5 年的时间上涨到 2021 年 2 月 16 日的最高 19.97 美元，但在之后短短 4 个月的时间里，就下跌到 2021 年 6 月 17 日的 7.63 美元。

而以在线教育为主营业务的好未来教育集团（代码 TAL），股价从 2017 年 5 月 23 日的 20.63 美元，经过 4 年的时间上涨到 2021 年 2 月 16 日的最高 90.96 美元，却在短短 4 个月里就下跌到同年 6 月 17 日的 20.62 美元，跌幅高达 77%。

同样从事互联网教育行业的高途集团（代码 GOTU，原名"跟谁学"），其股价甚至从 2021 年 1 月 27 日的最高 149.05 美元，下跌到 4 个月之后的、6 月 18 日的最低 12.2 美元，跌幅高达 92%。

在香港市场，事情也是一样。以民营学校为主营业务的天立教育（代码 01773）也在教育新政的紧缩之下股价暴跌。在 2021 年 2 月 18 日，天立教育的股价高达 10.55 港元，相较 2018 年的最低价 1.14 港元，短短 2 年多时间里涨幅高达 825%。但是，在之后的 4 个月里，天立教育的股价跌到了同年 6 月 18 日的 3.01 港元，跌幅高达 71.5%。

如此惨烈的杀跌，短短 4 个月里股价跌幅达到百分之七八十，乃至百分之九十多，是投资中不常见到的。许多人将这场教育类股票的下跌归结为不可预知的政策变动，认为政策变动的事与投资水平无关，"此天亡我，非战之罪"（这句话是当年项羽在乌江边发出的感叹）。但是，政策变动真的是不可预知的吗？在教育行业蓬勃发展的年代，我们能预先看到有可能会出现的政策变动吗？

记得早在2016年~2017年，也就是教育类股票股价上涨最红火的时候，有一位大型投资公司的投资总监和我吃饭，问我对教育类股票怎么看。

"我看不明白。"我坦言道。"怎么会看不明白，你是看不懂它们的报表，还是看不懂这些公司的产品？这些企业不像生物医药类或者科技类企业，没有什么高新技术啊？这有什么看不明白的？"投资总监很不解地问。

我解释道，我当然知道这些公司是做什么业务的，我也看得到它们的财务报表每年以高速增长。但是，我不明白的是这样几个问题：

第一，这些教育机构高速增长，必然对现有教育制度产生冲击，这种冲击会带来怎样的后果？而作为国民经济的重要非市场化组成部分，这种冲击会带来政策层面怎样的反馈？

第二，如果说家长觉得学校的正规教育，尚且不足以把孩子培养成才，那么在校外培训机构上课的老师，其教学水平从平均意义上来说还不及校内的老师，这些培训教育给消费者带来的意义究竟有多大？

第三，对于教育培训工作来说，培训得好坏与否，与机构的关系并不大，主要在老师的水平。正规学校由于老师的工作编制比较固定（俗称体制内），因此老师的流动性并不会太大，但是校外教育机构基本全都是市场化竞争，老师来来去去会不会很容易？如果老师从一家机构到另一家机构很容易，如果这些老师真有水平的话，那么这些教育培训机构如何能和老师议价？如何阻止老师在跳槽的时候，带走忠实的顾客？而如果老师没有水平、对于培训机构没有议价能力，那么就回到第二个问题。

第四，校外教育机构之间如何竞争？我们知道，有些企业之间的竞争格局是非常简单的，一家高速公路公司不太会和另一家高速公路公司有太直接的竞争，因为政府很少会在同样的一个路段同时规划和批准建设几条高速公路——这样会造成公共资源的浪费。但是，校外教育机构则不同，家长完全可以带着孩子在不同的机构之间挑挑拣拣。而为了抢占市场，校外教育机构之间竞争十分激烈，获客成本一路走高，这些付出的钱将来谁来买单？

最后，校外教育机构往往在香港和美国市场上市，这些市场中股票的上市和退市非常简单，万一股价下跌、公司决定私有化退市，投资者的损失会不会没有翻身之日？

我提了这么许多问题，投资总监也陷入了思考。良久，他抬起头来说："其他问题都还是商业问题，政策问题可能是最大的问题。新兴的校外教育行业会挑战原来公立教育体制，政府到底会采取一种怎样的姿态应对，还真不好说。"

对于投资来说，政策问题一定是必须思考的问题，尤其是当政策变化可能影响整个行业发展逻辑的时候。

在教育行业的案例中，我对新兴教育行业对传统公立教育的冲击感到忧虑，因此对政策层面抱有一定的担忧，由此对这个行业的前景感到难以彻底理解。而对于自己无法完全理解的行业前景，明智的投资者都会保持一分谨慎。

而在另外一些案例中，投资者则可以通过对政策变动做出有利的预判，从而发现当时并不明显的投资机会。

在 2020 年，风电行业的应收账款问题比较严重。由于财政协调不及时等问题，一些大型风力发电公司收不回来欠款，因此账面上挂的应收账款数额巨大。而市场对于这些以地方政府、国企为主的应收账款欠账对象，究竟能在什么时候把钱还上，并没有明确的预期。

在这种负面情绪的影响下，一些风力发电公司的龙头企业，股价十分低廉。比如，在香港市场上市的风力发电龙头龙源电力集团（代码 00916），其股价在 2020 年 4 月 27 日最低时只有 3.25 港元（Wind 资讯提供数据，2021 年 6 月 18 日前复权价格，以下皆同），对应 0.56 倍 PB 和 6.2 倍 PE，只有 2018 年中接近 7 港元的股价的不到 50%。在 2020 年，中国的风力发电总量为 4146 亿千瓦时，而当年龙源电力的风力发电总量为 437 亿千瓦时，占比达到 10.5%。

由于风电行业的应收账款对象，主要来自政府背景的财政和国有企业，因此虽然暂时没有收到钱，却很难赖账。同时更重要的是，伴随着对环境污染和可持续发展的不断重视，国家政策在新能源发展上加码投入，可以说是大势所趋。

理解了这样的政策背景，投资者就可以理解，对于风力发电行业的欠款来说，政策一定会帮助这个问题的解决。结果，在 2020

年底到 2021 年初，随着市场担忧的消失，龙源电力的股价从 2020
年 4 月 27 日的最低 3.25 港元，上涨到了 2021 年 2 月 16 日的最高
15.62 港元，对应 2.1 倍 PB 和 24.2 倍 PE：估值在不到 1 年的时间
里变成了原来的大约 4 倍。

其实，投资从来都不只是研究市场和商业问题。要知道，完全
竞争性的市场经济，在中国只从 20 世纪 80 年代初才开始成为社
会常态，在西方成熟市场也只不过出现了几百年。人类社会包罗万
象、纷繁复杂，远不止商业和市场这么简单。而如果人类社会只有
市场和商业这么一项东西，那么几百几千年前的那些大商人，他们
的子孙后代，就仍然会是今天最有钱的人。

从社会的宏观逻辑上来说，对于任何一个社会，自然条件产生
了历史和文化，历史和文化决定了今天的政治格局，政治格局又对
市场和商业产生巨大影响。对于投资者而言，如果以为商业和市场
经济是投资的唯一研究对象，那么他就大错特错了。

在战国时代，大商人吕不韦在邯郸见到秦国公子异人，认为至
宝可居，回家问自己的老爸："耕田之利几倍？"意思是，我种田能
赚几倍于种子的钱？吕老爹说："十倍。""珠玉之赢几倍？"曰："百
倍。""立主定国之赢几倍？"曰："无数。"要能把秦国的国君当生
意做，就能赚到无数倍，远超种田和贩卖珠宝所得。

那么，战国时的商人能懂得商业不止种田和买卖珠宝，今天的
投资者又怎能认为，投资只关乎市场与商业呢？对于政策可能发生
的变动，又怎能不多多研究和预判？

第6章 其他资产与海外市场
港股的独特机会在哪里

古人有云:"一事不知,儒者之耻。"对于中国的价值投资来说,虽然本国的股票是最主要的投资载体,但是一些其他资产和海外市场,也是不可不知、多多益善的。

毕竟,对于价值投资来说,无非要抓住两个要素:资产质量好、价格便宜。这两个要素,放之四海而皆准,在衍生品、房地产、商品,乃至收藏品等品类上,和股票投资的原则一般无二。

既然懂了价值投资的大道,那么在更多的市场中寻找更多的投资机会,是水到渠成之事。既可以丰富人生阅历,又可以丰富账户回报,何乐而不为?

港股的独特机会在哪里

对于香港市场，不少内地投资者的心情是复杂的。一方面，很多优秀的内地投资者，在长期只依靠内地股票市场就取得了骄人的投资业绩，这说明没有香港市场一样可以把投资做得不错。另一方面，香港市场多给出的投资机会，又是实实在在存在的。

这里，我们就来讨论一下，内地投资者应当如何看待香港市场。

具体来说，"内地投资者应当如何看待香港市场"这个问题，应当分为两个小问题：香港市场能提供哪些内地市场没有的机会？不同的内地投资者，应当如何以不同的角度看待香港市场？

就第一个小问题来说，只有香港市场提供了内地市场没有的投资机会的时候，这个市场对于已经熟悉了内地市场的投资者来说，才是有价值的。

那么，香港市场会提供哪些内地市场没有的投资机会？总体来说，这种机会有 4 类：整体性低估机会，个体低估机会，双向套利机会，优秀稀有品种机会。

整体性低估机会

就整体性低估机会来说，由于和内地股票市场并不同步，香港股票市场有时候会在内地市场正常交易的时候，突然出现指数级别的低估机会。

这时候，慌乱的内地投资者会认为，香港市场不行了，不值得投资。但是，聪明的内地投资者会意识到，这只不过是有上百年历史的香港股票市场的一次低估而已。

远的不说，就最近 20 年来说，香港股票市场历史上整体性低估的机会至少出现过 4 次：2002 年～2004 年的恒生国企指数、2008 年的香港市场、2016 年的香港市场、2020 年的香港国企股市场。在这四次市场中敢于下注的投资者，往往都能取得远高于后来同期 A 股市场的表现。

个体低估机会

一般来说，单只股票的低估机会，往往与整体市场低估的机会同时出现。但是，在一些事件驱动投资机会出现的时候，有时候也会出现与整体市场低估并不同步的单只股票的低估机会。

也就是说，在香港市场寻找低估值时，投资者不应该只看重指数级别的低估值，对个体的低估值也要有所了解。

比如，在 2011 年甬温线事件以后，当时的中国南车、中国北车的港股股票，就出现了幅度远大于内地股票的下跌。而在 2020年美国特朗普政府对中国三大运营商（中国移动、中国电信、中国联通）出具禁令的时候，这些营业收入 99% 左右在中国内地、实际业务并不会受到多少影响的公司，其港股股票也出现了大幅下跌。

这些单只股票层面的低估值机会，都出现在指数级别的低估值机会以外。而在这些机会出现之后，这些股票的价格都出现了大幅上涨。

双向套利机会

在香港市场，很多股票是同时也在内地市场上市的。这时候，重视价值的内地投资者就应该意识到，如果能在香港市场以更便宜的价格买到内地市场同样的股票，或者能在内地市场买到比香港市场更便宜，或者估值差不多的股票，那么这种精明的套利交易，就是划算的。

比如，对于中国平安（A 股代码 601318，H 股代码 02318），我就听一位投资者朋友说起，他会基于历史 AH 溢价率的情况，经常在平价的时候买 A 股、A 股溢价 15% 以上的时候买港股，往往还所获不菲。

但是，对于双向套利交易来说，尽管每一笔交易都能卖掉更贵的、买入更便宜的股票，从而显著增加投资组合的价值，但是究竟多少溢价率是合理的，从来没有人能找到定论。

而上述中国平安 15% 的溢价率，在很多股票上并不适用——这些股票的 A 股经常能溢价 H 股 100% 以上，甚至到 300% 的水平。如果一位投资者在 A 股溢价 15% 的时候，就卖掉 A 股买了 H 股，那么他无疑是不划算的。

即使对于同一只股票来说，历史溢价率也不一定能够代表未来的情况。也就是说，在上述朋友告诉我的例子中，依照中国平安历史上折价溢价的情况进行交易，并不一定是一条颠扑不破的铁律。

举例来说，金风科技公司（中国最大的风电发电设备厂）的A股股票（代码002202）对于H股股票（代码02208）的溢价，就出现过大幅的波动。

在2010年，金风科技A股对H股的溢价率一度高达250%，到了2014年居然变成0%。在2015年到2020年上半年的五六年里，这个数据一直在50%到100%之间波动，但是到了2020年下半年又一度回落到了0%。

而在另一个例子里，A股对H股的溢价率却在2020年出现了上升。工商银行（A股代码601398，H股代码01398）的A股对H股的溢价率，在2010年~2015年一直保持在-20%到20%之间，也就是说A股价格甚至一度比H股便宜得多。但是，在2015年~2020年，这个溢价率却再也没有回落到0%以下，甚至在2015年和2020年两度冲击到了40%。

总结来说，香港市场对内地投资者所提供的双向套利机会，并不是一个很稳定的机会。A股对于港股的折价溢价数据，不停地在发生变化。对于这种变化的预判，与其说是一种科学，不如说是一种艺术，我至今没有看到对这种折价溢价率变化的真正靠谱的解释。

但是，不管怎么说，只要投资者能够利用这种折价溢价的变化，不停增加自己投资组合的价值，那么从长期来看，投资者一定能从中获利，获得更好的投资回报。这就像巴菲特先生和芒格先生所掌管的伯克希尔·哈撒韦公司，用几十年的经验告诉我们的那样：长期来看，股价一定是围绕公司和投资组合的基本面波动的。

优秀稀有品种机会

在香港股票市场，有一些没有在内地市场上市的优秀公司，长期给投资者提供了优秀的历史回报，比如腾讯控股、申洲国际、香港交易所等。这些在内地市场无法买到的公司增长迅速，ROE 高，因此在历史上涨幅不小。

但是，在香港市场寻找优秀稀有品种机会的投资者，至少应该注意 3 个问题。

首先，要确定一家公司是不是真正的优秀投资品。香港市场冒牌的好公司也不少，而且往往有一个动听的故事。

其次，要鉴别这家公司会不会出现公司基本面以外的波动。比如阿里巴巴公司是一家优秀的公司，但是在历史上曾经出现过上市后又私有化退市的情况（当时的股票代码是 01688），让从 IPO 开始就参与其中的投资者并没有赚到多少钱。

最后，由于香港市场是一个成熟市场，投资者经常目光如炬，因此真正优秀的公司经常以不低的价格交易，40 倍以上的 PE、5 倍以上的 PB 对于真正优秀的公司来说，往往是常态。这就对投资者的眼光提出了更高的要求，对公司的判断千万不能出错。

4 类不同的内地投资者

对于香港市场出现的、内地市场没有的投资机会，不同的内地投资者应当以不同的角度来看待。在此,我把内地投资者分为4类:短期考核机制的机构投资者,长期考核机制的机构投资者,成熟的个人投资者,不成熟的个人投资者。

对于机构投资者来说,如果考核机制是比较短期的(这种考核机制往往出现在大部分的公募基金、私募基金和一部分的保险资产管理机构中),那么香港市场的4类投资机会中,即整体性低估机会、个体低估机会、双向套利机会、优秀稀有品种机会,可能只有一些事件驱动造成的个体低估机会和优秀稀有品种机会,会适合这类投资者。这两种投资机会并不会要求投资者等候太长的时间,或者容忍太高的"盯市误差"(指的是和市场指数之间的偏差)。

而对于长期考核机制的机构投资者和成熟的个人投资者来说,香港股票市场就像天堂一般。它能够提供4种内地市场不能找到的投资机会,让这些投资者收益大增。

当然,这种收益的体现,有时候需要比较长的时间,也会和内地市场的表现出现偏差,甚至出现一两年"其他人都赚钱就我不赚钱"的情况。但是,由于长期考核机制的机构投资者和成熟的个人投资者能够忍受比较长时间的"盯市误差"(成熟的个人投资者甚至可以完全忽略这种误差),因此他们就能更好地从香港市场获利。

而对于最后一种投资者,即不成熟的个人投资者,由于这类投资者缺乏具体的投资判断能力,因此香港市场提供的4种投资机会中,可能只有第一种,即整体性低估机会,是比较适合这类投资者的。因为整体性低估机会相对比较容易判断,需要的财务知识也比

较少，因此只要这类投资者能找到一个可靠的投资工具（比如管理
公司可靠、规模巨大而且跟踪误差小的指数基金），那么假以时日，
也就能从此类投资机会中获利，并且不用被财务和投资知识匮乏的
劣势所拖累。

结语

总结来说，香港市场提供了许多内地市场所没有的投资机会，
值得每一位投资者深入思考。在研究明白香港市场的特性以后，找
到能够符合自己投资能力和资金属性的投资机会，就能够给投资者
带来更大的选择空间。

从不理性的基金交易看狂热的港股投资者犯了什么错误

忽如一夜春风来，千树万树梨花开。在 2021 年初的时候，香
港股票市场突然成为内地资本市场的火热话题，无数投资者开始冲
入港股，各种信息媒介也开始对投资者说，你应当如何如何投资港
股。南下资金每每创出新高，港股不少公司的股价也一飞冲天。当
时好像有一句话，叫"跨过香江去，夺取定价权"。

但是，在这样的投资热潮中，至少有相当一部分投资者，是
不理性的。其实，在历史上许多投资热潮中，我们都能看到不理性
的存在。而这些不理性的投资者，在面对波谲云诡的香港股票市场
时，一定要保持冷静、保持自己的理性客观。否则，交易容易赚钱

难，最后倒霉的还是自己。

为什么说有不少在 2021 年初的热潮中购买港股的内地投资者是不理性的？主观地说"别人的交易不理性"，本身就是一件不够理性、不够客观的事情。之所以说不少投资港股的投资者不理性，是因为有真实的数据告诉我们：这些投资者在做投资的时候，根本没搞明白自己当时就吃了亏。

内地投资者投资港股渠道众多，其中包括投资内地上市的、以香港股票市场标的指数为基准的指数基金。而这些指数基金，在2021 年初的交易所场内交易中，一度出现了巨大的溢价。

严格来说，交易所场内交易的上市基金份额，在一些时候出现溢价，并不一定是不理性的。比如，一位基金经理只发行了一只基金，这只基金只在场内交易，场外不接受申购，且场内交易的份额是固定的。这时候，如果这位基金经理的投资风格最近受到市场热捧，场内交易的基金份额就有可能在被抢购的情况下，出现一定的溢价。

在这种情况下，我们很难用一句话就判定，投资者是理性还是非理性的，因为如果这位基金经理真的值得托付，那么除了在场内买入溢价的份额外，投资者并无第二个方案可以选择。

但是，场内基金的溢价如果是理性的，那么背后一定要同时符合两个特点。第一，这只基金在市场上无法找到任何复制品。第二，这只基金没法在其他渠道平价买到。如果一只基金符合这两点，那么在特殊的时候，一定程度的场内溢价是可以理解的——反正也没法用不溢价的方法达成这笔投资。

反之，如果一只基金可以在市场上找到复制品，或者用其他渠道平价买到，那么在场内市场付出溢价进行购买的投资者，就一定是非理性的。这和放着官方网站三千元的手机不买，一定要到门口门店花五千元预定同样的机器，基本上是一个道理。

而这些被内地投资者热捧的、以香港市场股票指数为标的的指数基金，并不符合以上两条中的任何一条。首先，以同一股票指数为标的的指数基金，它们之间是可以互相替代的。其次，这些指数基金和它们的联接基金，在一级市场的申购状态，往往也是开放的。

也就是说，当一只指数基金出现溢价的时候，投资者完全可以用更低的价格，买入另外一只没有溢价，或者溢价较小的指数基金，或者用平价在一级市场申购基金份额。即使 ETF 基金的申购下限要求较高，投资者也可以申购这些 ETF 基金的联接基金——联接基金的申购下限要求往往很低。

但是，在 2021 年初燥热的市场波动中，投资者却没有这么做。

在 2021 年 1 月 19 日的交易中，跟踪恒生国企指数的嘉实恒生中国企业指数证券投资基金（代码 160717）的收盘价，达到了 0.979 元，而当日这只基金的净值只有 0.8733 元。在同一天，南方恒生交易型开放式指数证券投资基金（代码 513660）的收盘价格达到 2.901 元，而当日这只基金的净值仅为 2.8084 元。在这两只基金上，当时蜂拥而入的投资者，比基金净值多付出了大约 0.1 元的代价。

很明显，冲动买入这两只指数基金，而没有选择其他当时没有溢价的指数基金的投资者，他们是不理性的。他们并不知道，在同一天，自己如果去购买一些其他的指数基金，比如和嘉实恒生中国企业指数证券投资基金基准指数相同的易方达恒生中国企业交易型开放式指数证券投资基金（代码510900），或者和南方恒生交易型开放式指数证券投资基金基准指数相同的华夏恒生交易型开放式指数证券投资基金（代码159920），或者在场外市场付出一点申购费去申购这些基金的联接基金，就能不用多付那么多钱，而能买到同样的东西。

不理性的交易，带来的是市场的惩罚。在仅仅几个交易日以后的2021年1月22日，嘉实恒生中国企业指数证券投资基金的当日收盘价格，就从1月19日的0.979元，下跌到了0.859元，跌幅达到12.3%。而南方恒生交易型开放式指数证券投资基金的同期收盘价格，也从2.901元下跌到了2.739元。这其中主要的原因，并不是同期股票指数的下跌，而是之前高溢价率的消失。

其实，当内地投资者把眼光投往香港股票市场的时候，尤其需要保持理性，而不是被狂热的情绪冲昏头脑，以为"买到就是赚到""机不可失，时不我待"。要知道，相对于内地股票市场，香港证券市场是一个更难赚钱的地方。

对于有经验的投资者来说，只要观察一下内地机构投资者在香港市场的投资回报率，和在内地市场的投资回报率，就会发现香港市场往往更难赚钱。长期来看，由同一家基金公司，甚至同一位基金经理管理的，分别投资于内地市场和香港市场的主动管理型基金，前者往往比后者更容易盈利，相对股票指数的超额收益率也更高。

同时，在内地市场发行的、跟踪香港市场主要股票指数的指数基金，相对于跟踪内地市场同等级别的主要股票指数的指数基金，在考虑了股息率和汇率带来的偏差之后（股票指数往往不包含股息，但是指数基金其实会收到这部分股息。同时，投资香港股票市场的基金，在和基准指数比较时，还要考虑同期汇率的变动）。其跟踪误差也经常更大。而如果机构投资者尚且在香港市场相比内地市场更难赚钱，那么个人投资者在香港市场的投资能力和在内地市场的投资能力相比究竟如何，也就显而易见了。

香港市场相对内地市场更难赚钱，是由多方因素导致的。

比如，香港市场是个更加成熟的市场，投资者来自全球各地。尽管全球投资者也有很多不理性的地方，但是相对内地市场投资者来说，他们对公司的基本面和估值，往往有相对来说更加理性专业的分析，因此导致香港市场上的错误定价相对更少。

同时，香港市场相对更加市场化，上市公司在估值低的时候会采取回购、退市等方法，估值高的时候又更容易增发、减持，而内地市场相对来说，资本运作的数量要少一些，一些类似私有化退市、大比例配股、对大股东大折扣定向增发等过于激烈的财务技巧，也不容易见到，因此投资者在香港市场能够找到的好投资机会就更少。

最后，内地投资者进出香港市场，往往会支付比内地市场更多的手续费、换汇损失、税费等，这在长期也会侵蚀投资者的利润。

当然，对于那些有准备、理性的投资者来说，香港市场无疑给他们开辟了一个新的盈利场所，让他们能够利用国际投资者不理性的机会，赚到在内地市场赚不到的钱。比如，当外国政府对自己国家的投资者的投资行为进行行政干预时，有时会造成香港股票市场的不理性波动，而手握现金，又不受外国政府影响的、理性的内地投资者，就能够从中渔利。

但是，对于那些不惜花费高额溢价，在内地市场买入香港市场指数基金的投资者来说，他们对几天之内就会到来的亏损视而不见，对明显能够以更合算的价格完成的其他交易方案完全没有觉察能力。对于这样的投资者来说，盲目追逐香港市场的投资机会无疑是危险的，只有多一些理性、少一些冲动，才能对得起自己的资金。

2020 年低估值股票在港股上的暂时失落

最近看张玮先生所写的《历史的温度》，其中有一句话让我感慨颇深："时代扑面而来，转瞬即成历史。"我们生活的每一个瞬间，在不经意间逝去以后，就会成为一生所回忆的过去。

在投资的世界里，我们也往往看到，某些时候市场的情况和历史上的经验相比，是如此不同，从而创造了新的历史。当异常的市场情况出现时，人们往往手足无措，因为这种情况从未出现过。但是，当多年以后回头再看时，却发现它也只不过是历史中的一幕而已。

　　在 2020 年前 5 个多月的香港市场中，投资者看到了历史上从未出现的一幕：低估值的股票大幅跑输了高估值的股票。这种在香港股票市场中，低估值股票的表现逊于高估值股票的情况，至少从 2007 年开始，直至 2019 年的 13 年中，从未出现过。

　　2020 年前 5 个多月低估值股票在香港市场上的糟糕表现，我最早是在港股通股票中发现的。图 6-1 与图 6-2 比较了香港市场上的港股通成分股在 2019 年 12 月 31 日～2020 年 6 月 8 日之间的股票表现，与其在 2019 年 12 月 31 日的 PE、PB 估值。为了对比清晰，这里的 PE 和 PB 估值（横轴）均使用对数坐标轴，而涨跌幅（纵轴）则采用普通坐标轴。

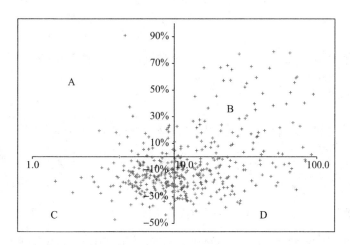

图 6-1　港股通股票的 PE 估值在 2009 年 12 月 31 日～2020 年 6 月 8
　　　　日股价变动中的分布情况

资料来源：Wind 资讯。

　　为了标准化起见，本书剔除了 PE 或者 PB 估值为负数的股票，同时也剔除了比较区间内累计成交金额不足 1 亿港元的股票。客观来说，1 亿港元的区间总成交金额是一个非常容易满足的标准。如果一只股票在长达半年，或者 1 年的时间里，累计成交金额连 1 亿港元都不到，那么将其剔除在研究之外，也就合情合理了。

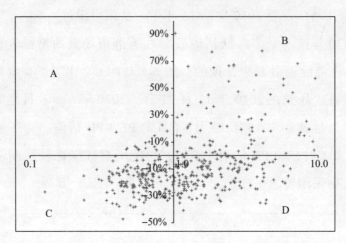

图 6-2　港股通股票的 PB 估值在 2009 年 12 月 31 日～2020 年 6 月 8
　　　　日股价变动中的分布情况

资料来源：Wind 资讯。

在图中可以看到，每一个点代表一只港股通股票。其中 A 区代表低估值、涨幅大的股票，B 区代表高估值、涨幅大的股票，C 区代表低估值、跌幅大的股票，D 区代表高估值、跌幅大的股票。

在图中可以清楚地看到，B、C、D 区均有大量的股票存在，但是 A 区的股票非常少。这也就意味着在 2020 年的前 5 个多月中，对于港股通成分股来说，只要估值低，上涨的概率就显著低于其他股票。

那么，这种"在区间初始时估值越低的股票区间表现就越差"的现象，是不是香港市场的常态？或者会不会只是港股通成分股的特殊状态？

有意思的是，历史数据显示，这种状态不仅不是常态，而且至少在 2007 年~2019 年的 13 年中，从未出现过。同时，这种特殊的状态在 2020 年的前 5 个月中，也不止出现在港股通成分股里，而是在整个港股市场普遍存在。

由于港股历史上成分股变动远比 A 股大，而受数据获得的限制，表 6-1 只统计了在 2020 年时在香港市场上市的股票在历史上的情况，因此如果向前递推过长的时间，难免因为成分股变动过大，造成明显的失真。所以，这里的统计，只从 2007 年开始进行。

统计的规则非常简单：首先剔除估值为负数的股票，以及区间总成交金额小于 1 亿港元的股票，然后以区间起始时的 PE 和 PB 估值为基准分别排序（比如区间为 2010 年 12 月 31 日至 2011 年 12 月 31 日，则取 2010 年 12 月 31 日时点的估值）。在得到按估值由低到高进行的排序之后，将该排序内的股票按每组 100 只进行分组，得到尽可能多的分组。最后，计算出每组中 100 只股票在区间内的价格变动幅度的中位数（之所以不取平均数，是因为香港股票市场有时有大幅的价格波动，单只股票的异常数值可能影响过于巨大）。

从表 6-1 中的数据可以轻松地看到，对于绝大多数的年份来说，在上年底 PE 和 PB 估值更低的股票，往往在当年有更好的股价表现。比如，2009 年、2012 年、2014 年、2016 年就是很明显的例子。而对于另外一些年份来说，低估值的股票往往相对高估值的股票有一定的优势表现，或者有一点点劣势表现，或者基本持平。

表 6-1 按年初估值由低到高分组的港股当年价格变动幅度的中位数 (%)

指标	分组起	分组终	2007年	2008年	2009年	2010年	2011年	2012年	2013年	2014年	2015年	2016年	2017年	2018年	2019年	2020年截至5月8日
PE	1	100	50.1	-61.5	123.1	11.7	-32.5	45.6	9.8	3.5	9.5	3.6	19.7	-19.5	3.2	-15.1
	101	200	54.4	-60.1	128.1	25.0	-33.3	20.0	9.1	14.4	1.6	3.2	11.6	-13.5	0.5	-15.0
	201	300	50.7	-60.6	119.8	21.1	-35.0	15.8	4.9	-2.5	0.2	-3.4	19.8	-12.7	5.5	-15.0
	301	400	38.7	-63.4	105.1	15.0	-32.5	21.9	6.7	10.2	0.8	-0.7	18.3	-10.7	6.0	-15.7
	401	500	30.8	-64.4	88.5	13.2	-37.8	13.9	7.8	3.1	-1.1	1.6	11.3	-20.9	2.3	-11.9
	501	600	66.9		87.4		-29.0	13.4	12.1	4.2	-0.2	-2.2	19.3	-13.1	-5.0	-9.7
	601	700					-35.3	12.0	12.9	-1.8	0.0	-4.8	19.3	-13.8	-0.0	0.6
	701	800								-6.7	4.2	-0.6	14.1	-16.0	5.9	
	801	900									-3.7	-10.9	10.1	-19.8	-3.4	
	901	1 000									5.7			29.0		

1　100	66.6	−58.4	133.6	23.1	−35.2	35.6	15.3	5.2	−0.9	9.5	28.1	−14.7	−5.4	−16.4
101　200	54.5	−60.9	110.3	18.1	−34.5	32.6	13.4	8.3	1.0	−0.6	19.3	−10.7	2.5	−16.9
201　300	40.3	−60.2	123.0	26.3	−34.3	17.4	5.9	5.9	3.7	2.8	8.1	−17.7	2.2	−14.9
301　400	44.1	−67.9	115.5	11.0	−35.6	16.0	9.6	−2.8	0.8	−4.0	14.7	−17.3	4.5	−15.4
401　500	45.4	−66.4	88.2	8.6	−32.7	17.5	5.5	8.3	−2.7	−4.8	13.4	−20.0	−2.8	−10.1
501　600	38.9		85.7		−31.9	12.7	5.7	9.1	0.6	−3.3	15.3	−18.2	3.4	−4.2
601　700					−37.5	15.5	8.0	0.2	−0.2	−7.6	9.7	−17.5	1.8	−5.2
701　800								−4.2	4.3	−7.4	20.9	−19.3	7.9	
801　900									8.0	−0.1	8.7	−12.4	3.7	
901　1 000									−2.4			−19.8		
前两分位平均值与最差 PE	3.4	3.1	37.6	4.3	−0.8	20.0	−3.1	13.2	4.5	9.2	3.5	7.9	0.6	−10.5
后两分位平均值之差 PB	18.4	7.5	35.0	10.8	−0.1	20.0	7.5	8.8	−2.8	8.2	8.8	3.4	−7.2	−12.0

（左侧标注：PB）

资料来源：Wind 资讯。

但是，对于 2020 年的前 5 个多月来说（截至 6 月 8 日），在港股可统计的 7 个组中，低估值组的表现远逊于高估值组。以 PE 估值为例，前 4 组的股价跌幅中位数均为 15% 以上，但第 6 组，也就是倒数第二高估的组，跌幅仅为 9.7%，最后一组，也就是估值最高的组，股价甚至上涨了 0.6%。在 PB 估值组中，事情也是一样。第一组和第二组，也就是估值最低的两个组，期间跌幅的中位数均大于 16%，但是最高估的两个组，股价跌幅的中位数只分别是 4.2% 和 5.2%。

用一个更简单的方法，我们可以看出在 2020 年前 5 个多月时间里，港股市场的特殊结构。用每年估值最低估的两组股票的价格表现中位数的平均值，减去最高估的两组，就可以得到一个"最低估的股票组和最高估的股票组之间的股价波动差额"。

可以看到，对于以 PE 估值进行的分类来说，这个差额在 2020 年的前 5 个多月里，达到 -10.5%，比 2007 年到 2019 年中最低值 -3.1%（出现在 2013 年）还要低得多。同时，以 PB 估值进行的分类中，2020 年组的差额为 -12%，比之前的最低值 -7.2%，尤其是 2018 年以前的最低值 -2.8% 要低得多。

同时，在 2007 年到 2019 年的 13 年中，对于 PE 估值的分组来说，这个差额只有 2 年为负数，有 11 年则为正数。而对 PB 估值的分组来说，有 10 年为正、1 年为 -0.1%、接近于 0，2 年为明显负数。这也就说明，在历史上，低估值股票组跑赢高估值股票组，在香港股票市场属于常态。

不过，正所谓历史规律就是用来被打破的，在香港股票市场曾

经是常态的"低估值股票相对高估值股票的优势"，也在 2020 年的
前 5 个多月被暂时打破了。这种规律的暂时缺失，是意味着以低估
值为主的投资方式的永久失效？还是意味着这是低估值投资者介入
的一个大好时机？要知道，轻易做出"这次不一样"的结论，往往
是投资中最危险的事情之一。而把危险的交易错认为赚钱的机会，
也常常是亏本最快的买卖。这其中的选择与判断，值得投资者们
深思。

从恒生短仓指数和恒生杠杆指数中学到的一课

在证券投资中，做空和短期杠杆是许多投资者喜欢的短期交易
工具。在短期做空和做多中，体验股价简单涨涨跌跌以外的乐趣，
让许多投资者乐此不疲。

但是，一些著名的价值投资大师，如彼得·林奇、巴菲特、塞
思·卡拉曼等，却从来不提倡投资者做空或者使用短期杠杆进行投
资。巴菲特自己虽然利用保险公司的长周期资金作为杠杆，但是这
种资金周期超长、利率超低并且没有短期平仓风险，和一般投资者
使用的短期投机杠杆资金完全不一样。

杠杆和做空的一个大问题，是可能爆仓的风险。比如前文中提
到的 2021 年初，在著名的美股游戏驿站公司的交易中，一众机构
投资者曾经被个人投资者逼空。

当时，股票社区上流行的一个个人投资者多头所说的段子：
We can remain retarded for longer than they can stay solvent. 意思是，

我们保持非理性的时间，比他们能保持不爆仓的时间要长。这充分说明了，做空和杠杆可能导致的巨大爆仓风险。

价值投资大师们不推荐做空或者短期杠杆投资的另一个重要的原因，就是做空和短期杠杆做多股票，都会承担不菲的费用。在谈到普通投资者最好的投资方法时，巴菲特曾经一再表示：价格低廉的指数基金，才是最好的选择。

而在香港市场公开发布的两组指数则显示，在长周期里，由于高额的费用等一系列问题，投资者可能无论用做空股票指数，还是用加短期杠杆做多股票指数的投资方法，都无法赚到比单纯买入股票指数更多的钱。后者可以通过购买一个跟踪误差小、费用低廉的指数基金来实现，其收益率在长期超出了前述的两个交易方案。

一直以来，恒生指数公司除了发布标准的恒生指数、包含股息的恒生全收益指数（也就是投资者买入一篮子指数基金成分股所能取得的理论最大收益）以外，还发布了两个有意思的指数：恒生短仓指数和恒生杠杆指数。

在恒生指数公司的文件描述中，恒生短仓指数及恒生杠杆指数系列"旨在复制短仓或杠杆投资策略（这里特指短期杠杆投资策略）用作交易所买卖基金及衍生产品的挂钩资产"，并且"反映投资者应用此买卖策略之实际投资过程"。也就是说，当投资者真实做空或者用短期杠杆做多恒生指数时，其所产生的借贷成本、印花税支出、股息处理等因素，都被包含进这两组指数之中。其长期投资回报，也就能被这两组指数所表现。

那么，这两组指数的长期表现如何？很遗憾，长期来看，这两组指数全都跑输了恒生指数，尤其跑输了带有股息的恒生全收益指数。要知道，恒生指数和大多数主流股票指数不一样，是不包含派息的。而投资者在投资一个低费用、少跟踪误差的指数基金时，他得到的投资回报，会更接近包含派息的全收益指数。

如表 6-2 所示，由 Wind 资讯提供的、从 2006 年 1 月 3 日～ 2021 年 1 月 26 日长达 15 年的时间段里的资料显示，恒生指数取得了 97.1% 的回报，恒生全收益指数则取得了 229.7% 的回报。在同一时间里，恒生短仓指数则取得了 84.4% 的亏损，恒生杠杆指数（一倍杠杆）只有 38.8% 的回报。

首先，让我们来看恒生短仓指数。在恒生指数长期上涨的情况下，恒生短仓指数亏损，是意料之中的事情。但是，事情并不止亏损这么简单。

在上述的 15 年时间里，恒生指数上涨了 97.1%，也就是从 14 945 点上涨到了 29 450 点，同时恒生短仓指数下跌了 84.4%。那么，如果恒生指数在接下来的一天之内，突然从 29 450 点跌回 14 945 点，恒生短仓指数能收复失地吗？

答案是不能。如果恒生指数一天之内再从 29 450 点跌回 14 945 点，跌幅 49.3%，那么恒生短仓指数理论上会上涨 49.3%。考虑到之前恒生短仓指数已经下跌了 84.4%，那么在恒生指数这个假设的从 14 945 点到 29 450 点再回到 14 945 点的循环之中，恒生短仓指数的回报是 (100%−84.4%)×(100%+49.3%)−100%，也就是 −76.7%，亏掉了原来价值的整整 3/4 还多。

表 6-2 恒生指数和各衍生指数长期回报对比

时间	指数点位				当年变动（%）				当年相对恒生指数折损（%）		当年相对恒生全收益指数折损（%）	
	恒生指数	恒生全收益指数	恒指短仓指数	恒指杠杆指数	恒生指数	恒生全收益指数	恒指短仓指数	恒指杠杆指数	恒指短仓指数	恒指杠杆指数	恒指短仓指数	恒指杠杆指数
2006-01-03	14 945	26 650	26 650	14 945								
2006-12-29	19 965	36 868	20 294	25 066	33.6	38.3	-23.9	67.7	9.7	-10.7	14.5	-23.7
2007-12-31	27 813	52 858	14 187	43 515	39.3	43.4	-30.1	73.6	9.2	-20.5	13.3	-32.0
2008-12-31	14 387	28 332	20 742	8 774	-48.3	-46.4	46.2	-79.8	-2.1	-6.6	-0.2	-8.6
2009-12-31	21 873	44 382	11 819	18 101	52.0	56.6	-43.0	106.3	9.0	-24.8	13.6	-39.1
2010-12-31	23 035	48 186	10 507	19 343	5.3	8.6	-11.1	6.9	-5.8	-4.1	-2.5	-11.0
2011-12-30	18 434	39 809	11 873	11 532	-20.0	-17.4	13.0	-40.4	-7.0	-4.4	-4.4	-8.6
2012-12-31	22 657	50 739	9 051	16 869	22.9	27.5	-23.8	46.3	-0.9	-4.8	3.7	-16.2
2013-12-31	23 306	54 064	8 285	17 366	2.9	6.6	-8.5	2.9	-5.6	-2.9	-1.9	-10.6
2014-12-31	23 605	57 027	7 683	17 391	1.3	5.5	-7.3	0.1	-6.0	-2.4	-1.8	-11.1
2015-12-31	21 914	54 794	7 644	14 297	-7.2	-3.9	-0.5	-17.8	-7.7	-4.0	-4.4	-10.1
2016-12-30	22 001	57 149	7 057	13 844	0.4	4.3	-7.7	-3.2	-7.3	-4.0	-3.4	-11.9
2017-12-29	29 919	80 745	4 934	25 169	36.0	41.3	-30.1	81.8	5.9	-3.1	11.2	-17.8
2018-12-31	25 846	72 232	5 358	17 865	-13.6	-10.5	8.6	-29.0	-5.0	-3.6	-1.9	-9.0
2019-12-31	28 190	81 653	4 731	20 390	9.1	13.0	-11.7	14.1	-2.6	-4.8	1.3	-13.6
2020-12-31	27 231	81 420	4 519	17 837	-3.4	-0.3	-4.5	-12.5	-7.9	-5.8	-4.8	-12.0
2021-01-26	29 450	87 879	4 165	20 736	8.1	7.9	-7.8	16.3	0.3	-0.7	0.1	-0.2
总体回报（%）	97.1	229.7	-84.4	38.8								

资料来源：Wind 资讯。

为什么即使恒生指数回到原点，恒生短仓指数也会亏损76.7%？原因就出在做空所需要的花费上。做空者需要承担股息支出、印花税支出、借券成本等一系列支出，而这些支出长期会慢慢消耗做空者的回报。结果，即使股票指数长期不上涨，做空者也会损失惨重。

对于恒生杠杆指数来说，事情也是一样。在上述的 15 年周期中，恒生指数上涨了 97.1%，理论上来说恒生杠杆指数（按照编制规则带 1 倍杠杆）应该取得比这个数字多得多的回报，比如97.1%×2=194.2%，但是实际情况是，在扣除了借款利息、交易印花税等一系列成本以后，恒生杠杆指数在使用了一倍杠杆的情况下，同期仅仅取得了 38.8% 的回报。

同样的，如果我们假设恒生指数在以上期间的 97.1% 的涨幅，突然在一夜之间消失，也就是恒生指数突然下跌 49.3%，那么恒生杠杆指数之前取得的 38.8% 的回报会立刻被抹平，并且产生巨大的亏损。也就是说，如果恒生指数在长期不涨不跌指数，那么恒生杠杆指数仍然会在每年费用的作用下损失惨重。

需要再次注意的是，在以上的比较中，我们只单纯比较了恒生指数与恒生短仓指数、恒生杠杆指数的长期收益，还有两个关键的问题没有考虑：股息收益与爆仓风险。

在天平的一端，对于恒生指数来说，不包含股息的编制方式，导致它并不能全然反映投资者简单投资股票指数能取得的回报。在上述 2006 年～2021 年的 15 年时间里，包含股息的恒生全收益指数产生了 229.7% 的回报，远高于恒生指数。而只要买入一只费用低廉、跟踪误差小的指数基金，投资者就可以轻松取得这一收益的近似值。

而在天平的另一端，恒指短仓指数和恒指杠杆指数这两个指数，虽然准确反映了做空和用杠杆投资可能产生的收益或者亏损，但是并没有计算可能爆仓产生的风险。在一些极端情况下，比如在 2008 年，当恒生杠杆指数亏损了 79.8% 的时候，一些平仓线要求较高的投资者，是有可能被资金提供方强制平仓的。在这种情况下，这类投资者可能根本无法享受到之后 2009 年的投资收益。

"不要依靠做空和短期杠杆做投资"，无数价值投资大师曾经这样谆谆告诫我们。但是今天，无数的投资者们仍然被做空和短期杠杆在短时间里所带来的财富波动的游戏所引诱。在浮躁的市场里，能不为短期市场波动所困扰，持续坚持长远的投资计划，是每一个立志于取得长期投资收益的投资者所必须做到的。

从分级基金溢价看套利机制对定价的重要性

在资本市场中，套利机制无处不在。而正是这种普遍存在的套利机制，保证了金融产品定价的相对准确性。因此，当套利机制缺位时，金融产品的价格就会更容易出现大幅的波动。

在 2019 年和 2020 年，一些分级基金偏离历史平均水平的大幅溢价，就给"套利机制是金融产品定价的重要基石"的理论展示了一个生动的案例。这里，就让我们从这个分级基金的溢价案例中，学习套利机制是如何对市场定价产生重要影响的。

无处不在的套利机制

在定义上，套利机制可以包括许多广义范围上的机制。举例来说，顺畅的上市和退市机制，就是保证二级市场股票与一级市场公司定价相匹配的重要套利机制。

当二级市场估值过低时，一个顺畅的退市机制会让上市公司有动力私有化退市，从而削减二级市场的供给，让价格回升。而当二级市场估值过高时，顺畅的上市机制则会使的许多公司登陆二级市场，增加二级市场的供给，从而让价格下降。

而在 ETF 基金中，套利机制则更加简单干脆：投资者可以在场外申购基金份额，转入场内卖掉，或者反向操作。因此，在绝大多数时候，ETF 基金的场内份额和场外份额之间的价差非常小。

对于那些同时在二级市场上市交易的封闭式基金来说，套利机制在许多时候则是缺失的。投资者买入的基金份额在几年的时间里不能赎回，只能卖出，持有的封闭式基金份额和基金实际资产之间，并没有顺畅的套利机制。

因此，封闭式基金也就常常出现二级市场价格对净值的大幅折价，在少部分时候也偶尔出现溢价。而在 2005 年～2007 年的大牛市中，这种折价率的变现，为当时持有封闭式基金的投资者带来了巨大的回报。

分级基金历史上的套利机制与价格的形成

在 2019 年和 2020 年，分级基金出现了一个经典的案例，证明了"当套利机制改变时，产品的定价也会发生改变，从而导致折价和溢价率的变化"。

一般来说，分级基金的条款非常简单：一只指数基金作为母基金，然后拆分成 A 类和 B 类两只子基金。A 类基金类似于债券，本金受到保障，并且从母基金中拿走固定的回报，而剩下的收益或者亏损则都由 B 基金承担。也就是说，B 类基金从 A 类基金借了一些杠杆进行投资。

由于 B 类基金实质上是从 A 类基金借钱，因此 A 类基金和 B 类基金的出现必然是成对的。也就是说，投资者在二级市场买入的 A 类和 B 类基金，不可以单独赎回，必须配对赎回。而投资者在一级市场买入的份额，也必须同时拆分成等量的 A 类和 B 类基金。

这样的"可以从母基金和 A+B 类基金之间来回转换"的套利机制，保证了只要母基金的净值大于 A、B 两只基金的市场交易价格之和，那么投资者就可以在二级市场买入 A、B 两只基金，合并以后以母基金的形式卖出。在相反的情况下，投资者则可以买入母基金、拆分成 A、B 两只基金，然后卖出获利。

需要指出的是，这种套利机制并不会保证分级基金 A 端、B 端的价格，分别等于自己的净值，因为并没有套利机制保证这两者之间的通畅套利。分级基金的套利机制，仅仅存在于母基金的净值与 A、B 两只基金交易价格之和之间。

以申万菱信电子 A、B（代码 150231、150232），信诚沪深 300A、B（代码 150051、150052），申万菱信中证申万证券 A、B（代码 150171、150172）三个分级基金为例。过去，在套利机制的作用下，这三只分级基金的整体溢价率，也就是 A 和 B 基金的价格之和对比母基金净值的溢价率，都保持在非常低的水平，基本维持在 3%，甚至更低。其中仅仅出现的一次意外，是在 2015 年市场极度狂热时。尽管如此，2015 年这些分级基金的整体溢价率，也仅达到最高 10% 左右，而且出现的时间十分短暂，最多不超过 1～2 个月。如图 6-3～图 6-8 所示。

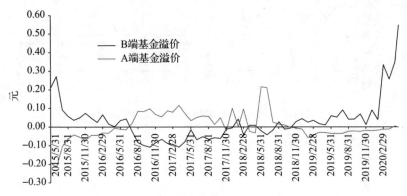

图 6-3　申万菱信电子 A、B 基金历史溢价

资料来源：Wind 资讯。

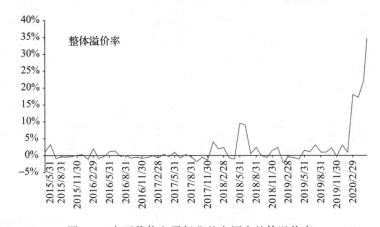

图 6-4　申万菱信电子行业基金历史整体溢价率

资料来源：Wind 资讯。

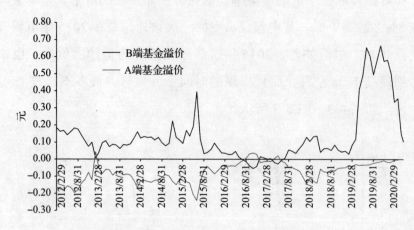

图 6-5　信诚沪深 300A、B 基金历史溢价

资料来源：Wind 资讯。

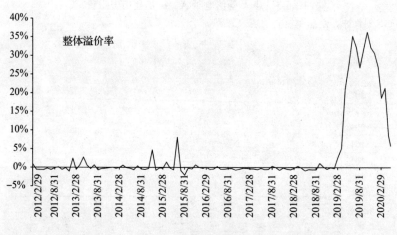

图 6-6　信诚沪深 300 基金历史整体溢价率

资料来源：Wind 资讯。

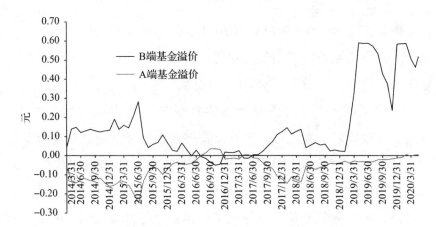

图 6-7　申万菱信中证申万证券 A、B 基金历史溢价

资料来源：Wind 资讯。

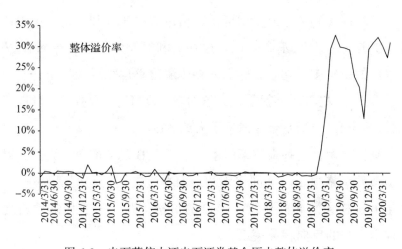

图 6-8　申万菱信中证申万证券基金历史整体溢价率

资料来源：Wind 资讯。

2019 年和 2020 年套利机制与整体溢价率的变化

但是，在从 2019 年初至 2020 年初的一年左右的时间里，分级基金的套利机制发生了明显的变化，这也导致其中一些分级基金的定价、溢价情况，发生了明显的变化。

简单来说，由于分级基金中的 B 端在 2015 年曾经因为炒作，导致一些投资者亏损严重，因此监管层要求分级基金这种过于复杂的金融工具，要有序地退出市场。作为有序退出市场工作的一部分，从 2019 年开始，不少分级基金不允许新增份额。

而这种制度的变化，就导致了分级基金母基金和 A、B 基金之间的套利机制被斩断。当场内 A、B 基金的交易价格之和，相对母基金净值出现溢价时，投资者不能顺畅地申购到母基金，然后拆分成 A、B 基金卖掉。

以之前提到的申万菱信电子、信诚沪深 300 和申万菱信中证申万证券这三只分级基金来说，这种套利机制的缺失，导致在 2019 年以后的一年多时间里，它们的整体溢价率都出现大幅攀升，最高值达到 35% 左右。也就是说，这时候二级市场交易的 A 和 B 基金的价格之和，比母基金净值贵了大约 35%。

具体来看，这种溢价率的攀升，是由 B 基金的价格大涨，以及 A 基金的价格恒定所共同实现的。而在过去，套利机制顺畅时，B 基金的价格大涨必然导致 A 基金的价格下跌——它们的价格之间呈现出完美的反向相关关系。

结语

从一些分级基金在 2019 年到 2020 年的整体溢价率变化，我们可以清楚地看到，即使是同一种金融产品，当套利机制改变或者缺失的时候，其交易价格、折价溢价率等要素，就会发生巨大的变化。这种变化与价值的多少毫无关系，纯粹是一种价格在交易博弈力量改变时产生的变动。

尽管在长期，这种变化对价值毫无影响，但是对于投资者来说，如果能巧妙地利用这种定价的变化，则可以从中获取更多的盈利，正如在2005年~2007年之间利用了封闭式基金大幅折价的投资者那样。

反之，如果没有理解这种交易价格的变化，仅仅因为价格的上涨就贸然参与，则可能遭受亏损。那些以大幅溢价买入分级基金，尤其是B端基金的投资者，就是在这里吃了大亏。

漂亮50泡沫启示录

"漂亮50"这个词，近年来在内地资本市场常常被投资者提及。所谓"漂亮50"，指的是20世纪60~70年代，美国股票市场出现过的一次蓝筹股泡沫。

在这场泡沫中，许多股票的估值达到几十倍，乃至上百倍市盈率。尽管这些股票中不乏优秀的公司，后来的基本面表现也非常优异，但是由于当时的估值实在过高，结果在之后相当长的一段时间里，这些股票走出了非常糟糕的行情。

这里，就让我们来看看，漂亮50股票泡沫事件究竟能给投资者带来哪些启示？

在内地资本市场上，有一种理论，认为漂亮 50 股票泡沫虽然当时估值很高，但是在长周期里，由于股票质地良好，因此基本面的增长在几十年的时间里，可以抵消昂贵的估值。

为了验证这一理论，有投资者用漂亮 50 股票的走势与标准普尔 500 指数的走势进行对比，发现从 1970 年～2020 年，漂亮 50 股票的平均涨幅能达到 200 倍左右。而标普 500 指数的同期平均涨幅只有 30 倍左右。据此，有些投资者认为，漂亮 50 股票虽然在当时估值极其昂贵，但是只要敢下手买入，那么长期回报仍然很高。

但是，天下大事必作于细，这种分析并不准确。其中最主要的一点，就是没有考虑到 "标普 500 指数不包含股息" 这个细节。从 1970 年～2020 年，尽管标普 500 指数只增长了 30 倍左右，但是包含了复利再投资的标普 500 指数，却增长了大约 150 倍。

由于漂亮 50 股票的股票价格是采用复权价格，因此这个价格是包含了股息在内的。用这个价格，去对比不包含股息的标普 500 指数，无疑是有失公允的。

而如果用漂亮 50 股票从 1970 年～2020 年的大约 200 倍涨幅，去和标普 500 指数考虑股息再投资以后的 150 倍涨幅比较，那么差距就变得非常之小。为什么 50 个好公司的股票价格，在 1970 年以后长达 50 年（也就是半个世纪）的时间里，却和股票指数的平均回报相差不多？在 20 世纪 60～70 年代买得太贵，无疑是最重要的原因。

在这里，需要重点指出的一点细节，就是投资回报率几个百分点的改变，长期会给投资者带来巨大的差异。

举例来说，如果一个投资者的年化回报是 7%，那么在 50 年的时间里，他的资产会增长到原来的 29 倍。那么，如果他的年化回报率从 7% 增加一倍，变成 14%，他的资产是不是就会从增长 29 倍增加到 58 倍？

绝对不是，14% 的年化回报率在 50 年的时间里，会把投资者的资产变成原来的 700 倍（1.14 的 50 次方）。难怪据传爱因斯坦曾说，"复利是人类的第八大奇迹，它的威力甚至超过了原子弹"。

在聊到漂亮 50 股票泡沫的时候，还有一些投资者认为，漂亮 50 中有一些股票无比优异，因此即使当时以极高的价格买入，长期也能赚到钱。

在这种论述中，最经常被引用到的股票，就是做连锁快餐厅的麦当劳公司（McDonald's）。有研究显示，从 1971 年～2020 年，麦当劳公司的股票价格达到了 15.7% 的复合增长率（CAGR），而 15.7% 的 CAGR 可以在 49 年里，给投资者带来将近 1300 倍的回报（1.157 的 49 次方）。

与此同时，经营大型超市的沃尔玛公司（Wal-Mart）也经常被人提及，这家公司在 1971 年～2020 年的时间里，股价的 CAGR 达到惊人的 18.6%，会给投资者带来大约 4200 倍的回报。

但是，在推导投资逻辑的工作中，个例永远不能被用来代替对规律的总结。在 20 世纪 60～70 年代的美股漂亮 50 股票泡沫中，麦当劳公司和沃尔玛公司仅仅是其中两家，还有不少公司业绩一般，比如做打印机、复印机和电子设备的施乐公司（Xerox），做快速成像照相机的宝丽来公司（Polaroid）等。

　　有意思的是，当和人们聊起漂亮50股票泡沫的时候，我发现不少投资者都会举出麦当劳公司和沃尔玛公司的成功例子，试图说明"虽然买得贵，但是公司好就没关系"，却很少有人知道施乐公司和宝丽来公司的例子。

　　这种认知上的差异，可以从数据中显示出来。在百度搜索引擎中，输入"麦当劳＋漂亮50"和"沃尔玛＋漂亮50"的时候，可分别得到279万和73万个结果。而输入"施乐＋漂亮50"和"宝丽来＋漂亮50"的时候，分别只得到了21万和14万个结果。

　　当英雄和幸运儿的故事被广为流传时，倒霉蛋和普通人的故事早已被人们遗忘。但是，谁又能保证自己在投资的时候，能够如此幸运？

　　实际上，由于之前估值太高，漂亮50股票在20世纪70年代的跌幅之大，足以让此前买入的投资者亏损严重。而即使其中一些股票，的确在长期给投资者带来了不菲的回报，但是这些股票在几十年的时间里，绝大多数时候的估值，也都远低于漂亮50股票泡沫时期的估值。对于理性的投资者来说，面对同样一家优秀的公司，为什么不在价格正常一些的时候，再去买入？

　　其实，当投资者谨慎而小心地考虑投资中的性价比，也就是同时考虑资产的质量和估值时，他们会得到的投资回报，是异常巨大的。在1970年～2020年的50年里，巴菲特先生取得了惊人的投资回报。

　　根据伯克希尔·哈撒韦公司公布在自己官方网站上的年报，这家巴菲特掌管的公司，其净资产在1965年～2020年里增长了28 105倍，其中在1970年～2020年中增加了8091倍。

这个惊人的数字，不仅远超上文所述的标普 500 指数的大约 30 倍、标普 500 全收益指数的大约 150 倍、漂亮 50 股票同期平均回报的大约 200 倍，甚至也超过了漂亮 50 股票中最出类拔萃的麦当劳公司和沃尔玛公司的股价表现。

其实，资本市场有意思的地方，就在于每当一个泡沫出现的时候，人们总会找来理由，告诉自己“不要怕估值高，买入这些很贵的东西仍然可以赚钱”。

在 2015 年 A 股小公司泡沫，小盘股估值昂贵的时候，许多人说“美国市场小公司长期跑赢指数”，却忘记了美国市场小公司长期跑赢指数的重要原因之一就是，美国的小公司因为少有机构覆盖，因此长期估值往往较低。而在 2020 年和 2021 年初的抱团股泡沫中，我们又听到不少人说，美国 20 世纪的漂亮 50 股票泡沫以后，许多公司仍然取得了长期优异的回报。

两次经验的对比，已经足够让聪明的投资者领悟到事情的真相。在资本市场中，如果有人努力向你证明，某个看起来很像是泡沫的东西并不是一个泡沫，或者说虽然是一个泡沫但是仍然不需要担心，那么这种现象恰恰说明，这个东西真的就是一个泡沫。

“预言往往并不会向你揭示未来，而只是向你描述预测者本身。”巴菲特先生如是说。

大浪淘沙，洗尽铅华。在投资的世界里，估值永远是最重要的因素之一。但是，这个浮躁的资本市场，却永远会试图在有些资产估值昂贵的时候对你说，“估值不重要，买到就赚钱”。聪明的投资者，在这种时候，你会做出自己正确的判断吗？

第 7 章　基金投资

现在你还信任你的基金经理吗

在 2020、2021、2022 这三年里，基金投资给许多投资者带来了不可磨灭的印象。这印象并非单纯的甜蜜或者单纯的苦涩，而是五味杂陈：有 2020 年的大赚，有 2021 年的跌宕，有 2022 年的灰心与失望。

但是，对于聪明的投资者来说，他们早就看穿了基金投资的一切。当我们不再用空洞的理念描述基金的投资方法，不是人人都说"专业管理""价值投资""精选个股"，而是把基金的数据一项项拿出来仔细分析时，我们会看明白其中的一切。

故《孙子兵法》云："多算胜少算，而况于无算乎！"

现在你还信任你的基金经理吗

你信任你的基金经理吗？这个问题，如果在 2020 年问出来，许多投资者会斩钉截铁地回答："那是肯定！我太信任我神一样的基金经理啦！"

但是，如果在 2022 年再问许多投资者这个问题，我们会得到多少肯定的答案？我试着问身边许多投资者："现在你还信任你的基金经理吗？"有意思的是，我得到最多的答案，不是"信任"也不是"不信任"，而是"我好久没有看我的基金账户了"。

从 2020 年~2022 年，基金行业走出了一个典型的"扩张到收缩循环"。而这个循环也让我们发现，对于投资基金这件事，太多的投资者忘记了"如果决定信任一位基金经理，那么最佳的周期是永远"这个基金投资中的铁律。

在基金投资中，人们被情绪牵动，总是在基金净值上涨的时候，因为财富的吸引，而不是因为对基金经理投资水平的认可、不是因为对基金经理本人的信任，就把钱盲目地投入净值节节走高的基金中，即使这样做会付出更高的价格也在所不惜。

而当基金申购完成以后，许多人对"买到的基金在过去两个星期里净值又涨了多少"这样的问题如数家珍，但是对真正操盘的基金经理，却几乎没有多少实质性的了解。许多人知道某位基金经理长得有多帅，有没有头发，但是对他的持仓股、投资风格，却没有多少了解。

而当基金净值下跌时，人们又因为短期的亏损，盲目地给自己的基金打出一个大大的"负分评价"。这时候，人们早就忘记了曾经喊出的口号："让专业的投资者做专业的投资工作。"投资者们纷纷抛弃了自己的基金经理，觉得他们已经跟不上时代，却全然忘记了"哪怕再好的基金经理也一定有赔钱的时候"这个投资行业的铁律。

在 2020 年～2022 年这个周期里，以上的事情就在股票类基金行业完整地发生了一次。根据 Wind 资讯的数据，在"普通股票型基金"分类下，2020 年的 393 个公募基金的平均回报率为 60.6%，2021 年 539 个基金的平均回报率为 10.0%，而在 2022 年 5 月 4 日之前的 4 个多月里，789 个基金的平均回报率为 −21.7%。

本来，基金投资有涨有亏，是非常正常的事情。即使是巴菲特这样的传奇投资者，也在有些年份里大幅亏损。但是，人们却在 2020 年对基金投资的热情无比高涨，甚至到了狂热的地步。转眼到了 2022 年，随着基金净值的下跌，当年狂热的投资者，又有多少还在支持自己的基金？有多少还在为自己的基金经理呐喊、继续信任他们？

那么，我们究竟应该怎样投资基金，怎样选择基金经理？对于基金投资来说，最重要的是对基金经理本人的研究。要知道，即使在最流程化的基金公司里，基金业绩的好坏，主要也是取决于基金经理本人。因此，投资基金就是投资基金经理，这句话可以说至少讲对了 70%。

那么，怎么研究基金经理？其中的方法很多，我在此不一一列举。总的来说，我们就是要从各方面收集这位基金经理过去的数据，尽量看清楚他到底是怎样做投资的。

举个例子，我们需要了解基金经理的换手率，看看与基金经理宣传的投资风格是否匹配。简单来说，基金的投资有三种风格：交易型，偏重估值型，投资成长型股票。

交易型的基金换手率[○]往往最高，在中国市场往往至少高达 300% 以上，甚至高达 1000% 乃至更多。

偏重估值型的换手率则居中，因为基金经理需要不断卖出高估值的股票、买入低估值的股票，但是相比于交易型投资机会，这种交易就不会频繁发生。一般来说，这类基金的换手率在 100%～300% 之间较为常见。

对于投资成长型股票的基金来说，换手率往往是最低的。基金把资产投入一家公司，然后就等待公司的成长。对于商业来说，一个企业成长周期往往最少有 2～3 年，多则长达 5 年以上。因此，这类基金的换手率不会太高，经常只有百分之几十。

如此，通过观察基金的换手率，投资者就可以对基金的投资风格有所了解。

再比如，我们可以仔细研究基金各个报表里的重仓股变化。公

○ 指基金当年股票交易量除以基金净值，在基金年报中有数据。

募基金每年要发布 4 份报告，每份报告中都会列明当时持有的前 10 大重仓股。如果一只股票是这个季度新加入投资组合的，我们就可以根据股票这个季度的走势、估值等因素，大致判断一下基金经理买它的原因。这样分析得多了，我们对基金经理的投资水平，也就会有大概的认识了。

当然，这里只是举两个例子而已，要真想看明白一位基金经理的投资水平，需要观察许多细致的指标，进行多方面的调研。甚至对于有足够实力的投资者来说，有机会的话最好多接触一下基金经理本人，找一下面对面相处的感觉。要知道，"画虎画皮难画骨，知人知面不知心"，看人选人，从来都是最具有挑战的事情。而关系到钱的事情，再怎么仔细都不为过。

在找到真正优秀的基金经理以后，投资者就面临一个问题：我们应当持有这只基金多长时间？对这个问题，我的答案是"永远"。要知道，找到一个好的基金经理非常不容易，而一个好的基金经理，常常可以终身为投资者带来超额回报。正所谓"一年之计，莫如树谷；十年之计，莫如树木；终身之计，莫如树人"，现代的投资者选择基金经理，就好像企业家选择下属、古代的君王选择大臣一样，频繁换人，事情是做不好的。

但是，对于许多投资者来说，他们根本不是通过这样一套"仔细找到好基金经理，然后永远信任他"的方法去进行基金投资的。人们在基金净值上涨的时候追入，在下跌的时候抱怨，该投资的基金不坚持投资，不该投资的时候乱投资。而对于最根本的问题，即"基金经理究竟如何"，却根本没多少人关心。

在历史典籍《晏子春秋》里，就曾经记载了一则古代治国版本的"该投资的基金不坚持投资，不该投资的时候乱投资"的故事，这篇文章的名字叫"晏子再治阿而见信景公任以国政"。这里，就让我们来看看，两千多年前的齐国曾经发生了什么。

有一次，齐景公让晏子管理东阿这个地方。过了三年，"毁闻于国"，整个齐国都骂晏子是个糟糕的地方官。齐景公听了以后不开心，把晏子免职，让他卷铺盖走人。

晏子挨骂以后，对齐景公说，等一下！我知道错在哪儿了！请再给我三年，肯定可以做到"三年而誉必闻于国"，让大家都说我好话。齐景公说好吧，就又给了晏子一个机会，再让他去管理东阿。过了三年，果然全国都夸晏子是个好官，把东阿管理得特别好。齐景公很开心，决定重赏晏子。

结果，晏子又说，再等一下！你先别赏，君王你这个赏赐我不敢接受。为什么第一个三年全国都说我是坏官？因为我当时到了东阿，造桥修路，于是当地的懒惰之人骂我；在民间奖惩公平，赏善罚恶，于是当地的坏人骂我；判案奉公守法，结果践踏法律的豪强骂我；不给官员乱发钱，结果左右官员骂我；对地方上的贵族不给予特殊的照顾，结果贵族骂我。这些人都是讲闲话的时间很多、影响力很大的人，纷纷到君王你这儿说我坏话。而得到实惠的只有老百姓，但是老百姓平时又忙，在朝廷里的声音又小，君王你听不见啊。于是，"三邪毁乎外，二谗毁于内，三年而毁闻乎君也"。

晏子继续说，到了第二个三年，我完全反其道而行之，该做的事情不做，不该做的事情乱做，贪赃枉法之徒受益，权贵势力横

255

行，老实人吃亏。结果，坏人都来说我的好话，基层老百姓只能被压迫。"昔者婴之所以当诛者宜赏，今所以当赏者宜诛，是故不敢受。"意思是，之前我差点受罚的事情其实应该受赏，今天差点受赏的事情其实应该受罚，所以我不敢受你的赏赐。

齐景公听完，大为震撼，"当诛者宜赏，当赏者宜诛"，如此治国，长此以往，齐国岂有不败之理？于是，齐景公彻底看清了晏子的贤能之才，任用晏子以举国之政，"三年，而齐大兴"。

对于今天的投资者来说，我们在购买基金的时候，有没有出现"当诛者宜赏，当赏者宜诛""该投资的基金不坚持投资，不该投资的时候乱投资"的情况？其实，分辨我们的基金投资做得是否正确，有一个很简单的方法。在基金净值大幅下跌时，问问自己："我还信任我的基金经理吗？"如果答案是肯定的，那么恭喜你，你大概率是看清了基金经理的长期水平。反之，你就得思考一下，当初究竟是为什么买了这只基金？

买短期爆款基金没好处

对于许多股票类基金的投资者来说，买上个年度业绩最好的股票类基金，似乎是一种理所当然的选择。这种选择的心理，也导致了一些追逐"爆款基金"的投资模式。一些投资者简单地把买基金理解为追星，只要追最近最闪亮的那个就行，至于背后的投资理念、管理能力，则不在考虑范围之内。

但是，至少从统计数据上来看，追逐上一年业绩最好的基金，很难给投资者带来超额收益。在某些情况下，这种投资基金的方法，甚至会让投资者的投资回报，低于基金的整体平均回报。这里，就让我们来用一个数量化模型，模拟这种"追逐上一年业绩最好的基金"的投资方法，然后看看这种方法在长期会给投资者带来怎样的结果。

在这里，首先需要明确指出这个量化研究，所研究的基金群选择。为了得到公允的结果，研究必须选择性质非常近似的股票型基金进行研究，把一堆 A 股市场主动管理型基金和几只海外市场指数基金放在一起比对，容易得到混乱的结果。我们需要做的，是研究"在同类型的股票基金中，持续买入上一年业绩最好的一部分基金，能否产生显著的超额收益"。

在 Wind 资讯整理的" Wind 开放式基金分类"下，包含股票类基金的分类，共有 2 个大项，下辖 7 个小项。两个大项分别为"股票型基金""混合型基金"。在"股票型基金"项下，共有"普通股票型基金""被动指数型基金""增强指数型基金" 3 个小项。在第二个大项"混合型基金"中，共包含 4 个小项："偏债混合型基金""平衡型混合基金""偏股混合型基金"和"灵活配置型混合基金"。

在这 7 个小项中，"偏债混合型基金"为债券属性基金，在此不再研究。"普通股票型基金""增强指数型基金""平衡型混合基金"项下的基金数量太少，不足以得出让人信服的数据检验结果。因此，这里的研究，将主要集中在"偏股混合型基金""灵活配置型混合基金"和"被动指数型基金"这 3 个小项的基金中。

在对于每只包含不同份额的基金只保留 A 类份额的基础上，在 2020 年 3 月 9 日，根据 Wind 资讯的整理，"Wind 开放式基金分类"下的"偏股混合型基金"共有 873 只。

假设有 A、B、C 三位投资者，每年分别买入上一年表现最好的 20 只、10 只、5 只基金，并且持有一年，到下一年再以同样的方式更换一次持仓，那么从 2006 年 12 月 31 日开始（当年有 74 只基金可供比较，故从此时开始计算，过早则可比基金数量太少，过晚则浪费了有效数据），到 2020 年 3 月 9 日结束，在不考虑任何交易手续费的情况下，A、B、C 三位投资者的累计净值分别是 3.6349 元、4.2335 元、3.8804 元。如表 7-1 所示。

作为对比，如果投资者在每年都平均地买入当时市场上所有的、在上一年有业绩并且在本年度持续运作的基金，也就是 A、B、C 三位投资者所挑选出的"爆款基金"基金池的平均值，那么他得到的累计净值是 3.7592 元。

和买入平均水平得到的净值 3.7592 元相比，持续选择前一年表现最好的 20 只、10 只和 5 只基金所得到的净值，即 3.6349 元、4.2335 元、3.8804 元，并不显得非常优秀。而且，这种超额表现主要是在 2020 年前两个月得到的。如果我们的统计工作只进行到 2019 年 12 月 31 日，那么 A、B、C 三位投资者得到的净值将分别是 3.1598 元、3.5417 元、3.2603 元，而买入所有基金得到的平均净值则是 3.5196 元。

表 7-1　每年持有上年表现最优秀的偏股混合型基金与持有全部偏股混合型基金的年度回报和累计模拟净值对比

时间	上年最优20只基金本年平均值（%）	上年最优10只基金本年平均值（%）	上年最优5只基金本年平均值（%）	全部基金本年平均值（%）	本年可选基金数量	20只基金平均减去全部平均（%）	10只基金平均减去全部平均（%）	5只基金减去全部平均（%）	上年最优20只基金本年平均值	上年最优10只基金本年平均值	上年最优5只基金本年平均值	全部基金平均值
		当年表现								累计模拟净值（元）		
2006-12-31									1.000 0	1.000 0	1.000 0	1.000 0
2007-12-31	128.4	129.8	127.4	121.6	74	6.8	8.2	5.8	2.284 2	2.298 3	2.274 4	2.216 4
2008-12-31	−51.3	−49.2	−48.3	−40.9	123	−1.4	0.8	1.7	1.111 3	1.168 5	1.176 7	1.110 0
2009-12-31	63.4	70.7	63.6	67.7	172	−4.4	3.0	−4.1	1.815 3	1.995 2	1.925 5	1.862 1
2010-12-31	4.5	6.7	13.9	3.0	207	1.5	3.7	10.9	1.897 6	2.128 0	2.192 4	1.917 7
2011-12-31	−25.3	−24.8	−22.8	−24.5	253	−0.8	−0.3	1.7	1.416 8	1.600 2	1.692 3	1.447 1
2012-12-31	9.9	12.6	12.5	5.4	296	4.6	7.2	7.1	1.557 3	1.801 6	1.903 4	1.524 7
2013-12-31	20.1	16.9	15.3	15.6	348	4.6	1.3	−0.3	1.871 0	2.105 5	2.194 0	1.762 0
2014-12-31	20.6	24.0	26.8	24.3	391	−3.8	−0.3	2.5	2.255 6	2.610 4	2.782 1	2.190 6
2015-12-31	35.7	33.1	22.0	46.7	420	−11.1	−13.6	−24.7	3.059 9	3.473 4	3.394 9	3.213 8
2016-12-31	−17.3	−16.1	−25.2	−14.4	441	−2.9	−1.7	−10.8	2.530 4	2.915 3	2.539 9	2.751 5
2017-12-31	16.5	7.7	12.6	14.7	464	1.8	−7.0	−2.1	2.947 5	3.138 5	2.858 8	3.156 1
2018-12-31	−25.1	−22.2	−19.0	−24.2	482	−0.9	2.1	5.3	2.206 6	2.443 0	2.317 0	2.390 8
2019-12-31	43.2	45.0	40.7	47.2	532	−4.0	−2.2	−6.5	3.159 8	3.541 7	3.260 3	3.519 6
2020-03-09	15.0	19.5	19.0	6.8	641	8.2	12.7	12.2	3.634 9	4.233 5	3.880 4	3.759 2

资料来源：Wind 资讯。

　　简单来说，对于"偏股混合型基金"来说，投资者如果在每年都持有上一年表现最好的一小部分基金，那么在从 2006 年～2020 年年初的、长达十几年的时间里，这种做法并没有给投资者带来明显的、相对所有基金平均水平来说的超额收益，更遑论给投资者带来理想中的、上年表现最耀眼的基金所似乎应当带来的那种超额收益。

　　如果说，投资者在每年都买入上一年表现最优秀的偏股混合型基金，在长期并不足以比平均买入所有的偏股混合型基金获取显著超额收益的话，那么在"灵活配置型基金"中得到的测试结果，则更不支持这种"不问投资理念，只根据上年基金净值的表现好坏，追逐热点和爆款"的投资方法。

　　在 2020 年 3 月 9 日，"Wind 开放式基金分类"下的"灵活配置型基金"，只选取 A 类基金后，共有 1355 只基金。从有 77 只基金可以比较的 2012 年 12 月 31 日～2020 年 3 月 9 日，如果有 3 位投资者 A、B、C，分别在每年持有上年表现最好的 20 只、10 只、5 只基金，那么他们获得的累计净值（不含手续费）分别是 1.7227 元、1.7515 元、1.6167 元，而在每年度持有所有可比"灵活配置型基金"的累计净值，则是 2.4950 元，远高于前述的"追逐上年净值表现最好的基金"的投资方法所能带来的回报。如表 7-2 所示。

　　以持续买入上年表现最好的 10 只"灵活配置型基金"的 B 投资者为例，在 2012 年～2020 年前 2 个月的 8 个时间段里，只有 2014 年、2020 年两年，这位投资者会分别跑赢买入所有"灵活配置型基金"所能取得的平均收益，超额收益分别为 4.6%、7.1%。而在剩下的 6 年里，这位投资者则平均每年承受了 7.9% 的超额亏损。

表 7-2 每年持有上年表现最优秀的灵活配置型基金与持有全部灵活配置型基金的年度回报和累计模拟净值对比

时间	当年表现								累计模拟净值（元）			
	上年最优20只基金本年平均值(%)	上年最优10只基金本年平均值(%)	上年最优5只基金本年平均值(%)	全部基金本年平均值(%)	本年可选基金数量	20只基金平均减去全部平均(%)	10只基金平均减去全部平均(%)	5只基金平均减去全部平均(%)	上年最优20只基金本年平均值	上年最优10只基金本年平均值	上年最优5只基金本年平均值	全部基金平均值
2012-12-31									1.000 0	1.000 0	1.000 0	1.000 0
2013-12-31	8.5	8.0	1.6	14.3	77	-5.8	-6.3	-12.8	1.084 8	1.080 3	1.015 5	1.143 3
2014-12-31	26.5	30.8	40.0	26.2	93	0.3	4.6	13.8	1.372 4	1.413 0	1.422 0	1.443 0
2015-12-31	34.8	33.8	27.3	44.5	136	-9.7	-10.7	-17.2	1.850 4	1.890 3	1.810 3	2.085 0
2016-12-31	-16.0	-19.8	-24.4	-9.9	224	-6.1	-9.9	-14.5	1.555 0	1.515 9	1.369 0	1.878 8
2017-12-31	10.4	6.6	3.6	10.8	561	-0.4	-4.2	-7.2	1.716 4	1.615 8	1.417 9	2.081 1
2018-12-31	-23.7	-22.7	-20.0	-14.1	929	-9.5	-8.6	-5.9	1.310 1	1.248 9	1.133 9	1.786 9
2019-12-31	17.9	24.9	26.7	32.7	1 146	-14.8	-7.9	-6.1	1.544 3	1.559 4	1.436 2	2.371 7
2020-03-09	11.6	12.3	12.6	5.2	1 315	6.4	7.1	7.4	1.722 7	1.751 5	1.616 7	2.495 0

资料来源：Wind 资讯。

那么，为什么持续挑选上年表现最好的"灵活配置型基金"，会带来相对于持续持有所有"灵活配置型基金"显著的超额亏损，而持续挑选上年表现最好的"偏股混合型基金"，则只会带来和不进行任何筛选、买入全部基金基本差不多的回报？

这其中主要的原因，很可能来自"灵活配置型基金"相对"偏股混合型基金"更多的仓位调整。也就是说，由于"灵活配置型基金"的股票仓位更加灵活，因此如果第一年市场走牛，那么高股票仓位的基金往往表现更好，但是第二年一旦市场走熊，这些基金的业绩反而容易落后。但是，"偏股混合型基金"由于股票仓位相对偏高，而且固定，因此不容易出现这种现象。

而在"被动指数型基金"的分类下，挑选上年表现最好的指数基金作为本年的持仓，同样被数据证明是一个糟糕的投资策略。

在2020年3月9日，这个小项下共有480只基金（多份额的则只保留A类份额）。从2011年12月31日有70只可选基金开始，到2020年3月9日，每年都持有上年表现最好的20只、10只、5只基金的A、B、C三位投资者，累计净值分别为1.3471元、1.0784元、1.0495元，大大低于每年持有全部可比指数基金平均回报率可以得到的1.8597元的累计净值。如表7-3所示。

造成这种现象，很可能是由于不同指数的风格之间，来回轮换所导致的。简单来说，当一个指数在一年中表现优异时，它的相对估值就会抬升，从而压低它在将来继续取得超额收益的概率，降低追高买入的投资者的潜在回报率。

图 7-3　每年持有上年表现最优秀的被动指数型基金与持有全部被动指数型基金的年度回报和累计模拟净值对比

时间	当年表现								累计模拟净值（元）			
	上年最优20只基金本年平均值（%）	上年最优10只基金本年平均值（%）	上年最优5只基金本年平均值（%）	全部基金本年平均值（%）	本年可选基金数量	20只基金平均减去全部平均（%）	10只基金平均减去全部平均（%）	5只基金平均减去全部平均（%）	上年最优20只基金本年平均值	上年最优10只基金本年平均值	上年最优5只基金本年平均值	全部基金平均值
2011-12-31									1.000 0	1.000 0	1.000 0	1.000 0
2012-12-31	14.1	14.9	14.8	8.2	70	5.9	6.7	6.6	1.140 9	1.149 1	1.148 1	1.081 7
2013-12-31	-10.4	-12.3	-12.0	-0.9	110	-9.6	-11.4	-11.1	1.021 7	1.007 8	1.010 9	1.072 3
2014-12-31	22.0	15.2	12.9	43.6	135	-21.7	-28.4	-30.7	1.246 1	1.160 7	1.141 2	1.540 1
2015-12-31	-2.2	-6.3	-7.5	16.7	167	-18.9	-23.1	-24.2	1.219 0	1.087 2	1.056 1	1.797 8
2016-12-31	-20.4	-24.2	-24.1	-10.6	202	-9.8	-13.6	-13.5	0.970 0	0.824 2	0.801 3	1.607 4
2017-12-31	33.0	34.4	43.7	13.7	318	19.3	20.7	30.0	1.289 9	1.107 8	1.151 7	1.827 9
2018-12-31	-21.6	-22.4	-21.9	-25.8	350	4.2	3.4	4.0	1.011 2	0.859 2	0.899 9	1.355 4
2019-12-31	23.7	17.0	10.0	34.9	401	-11.2	-18.0	-24.9	1.250 5	1.004 9	0.989 7	1.828 6
2020-03-09	7.7	7.3	6.0	1.7	480	6.0	5.6	4.3	1.347 1	1.078 4	1.049 5	1.859 7

资料来源：Wind 资讯。

　　需要指出的是，以上的量化研究中，一些对整体研究影响不大的细节，在简便起见的考虑下，并没有被纳入计算。这些细节包括：没有考虑基金申购、赎回带来的手续费问题；没有考虑在赎回持仓基金以后，现金到账需要几个交易日，因此在赎回基金和申购新基金之间，可能有几天时间差的问题；没有考虑少量基金在历史上清盘可能带来的影响，而是直接使用了在2020年3月9日所存续的所有基金作为研究对象；没有考虑少部分基金可能存在的限制申购赎回，和因此导致的、可能在实际交易中不能完整复制模型结果的情况。

　　从这个简单的模型中，我们可以看到，一些基金投资者所喜欢采用的"追逐上一年业绩最好的基金""买基金就要买爆款"的投资方式，其实是很难给投资者带来梦想中的超额回报的。这种做法，有时候甚至还会给投资者带来相对所有基金更少的回报，或者更多的风险。所以，理性的基金投资者应当意识到，短期的基金业绩不应当作为主要的投资考量因素。对于投资基金来说，短期基金业绩背后的那些因素，包括基金经理的投资理念和真实能力、基金公司的长期管理能力，才是更需要仔细思考的、更为重要的因素。

以偏概全的结论：年轻的基金经理业绩更好

　　在2021年，资本市场流传了一个新的理论，叫作"年轻基金经理业绩更好"。确实，在2021年，我们看到许多业绩排名靠前的基金经理，在短短一两年之中取得至少翻倍的业绩，同时都只有很短的投资经历。而对于这些基金经理为什么业绩更好，市场也给出了一个看似正确的答案："因为时代变了，年轻人更容易适应新的时代，所以理所当然业绩会更好。"也就是另一个版本的"这次不一样，所以……"。有经验的投资者都知道，在投资的世界里，这句话非常非常危险，甚至被誉为历史上最贵的 5 个字。

不过，任何没有经过数据检验的理论，都只是一个理论而已。投资的奥妙之处，就在于任何理论必须最终能经受住数据考验。对于"年轻基金经理业绩更好"的这个理论，来自数据分析的结果显示，这可能是一个市场对于数据极值产生盲目崇拜的、以偏概全的误解。

而"年轻基金经理业绩更好"背后真正的原因，可能仅仅来自一个简单的事实：年轻基金经理人数更多，因此数据极值更大——一个大样本的统计中最高值和最低值都会变大，但是平均数其实差不多。

巴菲特曾经举过一个丢硬币的例子，来解释"为什么数据样本越大、数据极值就越大"。如果把全美国的人都找来，玩一个丢硬币游戏，丢出正面的就进入下一轮，丢出反面的就淘汰，那么最后经过多轮的淘汰，一定会得到几个人，连续许多次都丢出正面（理论上通过 25 轮淘汰，3 亿人口的基数会得到 9 个连续 25 次都扔出正面的幸运儿）。但是，这并不说明这几位连续许多次丢出正面硬币的人，就一定比别人更会扔硬币，更不能说明参与比赛的几亿人都会扔硬币。

对于 2021 年的基金数据，这里检测了 Wind 资讯分类下，"普通股票型基金"和"灵活配置型基金"两个分类中，不同从业年限基金经理所对应的 2021 年全年基金回报率情况。

这里先要交代一些关于数据处理的细节。首先，为了统一口径，每只基金只选取从业年限最长的基金经理的从业年限进行统计。其次，数据中剔除了基金经理从业年限不足 1 年的基金，以及成立时间晚于 2021 年 1 月 1 日的基金。最后，数据统计中把基金经理按每 2 年为一个跨度进行分组统计。

统计结果显示，对于普通股票型基金来说，2021 年的最大回报出现在从业年限为 1～3 年的基金经理分组（也就是年限最短的分组）中，最大回报率为 119.4%，也就是说当年的基金净值翻了一倍还多。这个数据，也符合市场直观的认知——"年轻基金经理业绩更好"。

但是，从业年限为 1～3 年的基金经理，所管理的基金平均回报率仅为 13.2%，相对其他分组并没有显示出明显的优势。作为对比，从业年限为 11～13 年的基金经理平均回报率为 16.4%，13～15 年的为 10.4%，15～17 年的为 15.1%。

同时，年轻基金经理分组的最小回报，也显著小于经验更丰富的基金经理的分组。1～3 年、3～5 年、5～7 年、7～9 年的基金经理分组中，最小回报分别为 -17.7%、-24.3%、-26.9%、-21.9%，显著小于 9～17 年的 4 个基金经理分组的最小回报，即 -14.6%、-8.5%、-5.0%、15.1%。

以上数据，很好地符合了不同基金经理分组的人数多寡。在 1～3 年、3～5 年、5～7 年的分组中，基金的数量分别为 98、131、182，显著高于之后的分组，如 11～13 年分组的 22 只基金、13～15 年分组的 4 只基金、15～17 年分组的 1 只基金。

在"灵活配置型基金"分类下，事情也是一样。年轻基金经
理的平均回报率并没有显著的优势，基金经理从业年限在 1～3
年、3～5 年、5～7 年分组的基金，在 2021 年的平均业绩回报分别
是 10.2%、11.0%、10.3%，和 11～13 年、13～15 年、15～17 年、
17～19 年的 13.0%、8.1%、24.2%、23.6% 相比，并没有明显优势。
如图 7-1 所示。

普通股票型基金

从业年限	基金数量	平均回报	最大回报	最小回报
1～3	98	13.2%	119.4%	−17.7%
3～5	131	10.9%	54.6%	−24.3%
5～7	182	8.9%	65.2%	−26.9%
7～9	52	6.0%	39.7%	−21.9%
9～11	26	8.4%	58.7%	−14.6%
11～13	22	16.4%	56.7%	−8.5%
13～15	4	10.4%	33.1%	−5.0%
15～17	1	15.1%	15.1%	15.1%

灵活配置型基金

从业年限	基金数量	平均回报	最大回报	最小回报
1～3	414	10.2%	109.4%	−22.3%
3～5	450	11.0%	94.8%	−16.3%
5～7	623	10.3%	100.5%	−22.2%
7～9	211	7.5%	89.0%	−21.4%
9～11	143	10.3%	51.1%	−19.1%
11～13	56	13.0%	56.7%	−13.7%
13～15	47	8.1%	39.7%	−9.4%
15～17	3	24.2%	30.7%	12.3%
17～19	2	23.6%	23.6%	23.5%

图 7-1　基金经理从业年限与基金在 2021 年全年业绩回报

资料来源：Wind 资讯。

但是，以上 3 个年轻基金经理分组的最大业绩回报和最小业绩回报，都明显高于和低于资深基金经理的极端业绩回报。与此同时，由年轻基金经理掌管的基金数量，也显著多于资深基金经理所管理基金的数量。

所以，对于市场认为的"年轻基金经理更会做投资、动不动就可以取得每年翻番左右的业绩，年纪大的基金经理跟不上时代"这样的理论，我们很难从统计数据中找到佐证。这种市场误判的来源，主要是年轻基金经理管理的基金数量更多，因此更好的业绩回报和更差的业绩回报都变得更多、数据极值更大，同时市场流行理论只把目光盯在极值数据上，忽视了平均回报率。说白了，这是一种误读个案和极值数据导致的、以偏概全的结论。

基金明星化加剧

在内地资本市场中，尽管公募基金最早出现于 1998 年，但是其作为市场的主要力量，则普遍被认为是从 2005 年～2007 年的 A 股市场大牛市开始的。

在这个时间点之后，A 股市场共出现了 5 次比较明显的牛市行情，分别是 2005 年～2007 年的全面牛市、2009 年的 4 万亿刺激牛市、2013 年的小盘股牛市、2014 年～2015 年的杠杆牛市、2019 年～2021 年的结构化牛市。在这个 5 个牛市中，凭借明显的赚钱效应，公募基金都取得了不同程度的加速发展。

值得注意的是，在第 5 个牛市，也就是 2019 年到 2021 年的结构化牛市中，公募基金的业绩显现出了不同于过去 4 个牛市的、明显的"头部化"和"明星化"效应。也就是说，尽管在第 5 个牛市中，公募基金的整体业绩和前 4 个牛市相比并没有显著区别，所有公募基金的整体业绩离散程度也没有变大，但是一些明星公募基金的业绩，却显得格外优异。

如表 7-4 所示，截至 2021 年 11 月 21 日，在 Wind 资讯提供的数据库里，在开放式基金的混合型基金中，"灵活配置型基金"的分类下共有 2067 只基金。在第 5 个牛市中，这些基金在 2019 年、2020 年和 2021 年（截至 11 月 21 日，每年统计当时存在的基金，下同）的回报率平均值，分别为 31.1%、41.7%、9.9%。

作为对比，在第 1 个牛市中，2006 年和 2007 年的基金回报率均值分别为 113.9%、118.1%。在第 2 个牛市中，2009 年的本类基金回报率均值为 60.3%。在第 3 个牛市中，2013 年的回报率均值为 12.9%。而在第 4 个牛市中，2014 年、2015 年的本类基金回报率均值分别为 23.0%、40.5%。

可以看到，从基金的平均回报率来说，第 5 个牛市和前 4 个牛市并无不同之处。而从基金的整体业绩离散程度来说，第 5 个牛市也并没有十分特殊。

在第 1 个牛市中，2006 年、2007 年的基金业绩回报率标准差为 28.4%、25.7%；第 2 个牛市则为 2009 年的 19.2%；第 3 个牛市的 2013 年为 12.0%；而在第 4 个牛市中，2014 年、2015 年的基金业绩回报率标准差为 15.4%、26.6%。作为对比，第 5 个牛市中的 2019 年、2020 年、2021 年的基金回报率标准差分别为 19.7%、26.7%、15.4%，并未显著高于前 4 个牛市。

表 7-4　公募基金各年度业绩表现——灵活配置型基金

开始时间	结束时间	全部基金				最好的 10 只基金			
		基金总数	回报率均值(%)	回报率中位数(%)	回报率标准差(%)	最好 10 只基金均值(%)	最差 10 只基金均值(%)	最好 10 只均值-全部均值(%)	最好 10 只均值-最差 10 只均值(%)
2004 年 12 月	2005 年 12 月	46	3.1	3.3	5.6	11.0	-4.1	7.9	15.1
2005 年 12 月	2006 年 12 月	59	113.9	115.1	28.4	156.4	69.9	42.4	86.5
2006 年 12 月	2007 年 12 月	78	118.1	117.8	25.7	164.6	78.7	46.5	85.9
2007 年 12 月	2008 年 12 月	92	-48.4	-49.4	7.3	-33.7	-59.0	14.7	25.3
2008 年 12 月	2009 年 12 月	109	60.3	60.4	19.2	96.3	27.6	35.9	68.6
2009 年 12 月	2010 年 12 月	128	5.2	4.4	9.0	22.2	-8.9	17.0	31.1
2010 年 12 月	2011 年 12 月	140	-22.1	-22.1	6.2	-9.5	-34.7	12.6	25.2
2011 年 12 月	2012 年 12 月	153	4.2	4.0	5.6	14.3	-7.3	10.0	21.6
2012 年 12 月	2013 年 12 月	170	12.9	12.1	12.0	39.9	-10.0	27.0	49.9
2013 年 12 月	2014 年 12 月	218	23.0	20.7	15.4	66.1	-1.1	43.1	67.1
2014 年 12 月	2015 年 12 月	317	40.5	38.0	26.6	131.5	3.4	90.9	128.1
2015 年 12 月	2016 年 12 月	800	-5.3	-0.7	12.6	36.3	-39.2	41.7	75.6
2016 年 12 月	2017 年 12 月	1 316	9.9	7.8	11.8	58.2	-23.3	48.3	81.6
2017 年 12 月	2018 年 12 月	1 604	-13.5	-15.2	11.8	8.0	-41.2	21.6	49.2
2018 年 12 月	2019 年 12 月	1 855	31.1	28.8	19.7	95.7	-6.2	64.6	101.9
2019 年 12 月	2020 年 12 月	1 951	41.7	38.4	26.7	133.0	-3.6	91.3	136.6
2020 年 12 月	2021 年 11 月	2 067	9.9	6.2	15.4	86.3	-20.9	76.3	107.2

资料来源：Wind 资讯。

　　但是，如果我们观察明星基金的业绩，也就是最好的一小部分基金的业绩，会发现在第 5 个牛市中，这些基金的业绩相对平均水平，显示出了明显的优势。也就是说，公募基金的明星化在第 5 个牛市中最为明显。如果我们用每年表现最好的 10 只基金的业绩均值，减去整体基金的业绩均值，会发现在第 5 个牛市中，其业绩差异是最大的。

　　在第 1 个牛市中，2005 年和 2006 年业绩最好的 10 只基金的业绩均值和所有基金业绩差，分别为 42.4%、46.5%；在第 2 个牛市中，2009 年的业绩差为 35.9%；第 3 个牛市的 2013 年业绩差则为 27.0%；第 4 个牛市中的 2014 年、2015 年的业绩差分别为43.1%、90.9%；而在第 5 个牛市中，2019 年、2020 年、2021 年的业绩差分别为 64.6%、91.3%、76.3%，显著大于前面 4 个牛市。

　　同样，如果我们用一些其他指标，比如最好的 10 只基金的业绩均值与最差的 10 只基金业绩均值做对比，或者换一类基金，比如把"灵活配置型基金"换成"偏股混合型基金"，也会得到非常近似的答案，在此不再赘述。

　　那么，是什么原因，造成在第 5 个牛市中，明星公募基金的业绩大幅跑赢同行的？客观上来说，原因主要有 2 个。

　　第一，在 2019 年到 2021 年的牛市中，公募基金的数量远远多于之前的 4 个牛市。在"灵活配置型基金"的分类下，2007 年 12 月 31 日仅有 78 只基金，2009 年底为 109 只，2015 年底为 317 只，而到了 2021 年底（截至 11 月 21 日）则为 2067 只。在"偏股混合型基金"的分类下，情况也大致相同，如表 7-5 所示。当基金总数

表 7-5 公募基金各年度业绩表现——偏股混合型基金

开始时间	结束时间	全部基金				最好的 10 只基金			
		基金总数	回报率均值（%）	回报率中位数（%）	回报率标准差（%）	最好 10 只基金均值（%）	最差 10 只基金均值（%）	最好 10 只均值－全部均值（%）	最好 10 只均值－最差 10 只均值（%）
2005 年 12 月	2006 年 12 月	40	122.3	117.9	25.9	156.0	91.9	33.7	64.1
2006 年 12 月	2007 年 12 月	78	123.7	120.8	24.5	166.2	89.0	42.5	77.2
2007 年 12 月	2008 年 12 月	114	-50.5	-50.8	5.5	-40.1	-59.2	10.4	19.1
2008 年 12 月	2009 年 12 月	147	69.1	70.3	16.1	104.4	39.1	35.2	65.2
2009 年 12 月	2010 年 12 月	192	3.5	2.6	10.2	25.3	-15.2	21.8	40.5
2010 年 12 月	2011 年 12 月	234	-24.7	-24.7	5.8	-12.8	-37.8	11.9	25.0
2011 年 12 月	2012 年 12 月	286	5.5	4.6	6.9	23.8	-7.4	18.4	31.2
2012 年 12 月	2013 年 12 月	328	17.0	14.7	15.9	65.5	-18.3	48.6	83.8
2013 年 12 月	2014 年 12 月	357	25.4	24.9	15.9	67.5	-6.5	42.1	73.9
2014 年 12 月	2015 年 12 月	378	48.7	47.0	24.1	112.9	-2.5	64.2	115.4
2015 年 12 月	2016 年 12 月	406	-14.3	-14.1	10.8	11.8	-37.0	26.1	48.9
2016 年 12 月	2017 年 12 月	435	14.7	15.3	15.2	52.1	-22.0	37.5	74.2
2017 年 12 月	2018 年 12 月	503	-23.7	-23.8	7.9	0.2	-42.8	23.8	43.0
2018 年 12 月	2019 年 12 月	639	45.2	43.8	17.0	95.5	3.6	50.2	91.9
2019 年 12 月	2020 年 12 月	887	59.4	59.0	22.7	125.3	3.7	65.9	121.6
2020 年 12 月	2021 年 11 月	1 538	9.0	5.4	16.9	75.2	-21.5	66.1	96.7

资料来源：Wind 资讯。

越多的时候，根据统计学的原理，最好的一部分基金的业绩，也就越容易超越同行。

第二，2019 年～2021 年的牛市，是一个明显的结构化牛市，市场热点反复围绕一小部分公司进行，比如 2020 年的消费企业、医药公司，2021 年的新能源公司等。而在之前的 4 个牛市中，有 3 个是全面型牛市，即 2006 年～2007 年的第 1 个牛市、2009 年的第 2 个牛市、2014 年到 2015 年的第 4 个牛市。即使是第 3 个牛市，也就是 2013 年的小盘股牛市，其市场热点也集中在绝大多数小市值公司身上，范围比第 5 个牛市要大得多。因此，在第 5 个牛市中，由于市场热点高度集中于少数几个板块，造成重仓这些板块的明星基金，其业绩容易明显优于其他基金。

相比于公募基金，私募基金中的"明星化现象"显得更为明显。在市场大环境基本相同的前提下，私募基金更加明显的"明星化"还得益于 2 个原因：一是私募基金的数量比公募基金更多，因此最明星的基金，其业绩相对容易更好；二是私募基金可以采取更加灵活的投资手段，比如重仓一两只股票、使用杠杆、做空等交易手段，这就造成了业绩分化更加显著。

那么，基金行业的"明星化现象"，会对市场造成哪些影响？

简单来说，由于基金销售机构所能推荐的产品数量是相对固定的，比如线下基金销售的数量受宣传板大小和基金销售人员表述时间限制，线上基金销售的数量受手机屏幕大小限制，因此无论基金总数有多少，投资者如果不刻意分析所有基金，那么他们被推荐的基金数量，是相对固定的。在基金明星化趋势下，投资者就更容易被业绩优秀的明星基金所吸引。

在这种财富效应的吸引下，明星基金相对于其他基金就更容易得到投资者的申购，规模也就更容易变大。同时，在第 5 个牛市中，由于明星基金往往集中投资于某些特定的行业与板块，这种明星效应就会构成一定程度上的反身性演进。也就是说，基金押中某个股价表现优异的板块以后，其业绩越好，收到的申购金额就越多。申购金额越多，基金投资于原有板块的资金就越多，而该板块的股价表现也因此会在短期内变得越好。

这种由基金明星化加剧导致的正向反身效应，以及正向效应最终结束后带来的反向反身效应，值得投资者仔细关注。

资产管理中的正循环与逆循环

在资产管理工作中，许多人会认为，投资结果的好坏仅仅取决于投资技术的高低，只要投资经理脑子够聪明或者运气够好，就能做好投资。实际上，在资产管理中形成优秀的"正循环"，也是取得更好的投资成果的重要因素。反过来，如果资产管理者没有考虑到这个问题，形成了糟糕的"逆向循环"，那么即使拥有高超的投资技巧，其工作结果也会大打折扣。

简单来说，这种"正循环"和"逆循环"的区别，来自如何在资产管理工作中，正确处理投资结果和投资者所能承受的压力之间的关系。对于资产管理者来说，只要其资金来源并非自有，那么就必须正视其所代表的投资者所能承受的压力，也就是著名价值投资者陈光明先生所比喻的"副驾驶"的感受。

　　由于任何一种志在取得更高回报的投资方法，都不可能保证在所有时候顺风顺水（唯一在所有时候都能顺风顺水的投资方法，大概只能是存银行了，但是回报率少得可怜），因此资产管理者必然在某些特定的时候，受到来自投资者的压力。指望通过一些"全天候"的投资方法，让投资者在任何时候都感受不到逆风行驶的压力，是几乎不可能实现的。

　　这时候，在一个典型的"正循环过程"中，资产管理者在投资开始之前，就已经充分对投资者进行了风险揭示和投资教育，充分让投资者意识到可能产生的风险：这是形成一个"正循环"状态的第一步。

　　在这种充分的风险揭示下，资产管理者接收到的资产会更多地来自"能够接受市场风险的投资者"，而不适合接受风险的投资者则会自然离开。同时，试图形成"正循环"的资产管理者，只会管理在投资者所能承受的风险范围内小部分的钱。也就是说，在投资开始前，一个典型的"正循环"需要资产管理者把投资者这个"副驾驶"的安全带绑到最牢固的状态。

　　在这种"正循环"的状态下，当市场出现与资产管理者的投资策略相违背的逆风时，尽管资产管理者仍然会受到来自投资者的压力，但是由于风险揭示足够充分、管理的资产对于投资者来说并不是赌上身家性命般的孤注一掷、投资者这个"副驾驶"的安全带绑得足够牢固，因此投资者并不会因为一时的逆风，就给资产管理者过大的压力。

　　在这种小压力的状态下，资产管理者就不需要因为来自投资者的压力，而改变自己的投资策略。这时候，"正循环"的第二个步骤就开始出现：由于资产管理者能够坚持自己的投资策略，可以做到"将在外而君令有所不受"，那么在长期来说，他必然更容易施展投资技巧，获得相对更好的投资回报。

而这种对于长期来说相对更好的投资回报，就会开启"正循环状态"的第三个步骤。由于投资者最终从资产管理者这里得到了更好的回报，两者之间的信任度会进一步加深。同时，由于更好的业绩，以及随之而来的更大的名声，资产管理者也能吸引到更多的投资者。如此，一个完整的"正循环"就形成了。

在一些优秀的资产管理者身上，我们不难看到努力经营这种"正循环"的工作。举例来说，巴菲特先生在事业刚起步时，仅接受来自亲朋好友的投资，并且给出了著名的"巴菲特条款"，让投资者必须在完全认同他的理念的情况下，才能参与投资，否则他不会要这些钱。

同样，内地市场著名的价值投资机构睿远基金，在成立以后发行的多个产品中，都采取了"长锁定期、高门槛或者小比例配售"的发行策略。这种发行策略可以最大限度地保证投资者这个"副驾驶"的安全带的牢固程度，从而形成资产管理工作中的"正循环"。

不过，资产管理中的"正循环"固然在长远来看是一个非常优秀、稳妥的策略，但是却需要付出"更小的当前规模"的代价。也就是说，为了达成正循环的状态，为了让投资者这个副驾驶的"安全带"更加牢固，资产管理者必然只会收到较少的资金，因此收到的管理费和业绩提成也不会多。从巴菲特早期"只管能够认同自己理念的投资者的钱"、睿远基金的"长锁定期、高门槛和小比例配售"的策略来看，为了获得正循环的状态，他们都损失了大量的当期管理费。

但是，如果资产管理者不肯付出一部分当前管理规模和管理费的代价，而是"什么投资者的钱都肯接、多少投资者的钱都肯要、风险提示走个过场就行"，那么虽然可能在当前扩大了管理规模，却有可能因此走入一个"逆循环"的状态。

在一个典型的"逆循环"中，资产管理者一开始就接收了来自投资者的大量投资。这些投资虽然在当时带来了巨额的管理费用，但是出钱的人并不真正了解自己会碰到多少风险，所出资的比例也可能高于自己能承受的风险范围。

在这样的投资开始之后，如果遇到顺风，那么万事大吉。但是，一旦投资遇到逆风，那么投资者立即会对资产管理者施加巨大的压力。在这种压力下，资产管理者将无法按自己的方法进行投资，势必要向因为市场变动而带来的压力妥协，从而出现该买的时候不买、该卖的时候不卖的情况。

由此，资产管理者的长期业绩会受到折损，原始的投资者也会离开。而随着管理费的降低，资产管理者不得不继续向投资者低头，继续对自己的投资策略打折扣。由此，资产管理工作就开始进入一个典型的"负循环"状态。

我曾经认识一位朋友，在创办了一家私募基金以后，在 2015 年的牛市中接收了一大笔投资人的钱。这笔钱之所以在当时涌入二级市场进行股票投资，并不是因为投资者对股票市场有多少了解，而仅仅是因为"看到身边的人都在赚钱，所以也要买相关的产品"。

结果，当市场在2015年初夏走向疯狂时，我的朋友看到了风险，降低了仓位，但是他的投资者却不满意低仓位带来的低涨幅，要求他必须满仓，否则就撤资。无奈之下，这位朋友只好把仓位加到八成，勉强满足了投资者的要求，却在后来2015年夏天的市场暴跌中损失惨重。

而到了2016年的年初，当市场下跌了巨大的幅度以后，他想把剩下的两成仓位也投入市场中抄底，却又一次受到了投资者的强烈反对。这一次，他的投资者已经被市场吓破了胆子，不断要求他只保留二到三成的股票仓位。在这样的资产管理者与投资者关系中，尽管拥有丰富的投资经验，但是想取得好的，甚至是一般的投资业绩，也必然是绝无可能的事情了。

"求木之长者，必固其根本；欲流之远者，必浚其泉源；思国之安者，必积其德义。"在资产管理工作中，形成"正循环"的状态，虽然会导致在一开始时管理规模较小、管理费降低，但是却能保证长远的发展。反之，如果为了资产管理规模，放任"逆循环"的状态出现，那么即使资产管理者水平出众，也难免在长期投资中受到种种掣肘，从而无法发挥自己高超的投资技巧。

估值体系扭曲时，资深投资者的坚持

在资本市场上，许多资深投资者都会念叨一句话："没有任何一种投资风格可以永远风光。"也就是说，虽然在长周期上，秉持正确的投资方法可以赚到不错的收益，但是谁都没法保证，自己的业绩在每个三五年周期里都漂漂亮亮。

就以巴菲特为例，这位最成功的价值投资者，也曾经在 1966 年～1975 年的整整 10 年里，取得过仅仅 122% 的回报率，折合年化收益 8.3%。[一]可想而知，如果站在 1975 年的年底，有多少人会说，"这个投资者在过去 10 年里只赚了 122%，投资他的产品真还不比存银行好多少啊！"甚至连芒格自己，在当时都说，账面的业绩简直糟糕透了。

但是，在 1976 年～1985 年的下一个 10 年中，巴菲特的综合回报率达到了惊人的 5922%，也就是把 1976 年的 1 美元变成了 1985 年的 60.2 美元。对于那些在 1975 年的年底，因为过去 10 年业绩不好而看衰巴菲特的投资者来说，他们无疑犯下了一个巨大的错误。

巴菲特的例子告诉我们，即使是以 10 年为周期，资本市场上的业绩也可能是会骗人的。仅仅凭借短期（其实 10 年也不算是短期了，可以算是中期，甚至较长的中期）业绩的好坏，就认为某个投资者不行了，或者某种投资方法不行了，而不探究这种短期业绩低迷的原因是什么，究竟是由于投资经理损毁了投资组合的商业价值而造成的，还是由于投资经理虽然增加了投资组合的商业价值，但是却遭遇了市场风格逆风造成的，这样做投资是一定会吃亏的。

在中国资本市场，起始于 2019 年底、延续到 2021 年的市场行情中，我们就能够看到一个非常典型的极端案例（在之后的 2022 年，这种极端现象得到了纠偏）。在这个案例中，资本市场的定价机制发生了巨大的扭曲，扭曲幅度之大在历史上都十分罕见。而在

[一]　数据参见伯克希尔·哈撒韦公司的年报。

这个巨大的定价机制扭曲中，一些坚定的价值投资者也因为坚守自己的投资信念，遭遇了前所未有的逆风。

在这样巨大的逆风中，市场参与者们一度认为，这些曾经在历史上取得了优秀投资业绩的价值投资者们，已经无法适应将来的市场风格。但是，大家多半并没有关注他们的短期业绩为何如此不堪，业绩差的原因究竟是价值损毁，还是短期市场风格扭曲。而这样"只看业绩、不管原因"的投资判断方法，是过于简单粗暴的。

概括来说，发生在 2019 年下半年到 2021 年之间的资本市场风格扭曲，主要表现为估值越高的公司表现越好、估值越低的公司反而表现越差。这种差别不光体现在行业与行业之间，比如银行业估值低表现更差、新能源行业估值高表现更好，同时也体现在同一行业的公司中，比如证券行业中估值越低的大型证券公司，在净资产回报率（ROE）更高的同时，估值表现更差。

对于这一风格扭曲，从 2000 年开始编辑的申万风格指数，非常好地记录下了扭曲的程度有多么剧烈。

如表 7-6 所示，以申万低市盈率（PE）指数和高市盈率指数这两个指数的对比为例，这两个指数分别代表了 A 股市场低市盈率公司和高市盈率公司的表现，两个指数各有 300 只成分股，可以说代表性比较强。在 2000 年～2018 年的 19 年中，高 PE 指数的年度回报率，平均比低 PE 指数的年度回报率低 13.7%。而且，在这19 年中，高 PE 指数的年度表现比低 PE 指数好的，只有 2008 年、2010 年、2013 年、2015 年这 4 年的平均超额收益仅仅为 21.4%，最好的一年，也就是 2015 年，也只不过达到 36.4%。

以上的数据证实，在中国股票市场的历史上，估值这个价值投资中最重要的因子，仍然是十分有效的。其实，对于任何价值投资的理论来说，估值从来都是一个需要仔细考虑的因素，花太多的钱买东西往往不是一个好主意。

但是，从 2019 年～2021 年，高 PE 指数却连续近 3 年跑赢了低 PE 指数。在 2019 年、2020 年、2021 年（截至 10 月 19 日，下同）这三年中，高 PE 指数分别战胜低 PE 指数 11.5%、48.7%、24.1%，3 年累计战胜 121.0%。

以上高 PE 指数对低 PE 指数巨大的短期优势，同时造成了两者估值的背离达到历史最高。在 2021 年 10 月 19 日，根据 Wind 资讯的统计，高 PE 指数的市盈率为 129.4 倍，低 PE 指数则为 6.6 倍，两者的比值为 19.6，达到从 1999 年以来的历史最大值。在 1999 年～2018 年的 20 年中，这两者比值的平均值为 9.1，最大值发生在 2010 年，仅为 16.5。

由于市盈率容易受到亏损股，或者微利股的干扰，从而导致数据发生异常（研究日本市场的投资者就经常会发现一些数千倍市盈率的股票，其实估值并不很贵，主要是盈利太低），因此用市净率（PB）检测两个指数之间的偏差，可能会更加准确（因为净资产的变动相对更小，也很少有公司的净资产为负值）。

根据 Wind 资讯提供的数据，在 2021 年 10 月 19 日，申万高 PE 指数的 PB 为 9.9 倍，低 PE 指数的 PB 仅为 0.8 倍，两者比值达到 12.3，为历史最高水平。而在 1999 年～2018 的 20 年中，这两者比值的平均值仅为 2.2，是 2021 年水平的约 1/6。

表 7-6 申万高市盈率指数与低市盈率指数历史数据对比

时间	低PE与高PE指数		当年回报率（%）			市盈率			市净率		
	低PE指数	高PE指数	低PE指数	高PE指数	高PE指数-低PE指数	低PE指数	高PE指数	高PE指数/低PE指数	低PE指数	高PE指数	高PE指数/低PE指数
1999-12-31	1 000	1 000				8.3	71.8	8.6	1.1	4.8	4.3
2000-12-29	1 525	1 598	52.5	59.8	7.3	31.2	185.0	5.9	4.0	7.0	1.7
2001-12-31	1 218	1 168	-20.1	-26.9	-6.8	22.9	172.6	7.6	2.9	4.0	1.4
2002-12-31	1 039	966	-14.7	-17.3	-2.6	21.1	172.1	8.2	2.2	3.7	1.7
2003-12-31	1 317	748	26.8	-22.6	-49.4	18.8	159.3	8.5	2.5	3.0	1.2
2004-12-31	1 200	526	-8.9	-29.7	-20.8	11.8	126.7	10.7	2.0	1.9	1.0
2005-12-30	1 197	382	-0.3	-27.4	-27.1	8.1	105.7	13.0	1.5	1.5	1.1
2006-12-29	2 732	628	128.3	64.5	-63.8	17.4	151.8	8.7	2.4	2.3	1.0
2007-12-28	7 985	1 656	192.3	163.6	-28.7	27.4	220.8	8.1	5.3	6.3	1.2
2008-12-31	2 546	606	-68.1	-63.4	4.7	7.3	64.5	8.8	1.6	2.5	1.5
2009-12-31	5 510	1 218	116.4	100.9	-15.5	22.2	148.2	6.7	3.8	4.3	1.1

日期											
2010-12-31	4 431	1 209	-19.6	-0.7	18.8	12.2	201.4	16.5	2.1	4.1	1.9
2011-12-30	3 471	800	-21.7	-33.8	-12.2	9.4	61.6	6.5	1.6	3.7	2.3
2012-12-31	3 805	757	9.6	-5.4	-15.0	9.3	58.7	6.3	1.6	3.1	2.0
2013-12-31	3 441	878	-9.6	15.9	25.5	7.6	80.3	10.6	1.3	4.3	3.4
2014-12-31	5 543	1 184	61.1	34.8	-26.2	11.6	80.9	7.0	1.9	5.2	2.8
2015-12-31	6 421	1 802	15.8	52.2	36.4	12.0	152.0	12.6	1.8	8.0	4.4
2016-12-30	6 021	1 265	-6.2	-29.8	-23.5	11.1	127.1	11.4	1.5	6.0	4.1
2017-12-29	7 545	976	25.3	-22.9	-48.2	11.6	97.1	8.4	1.5	4.2	2.7
2018-12-28	5 846	617	-22.5	-36.7	-14.2	7.2	54.8	7.6	1.0	3.4	3.3
2019-12-31	7 303	842	24.9	36.4	11.5	8.3	71.8	8.6	1.1	4.8	4.3
2020-12-31	7 314	1 253	0.2	48.8	48.7	8.7	119.1	13.6	1.0	8.9	8.7
2021-10-19	6 766	1 461	-7.5	16.6	24.1	6.6	129.4	19.6	0.8	9.9	12.3

注：每年截止日期当年收盘日期偏差稍有不同。

资料来源：Wind 资讯。

在市场风格极度偏爱高估值、抛弃低估值的 2019 年～2021 年里，资本市场也出现了不少顺应潮流的理论，比如被投资者所熟知的"只买贵的不买便宜的""怕高才是苦命人"等。而在细分领域，一些低估值板块则在不同阶段被市场所抛弃，比如以银行为代表的 A 股金融行业、业绩优异的 A 股小盘股、港股低估值公司（尤其是一些央企）等。

在这样一个风格扭曲的市场中，对于看重估值的价值投资者来说，坚持自己的投资理念是非常困难的事情。而一些久负盛名的价值投资者，业绩在这几年中也比较不堪，尤其是低估值风格相对于高估值风格表现最差的 2020 年。

从历史数据可以看到，高 PE 指数对低 PE 指数的超额表现，在 2019 年、2020 年和 2021 年（截至 10 月 19 日），分别是 11.5%、48.7%、24.1%。所以，市场估值风格扭曲最为极致的 2020 年，也就让一些资深价值投资者的短期投资业绩，相对同行来说表现得比较糟糕。

在中国股票市场，中欧基金的曹名长、重阳投资的裴国根和高毅资产的邱国鹭，是三位久负盛名的价值投资者，也可以说是一群资历最老的价值投资者。

根据 Wind 资讯的数据显示，从 2006 年～2021 年，曹名长在新华基金、中欧基金两家基金公司，累计为投资者取得了大约 11.5 倍的投资回报（把 1 元变成了 12.5 元）。裴国根所管理的重阳 1 期私募基金，从 2008 年～2021 年也为投资者赚取了 5.6 倍的回报，他的"价值接力"理论也揭示了和沃尔特·施洛斯类似的价值投资秘诀。邱国鹭的投资业绩很难找到长期连续的数据，但是他所创办并担任董事长的高毅资产，是中国最为成功的股票投资机构之一。在邱国鹭所著的《投资中最简单的事》一书中，他也多次表达了对低估值的看重。

结果，这三位中国证券市场上非常资深的价值投资者，公开的投资业绩无一不在 2020 年遭遇了巨大的逆风。根据 Wind 资讯的数据，曹名长所管理的中欧价值发现基金在 2020 年的回报率为 16.8%，在 883 个同类基金中排名第 856。裘国根管理的重阳 1 期回报率则为 11.2%，在 12 832 个同类私募基金中排名 4836。根据私募排排网的数据，邱国鹭管理的金太阳高毅国鹭 1 号崇远的同期回报则为 7.6%。

要知道，2020 年是基金市场的一个大年，许多基金的回报率动辄 50%，甚至 100%。根据 Wind 资讯的数据，在 2020 年的 395 个普通股票型基金中，当年投资回报超过 50% 的就有 234 个，超过 75% 的有 116 个，超过 100% 的也有 30 个。而就是在这样一个看似容易赚钱的年份里，三位久负盛名的价值投资者，却在回报率上远远输给了同行。

如果说曹名长、裘国根、邱国鹭这三个同样看重估值的人，只有一个在 2020 年业绩表现不佳，那么我们可能可以认为，是这个人的投资水平有了下滑。但是，如果这三个人同时表现不佳，而 2020 年又是估值体系史无前例的、极度扭曲的一年，那么当这 4 个现象同时出现时，投资者就必须思考，这种业绩低迷的背后，是不是由于这三个人比其他投资者更加坚持对估值的看重，因此才反而导致了业绩表现更加低迷？

值得一提的是，在 2021 下半年到 2022 年上半年，随着曹名长、裘国根、邱国鹭所分别倚重的低估值小盘股、低估值能源股、金融股的表现略有反弹，他们相对同行的投资表现也开始回升。尤其在估值因子开始重新回归的 2022 年上半年，许多基金产品跌幅甚多。但是，这三位投资者的业绩却远远好于同行。

岁寒，然后知松柏之后凋。道理谁都懂，但是在资本市场上，当市场估值风格的扭曲达到极致时，那些最能坚持的松柏，却被投资者以"过去几年业绩不好"的理由所抛弃，实在让人唏嘘。

值得指出的是，曹名长、邱国鹭和裘国根这三个人，之所以能在估值扭曲的 2019 年～2021 年之间，极度坚持自己的投资理念，也许与他们三个人所处的职业状态是分不开的。

一般来说，机构投资者局限于考核的压力，往往必须看重自己的短期业绩。从实践层面看，很少有机构投资者能够承受 6 个月，甚至 12 个月的业绩落后。甚至不少投资经理抱怨，只要业绩落后于同行 1～2 个月，销售部门的同事和公司领导，就都会打电话来责怪。这种考核的短期性，也就导致了许多专业投资者在面对股票市场的巨大风格扭曲时，难以坚持自己的投资理念。

但是，裘国根和邱国鹭分别都是自己任职公司的董事长和创始人，在考核上受到的压力，天然比一般机构投资者要小得多。根据企查查显示的数据，裘国根甚至是重阳投资持股 78% 的大股东。而对于曹名长来说，根据企查查显示的数据，他也是中欧基金的间接股东，这是许多基金经理难以相比的。

也许正是由于这种特殊的职业状态，加之以对价值投资中最重要的因素之一——估值因素的坚持与执着，让这三位资深的价值投资者，在资本市场风格最为偏离的几年里，以最强大的定力坚持了自己的投资理念。但是，这种坚持也使得他们在业绩上落后了，并且遭到了资本市场的奚落。

在投资的世界里，有人说最贵的一句话就是"这次不一样"。在历史上无数的投资案例中，人们被短期的业绩和利润表现所迷惑，做出了"这次不一样"的判断，认为一直以来的商业和金融规律，不再适用于今天的市场。但是，无数次的教训又告诉我们，"这次不一样"的判断看似又有创意又聪明，但往往却是和过去无数次做出的"这次不一样"的判断完全一样，又是一次被短期市场所迷惑的错误而已。而在 2019 年～2021 年所反映出来的股票市场中估值体系的巨大扭曲，同时发生的资深价值投资者群体的业绩不佳，和这些价值投资者的坚持，以及后来在 2022 年发生的风格回归，值得认真琢磨投资的人们深思。

推荐阅读

序号	中文书号	中文书名	定价
1	69645	敢于梦想：Tiger21创始人写给创业者的40堂必修课	79
2	69262	通向成功的交易心理学	79
3	68534	价值投资的五大关键	80
4	68207	比尔·米勒投资之道	80
5	67245	趋势跟踪（原书第5版）	159
6	67124	巴菲特的嘉年华：伯克希尔股东大会的故事	79
7	66880	巴菲特之道（原书第3版）（典藏版）	79
8	66784	短线交易秘诀（典藏版）	80
9	66522	21条颠扑不破的交易真理	59
10	66445	巴菲特的投资组合（典藏版）	59
11	66382	短线狙击手：高胜率短线交易秘诀	79
12	66200	格雷厄姆成长股投资策略	69
13	66178	行为投资原则	69
14	66022	炒掉你的股票分析师：证券分析从入门到实战（原书第2版）	79
15	65509	格雷厄姆精选集：演说、文章及纽约金融学院讲义实录	69
16	65413	与天为敌：一部人类风险探索史（典藏版）	89
17	65175	驾驭交易（原书第3版）	129
18	65140	大钱细思：优秀投资者如何思考和决断	89
19	64140	投资策略实战分析（原书第4版·典藏版）	159
20	64043	巴菲特的第一桶金	79
21	63530	股市奇才：华尔街50年市场智慧	69
22	63388	交易心理分析2.0：从交易训练到流程设计	99
23	63200	金融交易圣经II：交易心智修炼	49
24	63137	经典技术分析（原书第3版）（下）	89
25	63136	经典技术分析（原书第3版）（上）	89
26	62844	大熊市启示录：百年金融史中的超级恐慌与机会（原书第4版）	80
27	62684	市场永远是对的：顺势投资的十大准则	69
28	62120	行为金融与投资心理学（原书第6版）	59
29	61637	蜡烛图方法：从入门到精通（原书第2版）	60
30	61156	期货狙击手：交易赢家的21周操盘手记	80
31	61155	投资交易心理分析（典藏版）	69
32	61152	有效资产管理（典藏版）	59
33	61148	客户的游艇在哪里：华尔街奇谈（典藏版）	39
34	61075	跨市场交易策略（典藏版）	69
35	61044	对冲基金怪杰（典藏版）	80
36	61008	专业投机原理（典藏版）	99
37	60980	价值投资的秘密：小投资者战胜基金经理的长线方法	49
38	60649	投资思想史（典藏版）	99
39	60644	金融交易圣经：发现你的赚钱天才	69
40	60546	证券混沌操作法：股票、期货及外汇交易的低风险获利指南（典藏版）	59
41	60457	外汇交易的10堂必修课（典藏版）	49
42	60415	击败庄家：21点的有利策略	59
43	60383	超级强势股：如何投资小盘价值成长股（典藏版）	59
44	60332	金融怪杰：华尔街的顶级交易员（典藏版）	80
45	60298	彼得·林奇教你理财（典藏版）	59
46	60234	日本蜡烛图技术新解（典藏版）	60
47	60233	股市长线法宝（典藏版）	80
48	60232	股票投资的24堂必修课（典藏版）	45
49	60213	蜡烛图精解：股票和期货交易的永恒技术（典藏版）	88
50	60070	在股市大崩溃前抛出的人：巴鲁克自传（典藏版）	69
51	60024	约翰·聂夫的成功投资（典藏版）	69
52	59948	投资者的未来（典藏版）	80
53	59832	沃伦·巴菲特如是说	59
54	59766	笑傲股市（原书第4版·典藏版）	99

推荐阅读

序号	中文书号	中文书名	定价
55	59686	金钱传奇：科斯托拉尼的投资哲学	59
56	59592	证券投资课	59
57	59210	巴菲特致股东的信：投资者和公司高管教程（原书第4版）	99
58	59073	彼得·林奇的成功投资（典藏版）	80
59	59022	战胜华尔街(典藏版)	80
60	58971	市场真相：看不见的手与脱缰的马	69
61	58822	积极型资产配置指南：经济周期分析与六阶段投资时钟	69
62	58428	麦克米伦谈期权（原书第2版）	120
63	58427	漫步华尔街（原书第11版）	56
64	58249	股市趋势技术分析（原书第10版）	168
65	57882	赌神数学家：战胜拉斯维加斯和金融市场的财富公式	59
66	57801	华尔街之舞：图解金融市场的周期与趋势	69
67	57535	哈利·布朗的永久投资组合：无惧市场波动的不败投资法	69
68	57133	憨夺型投资者	39
69	57116	高胜算操盘：成功交易员完全教程	69
70	56972	以交易为生（原书第2版）	36
71	56618	证券投资心理学	49
72	55876	技术分析与股市盈利预测：技术分析科学之父沙巴克经典教程	80
73	55569	机械式交易系统：原理、构建与实战	80
74	54670	交易择时技术分析：RSI、波浪理论、斐波纳契预测及复合指标的综合运用（原书第2版）	59
75	54668	交易圣经	89
76	54560	证券投机的艺术	59
77	54332	择时与选股	45
78	52601	技术分析（原书第5版）	100
79	52433	缺口技术分析：让缺口变为股票的盈利	59
80	49893	现代证券分析	80
81	49646	查理·芒格的智慧：投资的格栅理论（原书第2版）	49
82	49259	实证技术分析	75
83	48856	期权投资策略（原书第5版）	169
84	48513	简易期权（原书第3版）	59
85	47906	赢得输家的游戏：精英投资者如何击败市场（原书第6版）	45
86	44995	走进我的交易室	55
87	44711	黄金屋：宏观对冲基金顶尖交易者的掘金之道（增订版）	59
88	44062	马丁·惠特曼的价值投资方法：回归基本面	49
89	44059	期权入门与精通：投机获利与风险管理（原书第2版）	49
90	43956	以交易为生II：卖出的艺术	55
91	42750	投资在第二个失去的十年	49
92	41474	逆向投资策略	59
93	33175	艾略特名著集（珍藏版）	32
94	32872	向格雷厄姆学思考，向巴菲特学投资	38
95	32473	向最伟大的股票作手学习	36
96	31377	解读华尔街（原书第5版）	48
97	31016	艾略特波浪理论:市场行为的关键（珍藏版）	38
98	30978	恐慌与机会：如何把握股市动荡中的风险和机遇	36
99	30633	超级金钱（珍藏版）	36
100	30630	华尔街50年（珍藏版）	38
101	30629	股市心理博弈（珍藏版）	58
102	30628	通向财务自由之路（珍藏版）	69
103	30604	投资新革命（珍藏版）	36
104	30250	江恩华尔街45年（修订版）	36
105	30248	如何从商品期货贸易中获利（修订版）	58
106	30244	股市晴雨表（珍藏版）	38
107	30243	投机与骗局（修订版）	36

投资名家 · 极致经典

巴菲特授权亲笔著作
杨天南精译

最早买入亚马逊，持股超过20年
连续15年跑赢标准普尔指数

每一份投资书目必有这本大作
美国MBA投资学课程指定参考书

金融世界独一无二的好书
风险与其说是一种命运
不如说是一种选择

美国富豪投资群Tiger21创始人
有关投资与创业的忠告

通往投资成功的心理学与秘密
打败90%的资产管理专家

富达基金掌舵人长期战胜市场之道
彼得·林奇、赛斯·卡拉曼推荐

巴菲特力荐的经典著作
化繁为简学习《证券分析》精华

金融周期领域实战专家
30年经验之作